BRIALMONT

LA DÉFENSE DES ÉTATS

ET LES

CAMPS RETRANCHÉS

BIBLIOTHÈQUE
SCIENTIFIQUE INTERNATIONALE

PUBLIÉE SOUS LA DIRECTION

DE M. ÉM. ALGLAVE

XXII

BIBLIOTHEQUE
SCIENTIFIQUE INTERNATIONALE

PUBLIÉE SOUS LA DIRECTION

DE M. ÉM. ALGLAVE

Volumes in-8, reliés en toile anglaise. — Prix : 6 fr.
en demi-reliure d'amateur, 10 fr.

DERNIERS VOLUMES PARUS :

Mantegazza. LA PHYSIONOMIE ET L'EXPRESSION DES SENTIMENTS, avec figures et 8 planches hors texte . . . . 6 fr.

Stallo. LA MATIÈRE ET LA PHYSIQUE MODERNE. 1 vol. in-8. . . 6 fr.

H. de Meyer. LES ORGANES DE LA PAROLE, 1 vol. in-8 avec 51 figures 6 fr.

De Lanessan. LE SAPIN, introduction à l'étude de la zoologie, 1 vol. in-8 avec figures. . . . . 6 fr.

Edm. Perrier. LA PHILOSOPHIE ZOOLOGIQUE AVANT DARWIN. 1 vol. in-8. 2e édit. 6 fr.

J. Lubbock. LES FOURMIS, LES ABEILLES ET LES GUÊPES. 2 vol. avec 60 fig. dans le texte et 13 planches hors texte, en noir et en couleurs. . . . . 12 fr.

Young. LE SOLEIL, avec 85 figures. 1 vol. in-8. . . . . . . 6 fr.

Alph. de Candolle. L'ORIGINE DES PLANTES CULTIVÉES. 1 vol. in-8. 2e édit. 6 fr.

James Sully. LES ILLUSIONS DES SENS ET DE L'ESPRIT. 1 vol.. . 6 fr.

Charlton Bastian. LE CERVEAU ET LA PENSÉE. 2 vol., avec 184 figures dans le texte . . . . 12 fr.

De Saporta et Marion. L'ÉVOLUTION DU RÈGNE VÉGÉTAL. *Les crypto-games.* 1 vol., avec 85 figures dans le texte . . . . 6 fr.

O.-N. Rood. THÉORIE SCIENTIFIQUE DES COULEURS et leurs applications à l'art et à l'industrie. 1 vol. in-8, avec 130 figures dans le texte et une planche en couleurs . . . . 6 fr.

Th.-H. Huxley. L'ÉCREVISSE, introduction à l'étude de la zoologie, avec 82 figures. 1 vol. in-8. . . . . 6 fr.

Herbert Spencer. LES BASES DE LA MORALE ÉVOLUTIONNISTE. 1 volume in-8. 2e édition . . . . 6 fr.

R. Hartmann. LES PEUPLES DE L'AFRIQUE. 1 vol. in-8, avec 93 figures dans le texte. 2e édit. . . . . 6 fr.

Thurston. HISTOIRE DE LA MACHINE A VAPEUR, revue, annotée et augmentée d'une Introduction par *J. Hirsch.* 2 vol., avec 140 figures dans le texte, 16 planches tirées à part et nombreux culs-de-lampe. 12 fr.

A. Bain. LA SCIENCE DE L'ÉDUCATION. 1 vol. in-8. 4e édition. . 6 fr.

N. Joly. L'HOMME AVANT LES MÉTAUX. Avec 150 figures. 3e édition. 6 fr.

Secchi. LES ÉTOILES. 2 vol. in-8, avec 60 figures dans le texte et 17 planches en noir et en couleurs, tirées hors texte. 2e édition. . 12 fr.

Wurtz. LA THÉORIE ATOMIQUE. 1 vol. in-8, avec une planche hors texte. 4e édition . . . . 6 fr.

Brucke et Helmholtz. PRINCIPES SCIENTIFIQUES DES BEAUX-ARTS, suivis de L'OPTIQUE ET LA PEINTURE. 1 vol., avec 39 figures. 3e édition. 6 fr.

VOLUMES SUR LE POINT DE PARAÎTRE :

Semper. LES CONDITIONS D'EXISTENCE DES ANIMAUX. 2 vol., avec 106 fig.

De Saporta et Marion. L'ÉVOLUTION DU RÈGNE VÉGÉTAL. *Les phané-rogames.* 2 vol., avec nombreuses figures.

Romanes. L'INTELLIGENCE DES ANIMAUX.

Berthelot. LA PHILOSOPHIE CHIMIQUE.

LA DÉFENSE DES ÉTATS

ET

LES CAMPS RETRANCHÉS

PAR

LE GÉNÉRAL A. BRIALMONT

Inspecteur général des fortifications et du corps du Génie
de Belgique

AVEC NOMBREUSES FIGURES DANS LE TEXTE, ET DEUX PLANCHES HORS TEXTE

TROISIÈME ÉDITION

PARIS

ANCIENNE LIBRAIRIE GERMER BAILLIÈRE ET Cⁱᵉ

FÉLIX ALCAN, ÉDITEUR

108, BOULEVARD SAINT-GERMAIN

1885

LA DÉFENSE DES ÉTATS

ET

LES CAMPS RETRANCHÉS

PREMIÈRE PARTIE

LA DÉFENSE DES ÉTATS

CHAPITRE PREMIER

CONSIDÉRATIONS HISTORIQUES

La fortification n'a été pendant longtemps que l'art de mettre les peuplades et leurs biens à l'abri des attaques des peuplades voisines.

Alexandre-le-Grand trouva le pays des Hyrcaniens et des Modiens défendu, à la frontière, par des haies et des rangées d'arbres plantés très-serrés. A la même époque les petits États de l'Inde étaient entourés de remparts en terre, revêtus de fascines ou de pieux reliés par un clayonnage d'osier.

Ces remparts avaient une grande analogie avec ceux

décrits par Homère et que les Grecs élevèrent devant Troie pour mettre leur camp à l'abri d'insulte. Telles étaient aussi, vraisemblablement, les enceintes dont les habitants de l'Attique entourèrent douze de leurs villes, du temps de Cécrops, pour se défendre contre les Béotiens et les corsaires qui ravageaient le pays.

L'idée de protéger la frontière au moyen d'une ligne continue d'obstacles se retrouve dans la fameuse muraille de la Chine, qui fut élevée environ 200 ans avant Jésus-Christ, pour mettre le Nord de l'empire à l'abri des incursions des Tartares, depuis le golfe Pé-cé jusqu'à Si-ning, sur une étendue de 1000 lieues (5,290,000 m.). Elle avait 26 pieds de hauteur, 25 pieds d'épaisseur à sa base, et 15 à la plate-forme ; elle était crénelée et flanquée par des tours, établies à deux portées de flèche l'une de l'autre.

Les grandes nations de l'Orient construisirent, plusieurs siècles avant l'ère chrétienne [1], de vastes enceintes pour protéger leurs principales villes, situées d'ordinaire sur des cours d'eau ou sur les bords de la mer. En temps de guerre ces enceintes servaient de refuge aux habitants des contrées environnantes et quelquefois à ceux de tout le pays ; ils s'y rendaient avec leurs troupeaux et leurs biens et prenaient une part active à la défense [2]. Telles furent Babylone et

---

1. Ninive fut fondée 2170 ans avant Jésus-Christ, Babylone 2120 ans, Carthage 1200 ans, Syracuse 758 ans, Rhodes 740 ans, etc.

2. C'est ainsi qu'il y avait à Carthage 700,000 habitants, lorsque les Romains s'en emparèrent et la détruisirent, 145 ans avant Jésus-Christ.

Ninive, qui avaient 90,000 mètres de pourtour (ou huit fois l'étendue de Paris), Thèbes, Memphis, Ecbatane, Persépolis et d'autres villes d'un développement analogue.

Ces immenses cités étaient défendues par plusieurs enceintes concentriques [1] et, quelquefois, divisées en quartiers [2].

Les enceintes étaient formées de murs de 60 à 100 pieds de hauteur et de 20 à 35 pieds d'épaisseur, flanqués par des tours qui les dépassaient de 40 à 60 pieds. Ces dimensions les mettaient à l'abri de l'escalade et des moyens de destruction de l'assiégeant, et elles permettaient aux défenseurs de circuler sur la *plate-forme* ou partie supérieure du mur, et d'y installer leurs machines de guerre.

Quelquefois, pour fournir aux assiégés un dernier refuge, après la prise de la ville, on construisait soit sur le côté de celle-ci, comme à Jérusalem et à Carthage, soit à l'intérieur, comme à Athènes, à Thèbes et à Rome, un ou plusieurs forts séparés de l'enceinte et pouvant recevoir la plus grande partie de la garnison. Ces forts ou *citadelles* servaient au besoin à contenir les habitants.

Dans l'Occident et dans le Nord de l'Europe où les

---

1. Jérusalem avait du temps de Salomon (1005 ans avant J.-C.) trois enceintes ; Ecbatane, la capitale des Mèdes, en avait sept, et Rhodes trois.

2. Syracuse avait cinq quartiers fortifiés, renfermés dans une seule enceinte. C'était une application remarquable du principe de la *défense intérieure*, qui a été préconisé par un grand nombre d'ingénieurs modernes.

populations étaient moins denses, plus incultes et divisées en peuplades peu nombreuses, on construisit de petites forteresses, de préférence dans des l ieux isolés, d'une défense facile, par exemple des îles au milieu des fleuves et des lacs, des rochers escarpés ou des langues de terre abordables seulement d'un côté. Ces forteresses faciles à construire, à surveiller et à défendre, servaient à abriter les récoltes et le butin des membres du clan ou de la tribu qui les avait élevées [1].

Les Gaulois et les Germains construisaient des forteresses sans murs ni tours flanquantes. L'enceinte de Bourges, décrite par César, était composée de murs mixtes en maçonnerie, bois et terre de 12^m 50 d'épaisseur.

Max Wirth, dans son *Histoire de la formation des Etats Germaniques*, prétend que les Germains avaient peu de places fortes. « Il paraît, dit-il, que la capi- « tale du roi Marbod était seule fortifiée, c'était une « grande place située en Bohême, dans le royaume « suève des Marcomans. Le roi avait mis le trésor de « l'Etat dans cette place, qui portait le nom de Maro- « boduum. Les Germains possédaient en outre quel- « ques châteaux forts, car il est dit que Ségeste fut « assiégé dans le sien par les partisans d'Armin. »

Plusieurs auteurs affirment du reste que lorsque, sous Auguste, les Romains s'avancèrent entre les Alpes maritimes et l'Illyrie, pour conquérir la rive droite du

---

1. *Essai historique sur la Fortification*, par le colonel Cosseron de Villenoisy. 1869.

Danube, ils s'emparèrent de toutes les forteresses élevées par les Germains dans les vallées, et qu'ils y établirent des garnisons.

Le peuple romain est le premier qui ait construit des forteresses d'après des vues stratégiques. Dans les beaux temps de la république il érigea de petits forts le long des routes militaires, pour couvrir ses lignes d'opérations, protéger ses dépôts et annoncer par des signaux l'approche des corps ennemis.

Plus tard il construisit des tours et des enceintes permanentes pour défendre les fleuves le long desquels ses légions étaient échelonnées.

A toutes les époques les Romains ont élevé autour de leurs armées en marche ou en position, de solides retranchements passagers [1] ; pour en rendre la construction plus rapide, ils donnaient à chaque légionnaire un outil de pionnier et une palissade durcie au feu, ce qui faisait dire à Végèce qu'une armée consulaire, chargée de ses outils et de 18,000 palissades, « ressemblait à une forteresse ambulante. »

Enfin il est constaté qu'ils bâtissaient des forteresses dans les pays nouvellement conquis, pour en rendre l'occupation plus sûre et plus facile.

Bien que Machiavel ait nié ce fait, pour soutenir la

---

1. Lorsque le camp devait être occupé longtemps, on le renforçait presque toujours par des tours en bois à deux ou trois étages, placées sur les remparts à une portée de trait l'une de l'autre. Elles étaient carrées, avaient 12 pieds de côté, et étaient revêtues en clayonnage. On les utilisait pour flanquer la palissade et plonger dans le fossé.

thèse de l'inutilité des places fortes, il n'en est pas moins établi par des faits et des témoignages irrécusables.

Les historiens les plus dignes de foi rapportent en effet que Drusus, gendre de l'empereur Auguste, bâtit des forteresses sur les frontières de l'empire pour contenir les belliqueuses populations germaniques, et que, pour maîtriser les Cattes, il érigea le fort d'Aliso [1], sur la haute Lippe, à 30 lieues du Rhin, près de Paderborn. Ce fort fut relié au fleuve, base d'opérations des Romains, par une route militaire sur laquelle on éleva plusieurs forteresses (probablement des tours destinées à défendre la route contre les hordes germaniques).

Vers la même époque, les Romains établirent à l'embouchure de la Marck une grande place d'armes (Carnuntum), qui devait servir de point de départ à des expéditions contre les peuplades voisines.

Il est prouvé aussi qu'Agricola bâtit plusieurs citadelles en Angleterre pour contenir les populations et appuyer ses troupes.

Max Wirth prétend qu'après la soumission partielle des Cattes, par Drusus, les Romains élevèrent promptement sur les deux rives du Rhin central environ 50 forteresses ; qu'ils construisirent, en outre, des places d'armes dans le voisinage du fleuve, et qu'ils

---

1. Ce fort fut détruit par les Germains après le désastre de Varus. Chaque fois qu'ils chassaient les Romains d'une contrée, ils s'empressaient de raser les forteresses que ceux-ci avaient élevées pour les contenir.

avancèrent leurs travaux de défense jusque dans le Taunus.

Mais déjà antérieurement au règne d'Auguste, il existait en Italie des forteresses destinées à contenir les populations et à servir de points d'appui aux armées chargées de défendre les frontières de la république.

Ainsi Annibal, après la bataille de la Trébie, s'avança jusqu'à Plaisance, dans la vallée du Pô, et fit de vains efforts pour s'emparer de quelques places de dépôt des Romains. Après la bataille de Trasimène il se trouva au centre de l'Italie, sans une seule place forte, et menacé, par conséquent, de tout perdre en cas de revers.

Quand Fabius eut été nommé commandant de l'armée de Rome, il résolut de combattre Annibal par la famine; à cet effet, il enjoignit à tous les habitants des campagnes de se réfugier dans les villes fortifiées à l'approche des Carthaginois, avec leurs denrées et leurs troupeaux; il fit en outre évacuer et brûler toutes les villes qui ne pouvaient pas se défendre. « L'Italie, dit « le général Rogniat [1], était admirablement préparée « pour l'exécution de ce plan de campagne, en rap- « port avec les circonstances, car toutes ses villes qui « avaient formé autant de petits États indépendants, « toujours en guerre entre eux, s'étaient fortifiées « pour se mettre à l'abri des insultes de leurs voisins ; « et les habitants des campagnes, habitués à se réfu-

____

1. *Considérations sur l'art de la guerre.*

« gier dans les places pour éviter les ravages de la
« guerre, n'habitaient que quelques cabanes isolées,
« qu'ils quittaient sans peine à l'approche de l'en-
« nemi.

« Annibal, qui ne pouvait se soutenir sans magasins
« et sans places fortes, dans le cœur de l'Italie, que
« par des victoires continuelles, était désespéré de ce
« genre de guerre... Il prit le parti de changer sou-
« vent de camp pour subsister. »

Étant parvenu à s'emparer de Gerunium, petite forteresse de l'Apulie, il y mit en sûreté ses prisonniers
et ses magasins et en fit son camp d'hiver.

Ainsi appuyé il put compléter son armée et battre
ensuite Varron à Cannes. S'il ne marcha pas sur Rome
immédiatement après sa victoire, c'est qu'il savait
que la capitale était entourée d'alliés et prête à lever
pour sa défense 160,000 citoyens en état de porter
les armes. Or, il n'avait plus en ce moment qu'une
armée de 40,000 hommes, qui manquait de machines
de siége et de munitions.

Pour la même raison il dut renoncer à faire le
siége de Naples avant de se rendre à Capoue, dont les
portes lui avaient été ouvertes par une faction hostile
aux Romains.

Si, malgré ces conditions défavorables, Annibal
resta encore 13 ans en Italie, c'est qu'après la bataille
de Cannes il avait trouvé des alliés, formé des magasins et conquis des places fortes qui lui permirent
d'appuyer et d'alimenter son armée.

Quand il eut constaté que les Romains n'osaient plus risquer une grande bataille en plaine, il changea la nature de la guerre et commença une série de siéges.

Ces opérations, pour lesquelles son armée était mal préparée, traînèrent en longueur et permirent aux Romains d'accroître leurs forces par de nouvelles levées, tandis que les siennes, ne recevant aucun renfort de la mère-patrie, diminuaient d'année en année. Cependant, bien que forcé de rester sur la défensive, il infligea de grandes pertes à l'ennemi en faisant des sorties de la presqu'ile de Brutium, qu'il avait transformée en une vaste place d'armes. Ses magasins, ses dépôts et ses recrues s'y trouvaient à l'abri des entreprises des Romains. Appuyé sur cette excellente base, il se jetait tantôt sur une armée, tantôt sur une autre, et, quand la fortune lui était contraire, il y trouvait une retraite assurée.

Lorsque les Romains eurent enfin acquis la certitude qu'il était impossible de forcer Annibal dans sa redoutable position (qui rappelle celle de Wellington à Torres-Védras), ils se décidèrent à transporter la guerre en Afrique, résolution hardie, qui fut couronnée par la délivrance de l'Italie et la ruine de Carthage.

L'étude des campagnes d'Annibal prouve que ce grand capitaine avait des idées justes sur le rôle des places fortes, considérées comme pivots de manœuvres et bases d'opérations.

Les forteresses que les Carthaginois avaient trouvées

au Nord de l'Italie existaient encore du temps de Marius. L'histoire rapporte en effet que les Cimbres, après la défaite de l'armée romaine de Catulus, perdirent leur temps à faire le siége des places de l'Adige, faute qui permit à Marius de compléter ses forces et de détruire ensuite les barbares dans une bataille décisive (101 ans avant J.-C.).

Vers la fin du règne de l'empereur Auguste, les Romains, renonçant aux places ou camps offensifs, établis presque toujours au delà des grands fleuves, se bornèrent à défendre ces fleuves, en les considérant comme des *barrières* opposées à l'invasion des barbares. Les camps permanents qu'ils établirent sur ces fleuves, principalement sur le Rhin et le Danube, attirèrent un grand nombre de marchands et d'artisans, qui se logèrent à proximité des retranchements et formèrent ainsi des faubourgs. Ces agglomérations s'étendirent peu à peu et devinrent dans la suite des villes importantes, au nombre desquelles se trouvent Xanten, Cologne, Mayence, Trèves, Constance, Salzbourg, Ratisbonne et Vienne.

Comme les empereurs ne songeaient plus à prendre l'offensive au delà des fleuves, ils avaient établi les camps permanents sur la rive romaine.

Trajan seul fit une exception à cette règle, en construisant à Orsowa, au-dessous de Vienne, un double camp et une double tête de pont sur le Danube, pour attaquer, au delà du fleuve, les peuples belliqueux du Nord, qui commençaient à menacer l'empire.

« Lorsque, dit Montesquieu, Rome n'eut plus que
« de mauvaises armées, que souvent même elle n'en
« eut point du tout, la frontière ne défendant plus l'in-
« térieur, il fallut le fortifier ; et alors on eut plus de
« places et moins de forces, plus de retraites et moins
« de sûreté [1]. La campagne n'étant plus habitable
« qu'autour des places fortes, on en bâtit de toutes
« parts. Il en était comme de la France du temps des
« Normands, qui n'a jamais été si faible que lorsque
« tous ses villages étaient entourés de murs.

« Ainsi toutes ces listes de noms des forts que Jus-
« tinien fit bâtir, dont Procope couvre des pages en-
« tières, ne sont que des monuments de la faiblesse
« de l'Empire [2]. »

A cette époque de décadence se rattache la construction du rempart-frontière, que les Romains élevèrent au commencement de l'ère chrétienne entre le
Rhin et le Danube [3], et de la muraille des Pictes, qu'ils

---

1. Il n'est donc pas vrai, comme l'ont dit plusieurs historiens et comme Mandar l'a répété dans son livre : *Architecture des forteresses*, que « l'empire romain fut détruit par les
barbares parce que les conquérants du monde négligèrent de
consolider leur puissance par des forteresses. »
La chute de l'empire doit être attribuée uniquement à la
corruption des mœurs, à l'abaissement des caractères et à la
décadence de la milice romaine. Quand les armées sont mauvaises, les meilleures forteresses ne peuvent sauver les États;
et quand elles sont bonnes, il suffit de peu de places fortes,
même médiocres, pour obtenir de grands résultats.

2. *Grandeur et décadence des Romains*, chap. XX.

3. Blesson, dans son *Esquisse historique de l'art de la fortification permanente*, dit : « Sous les empereurs, Rome, corrom-
« pue jusqu'au cœur, créc de longues lignes de remparts pro-
« tégées par des forts isolés, et quelques grandes forteresses
« pour arrêter les barbares. Les colonies militaires furent
« établies pour la défense de ces lignes. »

construisirent, par ordre d'Alexandre Sévère (210 ans après l'ère chrétienne), entre l'Angleterre et l'Ecosse, sur une étendue de 118,000 mètres.

Après la chute de l'Empire romain, l'art de la fortification ne fit plus aucun progrès, parce que les travaux défensifs élevés à l'époque romaine, étaient plus que suffisants pour résister aux hordes barbares qui n'avaient ni balistes, ni catapultes, ni béliers. Pour faire des siéges il fallut réinventer les machines des anciens, et ce progrès ne fut réalisé que huit siècles après Jésus-Christ.

Charlemagne, afin de maintenir dans l'obéissance les peuples soumis à sa domination, couvrit l'Empire, et surtout les contrées du Nord, d'un réseau de tours isolées, qui occupaient les points les plus importants, principalement les hauteurs, et dans lesquelles on abritait de faibles garnisons [1]. Elles étaient placées de manière à se voir mutuellement, ce qui fait croire que l'idée de former une ligne télégraphique a pu servir de principe à leur établissement.

Indépendamment de ces tours, Charlemagne fit de grands travaux défensifs pour faciliter la guerre de campagne. Au nombre de ceux-ci on peut citer les têtes de pont de l'Elbe, formées de parapets en terre et en bois.

L'empereur Henri Ier entoura de remparts (en 919)

1. Blesson.

toutes les colonies de l'Empire, dans le but de créer, sur les frontières, des points d'appui contre les entreprises des peuplades voisines. Plus tard, lorsqu'il eut reconnu que l'ennemi pouvait pénétrer entre ces camps, il ordonna la construction d'une seconde ligne de forteresses, en arrière de la première.

C'est l'origine du système des lignes frontières, qui eut une si grande vogue dans la suite et que Vauban appliqua à la défense du nord et de l'est de la France.

On reconnaît surtout ce système, dit Blesson, dans les constructions de Tangermunde, Werben et Arnebourg, en arrière desquelles se trouvaient, à 4 ou 8 milles allemands, Gardelegen et Salzwedel. Ces forteresses servirent à éloigner les Vandales de la rive gauche de l'Elbe.

A la fin de la période carlovingienne, on entoura beaucoup de villes de remparts, de fossés et de murailles pour les protéger contre les invasions des Normands d'abord, puis des Maggyares.

Vers le même temps, la nouvelle noblesse bâtit un grand nombre de châteaux-forts sur les cimes des montagnes ou sur les saillies des rochers [1]. C'est là que les châtelains, après chaque expédition de guerre, mettaient leur butin en sûreté.

Au moyen-âge, les fortifications se multiplièrent à l'infini, à cause de la nécessité où se trouvèrent les vassaux de défendre leurs droits et leurs propriétés

---

1. Max Wirth, *Histoire de la fondation*, etc. T. II, chap. XV.

contre les entreprises des seigneurs voisins et des suzerains (barons, comtes ou ducs), et à cause aussi de la résistance que durent opposer plus tard les grands vassaux, aux empiétements du pouvoir royal. Les manoirs de seigneurs et les châteaux-forts surgirent de toutes parts, surtout du xe au xiie siècle. Le clergé construisit également des fortifications pour protéger ses trésors. Au xive siècle il y avait 60 châteaux-forts entre Coblentz et Mayence, sur 20 lieues d'étendue. D'après Monteil, la France possédait à cette époque 2,000 villes à enceinte fortifiée. Il ne se fit alors aucun progrès dans l'art de l'ingénieur, parce que, depuis la chute de l'empire romain, on avait renoncé à attaquer les places régulièrement.

Les forteresses du moyen âge pouvant résister au bélier, à l'escalade et aux machines de guerre de l'époque, il fallait, pour les réduire, affamer les habitants par un blocus. Or ce moyen était très-précaire, souvent même impraticable, parce que les armées éodales n'étaient astreintes qu'à un service de durée limitée (3 ou 4 mois sous les deux premières races des rois de France et 40 jours à partir du xie siècle). Le blocus exige des troupes permanentes et un système d'approvisionnements de bouche, qui n'existaient pas du temps de la féodalité.

Il résulte de ce qui précède qu'aucune idée stratégique n'a présidé à la construction des enceintes et des manoirs fortifiés du moyen-âge, sauf peut-être les petits forts ou châteaux que Charlemagne éleva le long de ses lignes d'opérations (à l'exemple de ce qu'avaient fait les Romains), pour réduire à l'obéissance les pays nouvellement conquis.

La fortification, d'abord *individuelle*, au début de la féodalité, devint *communale* à l'époque où les villes se retranchèrent pour échapper au pillage de la noblesse [1]. Elle n'acquit un caractère *national*, que beaucoup plus tard (au commencement du XVIᵉ siècle).

Lorsque, vers la fin de la féodalité, les rois se liguèrent avec les communes contre les grands vassaux, ils leur octroyèrent des chartes en vertu desquelles elles pouvaient, pour leur défense, organiser des milices et construire des fortifications.

C'est l'origine de la plupart des enceintes fortifiées qui existaient encore, il y a un siècle, dans les États européens autrefois soumis au régime féodal.

Les enceintes des villes les plus importantes ont été agrandies et renforcées, à l'époque où la substitution du canon aux catapultes et aux béliers, obligea les ingénieurs à remplacer par des escarpes terrassées avec parapets en terre et batteries flanquantes, les murs non terrassés dont le pied était défendu par des mâchicoulis ou par des tours crénelées.

Notre programme ne nous permet pas de retracer ici les progrès qui ont été réalisés dans l'art de la construction des places, depuis l'invention de la poudre jusqu'à l'époque actuelle.

---

1. La ligue hanséatique avait construit plusieurs forteresses dans ce but.

Nous nous bornerons à faire observer que les places qui existaient du temps de Vauban, étaient toutes d'anciennes forteresses agrandies, améliorées ou reconstruites. Leurs emplacements n'avaient donc point été déterminés par des considérations stratégiques. On s'était contenté de laisser tomber en ruines les places anciennes les moins utiles, et l'on avait conservé et renforcé les autres, situées soit sur des cours d'eau soit sur des routes importantes.

On attribuait à cette époque une si grande importance aux forteresses, qu'elles servaient à déterminer les lignes fondamentales des plans de campagne, qui avaient alors pour objectif la prise de quelques villes, plutôt que la destruction des forces mobiles de l'ennemi [1].

C'est seulement lorsque Vauban fut chargé de la création du système défensif de la France, que l'on commença à établir un certain rapport entre les principes de la guerre et l'ordonnance générale des forteresses.

Les traités de 1678 ayant apporté un grand changement dans la frontière du nord, entre la Meuse et la mer, Vauban rédigea, par ordre du roi, un mémoire sur les nouvelles places à fortifier. Dans ce mémoire, le seul de ce genre qu'il ait écrit [2], il émet l'avis que la frontière du nord serait très-bien fortifiée, si, à

1. *La guerre*, par von Clausewitz. T. II, chap. X.
2. *Aperçu historique sur les fortifications*, par le colonel Augoyat. T. I{{e}}.

l'imitation des ordres de bataille, on la réduisait sur deux lignes de places fortes, ordonnées comme suit : en première ligne de Dunkerke à Dinant, 13 places dont 3 neuves, Furnes, Menin et Maubeuge, et 2 forts, dont un neuf à Mortagne ; en deuxième ligne, de Gravelines à Charleville, 13 places dont 2 à établir ou à achever, Mariembourg et Charleville.

Toutes les places situées en arrière de la seconde ligne devaient plus tard être, les unes démolies, les autres désarmées, c'est-à-dire réduites à leur corps de place.

Vauban n'a pas fait connaître les raisons qui le déterminèrent à préconiser ce dispositif de défense, lequel du reste ne souleva aucune objection et fut considéré pendant longtemps comme le *nec plus ultra* de l'art.

La situation ne se modifia que sur la fin du règne de Louis XIV, quand on eut reconnu les inconvénients qui résultent d'un nombre exagéré de places fortes.

Déjà en 1687 Vauban avait écrit au maréchal Catinat : « Vous avez raison de dire que le trop de places « en France est un inconvénient dont on ne s'aper- « cevra pas tant qu'on sera en état d'attaquer autant « que de se défendre ; j'en conviens fort avec vous ; « et, s'il arrivait une grosse guerre, il serait fort à « craindre qu'il n'y parût dès la première cam- « pagne. »

La guerre de la ligue d'Augsbourg et surtout la guerre de la succession, qui éclata peu après l'envoi de cette lettre, prouvent que l'illustre ingénieur avait eu raison de se plaindre non pas de ce qu'on eût construit trop de nouvelles places, mais de ce qu'on eût laissé debout trop de vieilles bicoques dont il avait demandé la démolition.

Sur ce point il était d'accord avec un célèbre capitaine, mort en 1638. « Ce sont choses également péril- « leuses, disait le prince de Rohan, d'avoir plus de for- « teresses qu'on n'en peut garder ou de n'en avoir « point du tout... Encore aimerais-je mieux le dernier « que le premier, parce qu'au moins, hasardant une « bataille, vous faites la moitié de la peur à votre en- « nemi, mais par l'autre voie il faut périr assurément, « sans pouvoir espérer autre chose que d'allonger la « perte. Car la jalousie que vous aurez de conserver « toutes vos forteresses, en y laissant de grosses gar- « nisons, vous ôte le moyen de tenir une armée à la « campagne, et lors le dégât de deux ou trois récoltes « vous contraint de vous rendre la corde au col [1]. »

Turenne avait à cet égard les mêmes opinions. S'il faut en croire Ramsay il donna à Condé le conseil « de « faire peu de siéges et de livrer beaucoup de com- « bats, lorsqu'il aurait rendu son armée supérieure à « celle des ennemis par le nombre et par la bonté des « troupes. »

La corrélation qui doit exister entre les places et les opérations stratégiques, dans la défensive comme

---

1. *Traité de la guerre*, chap. XIX. Ce traité fait partie du livre intitulé : *Le parfait capitaine.*

dans l'offensive, n'a été signalée que longtemps après
le règne de Louis XIV. A une époque où l'enthou-
siasme pour les lignes frontières était encore très-vif,
Frédéric-le-Grand disait à ses généraux : « Dans la
« guerre défensive, celui qui veut tout couvrir ne
« couvre rien : en évitant les détachements, il s'expo-
« sera bien à quelques petits maux, mais il évitera
« les grands désastres que la diminution des forces
« entraîne toujours avec elle, dans la défense sur-
« tout. »

C'est exactement ce que soutint Napoléon dans sa
correspondance avec le Ministre de la guerre, au sujet
de la défense de la Dalmatie.

« Il en est des places fortes, disait-il, comme des
« placements de troupes. Prétendez-vous défendre une
« frontière par un cordon? Vous êtes faibles partout,
« car enfin tout ce qui est humain est limité. Artil-
« lerie, argent, bons officiers, bons généraux, tout
« cela n'est pas infini, et si vous êtes obligés de dissé-
« miner partout, vous n'êtes forts nulle part. »

Le premier qui exposa des idées justes et à peu
près complètes sur cet objet est le général Jomini.
Son *Précis analytique des principales combinaisons de
la guerre*, publié en 1830, contient les prescriptions
et recommandations suivantes :

« Autant une place bien située favorise les opéra-
« tions, autant les places établies en dehors des direc-
« tions importantes sont funestes : c'est un fléau pour
« l'armée, qui doit s'affaiblir à l'effet de les garder, et

« un fléau pour l'État, qui dépense des soldats et de
« l'argent en pure perte. J'ose affirmer que beaucoup
« de places en Europe sont dans ce cas.

« S'il est vrai qu'une place soit rarement par elle-
« même un obstacle absolu à la marche de l'armée
« ennemie, il est incontestable qu'elle la gêne et la
« force à des détachements et à des détours dans sa
« marche ; d'un autre côté elle favorise, au contraire,
« l'armée qui la possède, en lui donnant tous les avan-
« tages opposés ; elle assurera ses marches, favorisera
« le débouché de ses colonnes, si elle est sur un
« fleuve, couvrira ses flancs et ses mouvements ; enfin,
« lui donnera un refuge au besoin.

« On peut réduire les maximes de cette partie de
« l'art de la guerre aux principes ci-après :

« 1° Un État doit avoir des places échelonnées sur
« trois lignes, depuis la frontière jusque vers la ca-
« pitale [1] : trois places en première ligne, autant en
« seconde, et une grande place d'armes en troisième
« ligne, près du centre de puissance, forment un sys-
« tème à peu près complet pour chaque partie des
« frontières de l'État.

« S'il y a quatre fronts pareils, cela fera de 24 à
« 30 places...

« La France a plus de 40 places sur un tiers seule-

---

1. La campagne mémorable de 1829 a encore prouvé ces
vérités. Si la Porte avait eu de bons forts en maçonnerie dans
les défilés du Balkan, et une belle place vers Fakih, nous ne
serions pas arrivés à Andrinople, et les événements auraient
pu se compliquer.

« ment de sa frontière (de Besançon à Dunkerque),
« sans que pour cela elle en ait assez en troisième
« ligne, au centre de sa puissance...

« En comptant que la France a deux fronts de
« Dunkerque à Bâle, un de Bâle à la Savoie, un de la
« Savoie à Nice, outre la ligne tout à fait séparée des
« Pyrénées, et la ligne maritime des côtes de l'Océan,
« il en résulte qu'elle a six fronts à couvrir, ce qui
« exigerait de 40 à 50 places.

« Si l'Autriche eut un nombre de places moins con-
« sidérable, c'est qu'elle était entourée des petits États
« de l'empire germanique, qui, loin de la menacer,
« mettaient leurs propres forteresses à sa disposi-
« tion.

« 2° Les forteresses doivent toujours être construites
« sur des points stratégiques importants : Sous le rap-
« port tactique on doit aussi s'attacher à les asseoir
« de préférence dans un site qui ne soit pas dominé,
« et qui, facilitant le déboucher, rendrait le blocus
« plus difficile.

« 3° Les grandes places, ceignant des villes popu-
« leuses et commerçantes, offrent des ressources pour
« une armée ; elles sont beaucoup préférables aux
« petites, surtout lorsqu'on peut encore compter sur
« l'aide des citoyens pour seconder la garnison :
« Metz arrêta toute la puissance de Charles-Quint ;
« Lille suspendit toute une année les opérations du
« prince Eugène et de Marlborough ; Strasbourg fut
« maintes fois le boulevard des armées françaises.

« Dans les dernières guerres on a dépassé ces places,
« parce que tous les flots de l'Europe en armes
« se précipitèrent sur la France ; mais une armée
« de 150,000 Allemands, qui aurait devant elle
« 100,000 Français, pourrait-elle impunément péné-
« trer sur la Seine, en méprisant de pareilles places
« *bien munies?* C'est ce que je me garderai d'affirmer.

« 4° Jadis on faisait la guerre aux places, aux
« camps, aux positions ; dans les derniers temps, au
« contraire, on ne la faisait plus qu'aux forces organi-
« sées, sans s'inquiéter ni des obstacles matériels, ni
« de ceux de l'art. Suivre exclusivement l'un ou l'autre
« de ces systèmes serait également un abus. La véri-
« table science de la guerre consiste à prendre un
« juste milieu entre ces deux extrêmes.

« Sans doute le plus important sera toujours de
« viser d'abord à battre complétement et à dissoudre
« les masses organisées de l'ennemi qui tiendrait la
« campagne ; pour atteindre ce but décisif, on peut
« dépasser les forteresses ; mais si l'on n'obtenait
« qu'un demi-succès, alors il deviendrait imprudent
« de poursuivre une invasion sans mesure. Au reste,
« tout dépend de la situation et de la force respective
« des armées.

« L'Autriche, guerroyant seule contre la France,
« ne pourrait pas répéter les opérations de la grande
« alliance de 1814. De même, il est probable que l'on
« ne reverra pas de sitôt 50,000 Français se hasarder
« au delà des Alpes Noriques, au cœur de la monar-

« chie autrichienne, comme Napoléon le fit en 1797.
« De pareils événements dépendent d'un concours de
« circonstances qui font exception aux règles com-
« munes.

« 5° On conclura de ce qui précède, que les places
« sont un appui essentiel, mais que l'abus en serait
« nuisible, parce qu'au lieu d'ajouter à la force de
« l'armée active, il l'énerverait en la divisant ; qu'une
« armée, voulant avec raison chercher à détruire les
« forces ennemies en campagne, peut, sans danger,
« se glisser entre plusieurs places, pour atteindre ce
« but, en ayant soin toutefois de les faire observer ;
« qu'elle ne saurait cependant envahir un pays en-
« nemi en passant un grand fleuve, comme le Danube,
« le Rhin, l'Elbe, sans réduire au moins une des
« places situées sur ce fleuve, afin d'avoir une ligne
« de retraite assurée : maîtresse d'une telle place,
« l'armée pourra alors continuer l'offensive tout en
« employant son matériel de siége à réduire successi-
« vement d'autres places : car, plus l'armée agissante
« avancera, plus le corps de siége pourra se flatter
« de terminer l'entreprise sans être entravé par l'en-
« nemi.

« 6° Si les grandes places sont bien plus avanta-
« geuses que les petites, lorsque la population est
« amie, il faut convenir aussi que ces dernières peu-
« vent avoir cependant leur degré d'importance, non
« pour arrêter l'ennemi, qui les masquerait facile-
« ment, mais pour favoriser les opérations de l'armée

« en campagne ; le fort de Kœnigstein fut aussi utile
« aux Français, en 1813, que la vaste place de Dresde,
« parce qu'il procurait une tête de pont sur l'Elbe.

« Dans les pays de montagnes, de petits forts bien
« situés valent des places, car il ne s'agit alors que
« de fermer des passages, et non de créer un refuge
« pour une armée. Le petit fort de Bard faillit arrêter
« l'armée de Bonaparte dans la vallée d'Aoste en 1800.

« 7° Il faut déduire de là, que chaque partie des
« frontières d'un État doit être entremêlée d'une ou
« de plusieurs grandes places de refuge, de places
« secondaires, et même de petits postes propres à fa-
« ciliter les opérations des armées agissantes.

« 8° Les grandes places retirées hors des direc-
« tions stratégiques, sont un malheur pour l'État et
« l'armée.

« 9° Celles qui sont sur les bords de la mer ne peu-
« vent avoir d'importance que dans des combinaisons
« de guerre maritime, ou pour des magasins : elles
« peuvent devenir désastreuses pour une armée con-
« tinentale, en lui offrant la perspective trompeuse
« d'un appui. Benningsen faillit compromettre les ar-
« mées russes en se basant, en 1807, sur Kœnigs-
« berg, à cause de la facilité que cette ville donnait
« pour ses approvisionnements. Si l'armée russe, au
« lieu de se concentrer, en 1812, sur Smolensk, avait
« voulu s'appuyer sur Dunabourg et Riga, elle aurait
« couru risque d'être refoulée sur la mer, coupée de
« toutes ses bases de puissance, et anéantie. »

Le général Jomini s'est élevé avec raison contre l'abus que l'on fit des lignes retranchées à l'époque des guerres de la succession, particulièrement en Belgique, sous les maréchaux Villeroy et de Villars [1]. On a pu constater pendant lesdites guerres l'inefficacité absolue de ces lignes, dont quelques-unes avaient de 20 à 30 lieues d'étendue. Néanmoins on en construisit encore de très-importantes après le règne de Louis XIV.

« Les lignes de Wissembourg, dit le général Jomini, couvertes par la Lautern qui coule devant le front, appuyées au Rhin à droite, et aux Vosges à gauche, semblaient remplir toutes les conditions nécessaires pour être à l'abri d'attaque, et cependant elles furent forcées aussi souvent qu'assaillies. Les lignes de Stollhofen, qui jouaient, sur la droite du Rhin, le même rôle que celles de Wissembourg sur la gauche, ne furent pas plus heureuses. Celles de la Queich et de la Kinzig eurent le même sort.

« Les lignes de Turin en 1706 et celles de Mayence en 1793, quoique destinées à servir de circonvallation, offrent une analogie complète avec les lignes précédentes, par leur étendue, par leur force et par le sort qu'elles éprouvèrent. »

L'expérience a démontré que le meilleur moyen de

---

1. Villeroy fit construire une ligne continue entre Anvers et Namur, passant par Lierre, Aerschot, Diest, Leau, Ramillies et Marche-les-Dames. Elle barrait toute la zone comprise entre l'Escaut et la Meuse.

Le maréchal Villars retrancha de la même manière l'espace compris entre Valenciennes et la mer du Nord.

couvrir un siége n'est pas de construire des lignes de circonvallation, comme le firent les Romains devant Alésia et les Français devant Turin, mais bien de battre et de poursuivre le plus loin possible les corps ennemis qui pourraient le troubler.

Les préceptes de l'auteur du *Traité des grandes opérations militaires*, marquent un progrès réel dans l'art de la défense des États; pour s'en convaincre, il suffit de les comparer à ceux qui ont été préconisés avant et même après la publication de son *Tableau analytique*.

L'éminent stratégiste allemand, von Clausewitz, dans un ouvrage publié en 1832 (un an après sa mort), émet sur le même sujet des idées moins précises et, à certains points de vue, moins avancées que celles de Jomini. Voici en quels termes il les résume (*De la guerre*, t. II, chap. x) :

« Quand les circonstances le permettent, il est de la « plus haute importance de fortifier la capitale; d'a-« près nos principes on doit faire la même chose pour « les capitales des provinces et leurs villes principales « de commerce [1]. Les fleuves qui coupent le pays, les « chaînes de montagnes et autres obstacles naturels « du terrain, procurent [2] l'avantage de lignes de dé-

---

1. Il convient, dit-il, de fortifier les villes grandes et riches et surtout les places de commerce qui sont les magasins naturels des armées.... elles valent du reste par elles-mêmes la peine d'être conservées comme une partie de la propriété publique.

2. L'auteur a sans doute oublié d'ajouter : « *s'ils sont fortifiés ou soutenus par des places fortes.* »

« fense nouvelles; plusieurs villes demandent à être
« fortifiées à raison de la force naturelle de leur posi-
« tion; enfin tous les établissements militaires, tels
« que manufactures d'armes, etc., sont mieux placés
« dans l'intérieur du pays qu'à la frontière, et méri-
« tent bien, vu leur importance, d'être protégés par
« des fortifications. On voit, d'après cela, qu'il y a tou-
« jours plus ou moins de motifs qui portent à établir
« des places fortes à l'intérieur, et nous pensons donc
« que si, dans les États qui possèdent beaucoup de
« places fortes, on n'a pas tort de distribuer le plus
« grand nombre le long des frontières, ce serait ce-
« pendant une grande faute que de ne pas en avoir du
« tout à l'intérieur. »

Les idées du prince Charles sur la défense des États
ont paru pour la première fois dans ses *Prin-*
cipes de la grande guerre (ouvrage anonyme publié
à Vienne en 1808). Elles ne sont guère moins vagues
que celles de von Clausewitz.

« Les forteresses, dit le prince, seront placées de
« telle sorte que l'ennemi ne puisse pas aisément les
« laisser derrière lui sans tout risquer pour ses com-
« munications et ses convois, et sans que, par suite, il
« soit obligé de laisser en arrière une force considéra-
« ble pour les observer, les bloquer ou les assiéger. »

Ce but ne peut être atteint, selon lui, dans un pays
ouvert, qu'en plaçant les forteresses aux entrées les
plus importantes, et principalement sur les fleuves

dont la direction est perpendiculaire à la frontière. Ces forteresses doivent avoir de fortes garnisons et être abondamment pourvues, excepté lorsqu'elles sont destinées à défendre des défilés en pays de montagnes.

« Quant aux forteresses destinées à servir d'appui « aux opérations offensives, elles doivent pouvoir con- « tenir des magasins importants et être situées de « telle sorte qu'en cas d'échec elles couvrent la re- « traite de l'armée et empêchent les progrès de l'en- « nemi; il faut par suite qu'elles soient très-grandes.

« Il y a une troisième espèce de forteresses, situées « à l'intérieur du pays et qui sont à proprement parler « des places d'armes. Leur rôle consiste à conserver « des approvisionnements de toute espèce pour l'en- « tretien et l'équipement des armées, à recevoir les « troupes battues, à favoriser leur organisation et leur « armement, et à offrir aussi un point de ralliement « pour les forces militaires existant encore dans les « provinces. Ces forteresses doivent avoir une grande « enceinte, occuper des points centraux, et, si elles sont « sur un fleuve navigable, en occuper les deux rives. »

Le prince Charles, de même que Jomini, est d'avis qu'on ne doit pas trop multiplier les places fortes.

« A quoi serviraient, dit-il, des forteresses qui en- « gloutiraient par leur étendue une partie importante « des troupes destinées à combattre en rase cam- « pagne? »

Dans ses *Principes de stratégie*, publiés en 1813, il s'exprime comme suit :

« Le nombre, l'étendue, la force des places de
« guerre qu'il s'agit d'établir, se règlent sur la quan-
« tité et l'importance des points dont il faut rester
« maître pour la sûreté et la facilité des opérations.
« Si le but de leur établissement est tellement essen-
« tiel qu'il se rattache à la possession de toute une
« province, au succès d'une campagne, à l'occupation
« d'un point qui sert de clef aux objectifs, il est indis-
« pensable que leur enceinte soit assez vaste, et leur
« garnison assez nombreuse pour obliger l'ennemi à
« leur opposer des forces considérables. Des forte-
« resses de cet ordre peuvent, selon leur importance
« et leur position, contenir plus mais jamais moins de
« 12,000 hommes de garnison.

« Il n'est pas nécessaire de donner tant de dévelop-
« pement aux places qui ne font que faciliter la dé-
« fense d'un pays ou qui concourent seulement à cou-
« vrir ses frontières, c'est-à-dire à celles dont l'objet
« est de protéger une seule ligne d'opérations, un point
« stratégique, un débouché, un passage, ni à celles
« qui barrent les abords d'un objectif, renforcent une
« position défensive, maintiennent les communica-
« tions entre les grandes forteresses, etc. Toutefois il
« est indispensable que la garnison de ces places de
« second ordre soit nombreuse, lorsqu'elles sont si-
« tuées à l'embranchement de plusieurs routes, et
« que les troupes qui y sont postées peuvent par des
« excursions nuire aux corps ennemis qui opèrent sur
« des lignes secondaires ; mais quand il n'est ques-

« tion que du point même qui est sous le feu de leurs
« batteries, il devient superflu d'y laisser plus de
« troupes que n'en requiert leur défense immédiate.

« On peut, selon la destination qu'on veut donner
« à ces sortes de points de défense, les diviser en
« quatre classes; savoir : ceux de premier rang, ayant
« 12,000 hommes de garnison et au-dessus; de second,
« ayant depuis 12,000 jusqu'à 6,000; de troisième,
« ayant de 6,000 à 3,000; et enfin de quatrième, nom-
« més aussi forts. Ceux-ci ne doivent renfermer que
« le nombre de troupes strictement nécessaires à leur
« défense.

« De quelque côté que l'ennemi dirige ses opéra-
« tions, les forteresses de premier rang jouent dans
« la défense un rôle majeur; elles sont indispensables
« pour la conservation du pays, et d'après cette consi-
« dération, lorsqu'il s'agit de déterminer les troupes
« nécessaires à leur défense, il faut, au besoin, y em-
« ployer même une grande partie des forces de l'État.
« Rien ne supplée au défaut de ces places; dès lors il
« faut les construire avant toutes celles d'un ordre
« inférieur, et, quoi qu'il en coûte, s'en procurer
« l'appui. Ce n'est qu'après leur parfait achèvement
« que l'on doit s'occuper de la construction de places
« dont l'influence est bornée à des opérations isolées;
« encore faut-il que ce soit en raison du degré d'im-
« portance de ces opérations, et non pas en propor-
« tion de l'étendue de leur développement; autrement
« leurs garnisons absorberaient toutes les troupes

« disponibles, et empêcheraient de tenir une armée
« en campagne.

« Il devrait y avoir dans chaque État une place
« d'armes qui en fût comme la clef, en assurât l'indé-
« pendance, et sans la prise de laquelle l'ennemi ne
« pût faire que des invasions précaires, et ne causer à
« l'État que des maux faciles à réparer. »

.   .   .   .

« Sans doute des lignes de places ainsi disposées
« ne mettent pas à l'abri des revers ; mais alors les
« échecs n'entraînent pas de ruine totale, n'ôtent
« ni les moyens, ni le temps de rassembler de nou-
« velles forces, et ne réduisent pas à la cruelle alter-
« native de tout perdre ou de se soumettre. »

Ces préceptes sont moins clairs, moins précis et
moins judicieux que ceux du général Jomini, en ce
sens que le prince Charles exagère l'importance des
places de première ligne et l'effectif de leurs garnisons. Il propose, en effet, d'y jeter « la meilleure
partie des forces actives de l'Etat », ce que l'auteur
du *Traité des grandes opérations* blâme à juste titre [1].

____

1. Voir ses commentaires sur les *Principes de stratégie* du
prince Charles.

CHAPITRE II

Longtemps après Vauban, le système des lignes frontières, malgré les défauts qu'il présente et que la guerre avait mis en relief, fut considéré par la plupart des ingénieurs comme l'expression la plus complète et la plus rationnelle de l'art de la fortification.

Parmi ces ingénieurs je signalerai particulièrement le général d'Arçon, qui disait, dans ses *Considérations militaires et politiques*, publiées en 1795 :

« Il faut, en pays de plaine, trois lignes de places en « quinconce, espacées de six lieues entre elles et « d'une ligne à l'autre ; l'ennemi ne pourrait pas con- « quérir un pays ainsi fortifié ; il renoncerait d'épui- « sement après plusieurs campagnes. »

Les trois lignes, les distances entre ces lignes et les intervalles des places, sont justifiées dans ce livre par diverses considérations que je crois pouvoir résumer comme suit :

S'il n'y avait qu'une ligne frontière l'ennemi n'aurait qu'une seule marche dangereuse à faire. Les corps faibles et les convois pourraient se présenter inopinément, choisir les nuits obscures, doubler leur vitesse et passer ainsi en grande partie sains et saufs.

Il faut donc une seconde ligne, dont l'action commence où finit celle de la première. Or l'action d'une place finit à 1/2 marche (3 lieues), parce que les troupes de sortie doivent le même jour pouvoir rentrer ou du moins camper sous le canon de l'enceinte. La seconde ligne sera donc à une marche en arrière de la première, et les places dans chaque ligne se trouveront à cette même distance l'une de l'autre.

Quand cette condition est remplie le danger du fractionnement augmente si fortement pour l'ennemi, qu'il doit se résoudre à faire des siéges pour permettre aux convois et aux petits détachements de passer.

Une troisième ligne est occupée par les places de *dépôt*, nécessaires pour l'approvisionnement des forteresses menacées des deux premières lignes. Si elles n'existaient pas il faudrait approvisionner toutes les places avancées, ce qui conduirait à une dépense excessive et à une dissémination dangereuse.

Les *dépôts* sont à une marche de la deuxième ligne; ils contiennent les approvisionnements e plusieurs places de cette ligne et de la première. Leur nombre, et par suite l'étendue de leurs intervalles, dépend du nombre de places des lignes avancées aux besoins desquelles une seule d'entre elles doit suffire.

Le système des lignes frontières était encore préconisé du temps de Napoléon Ier par Noizet de Saint-Paul (voir son *Traité de fortification*, publié en 1811). « Il faut, disait-il, multiplier les places au point
« d'établir trois rangs de places plutôt que deux, sans
« craindre la dépense, dans les pays ouverts, fertiles
« et bien peuplés. »

« Dans ce dernier cas il est nécessaire que les pla-
« ces soient éloignées les unes des autres de 6 à
« 7 lieues, et il convient de les disposer de manière
« que celles de la deuxième soient vis-à-vis des inter-
« valles de celles de la première, afin que les garni-
« sons puissent toujours se porter à demi-chemin des
« places voisines, pour s'opposer au passage des
« partis ou des convois ennemis, avec certitude de
« pouvoir être rentrées dans la place avant la nuit. »

Plus récemment, en 1859, le général Noizet, auteur d'un cours de fortification donné à l'Ecole de
Metz, professait ce qui suit :

« Les places doivent être d'autant plus multipliées
« sur une frontière, que le pays est plus ouvert ; et
« dans un grand Etat, *toutes les villes de quelque im-*
« *portance doivent être fortifiées*, afin d'enlever à l'en-
« nemi les ressources du pays et de lui intercepter les
« routes principales. »

Ce même auteur soutient que, dans certains cas et
dans certaines contrées, on doit construire quatre et
même cinq lignes de places frontières !

Savart, dans son traité de fortification, rédigé pour l'Ecole de St-Cyr, avait été plus loin encore, puisque, indépendamment d'un réseau de places, organisé à la manière de d'Arçon et de Noizet, il demandait que sur chaque frontière d'un accès facile on construisît des forts de campagne « en beaucoup de points intermédiaires [1]. »

C'était revenir aux fameuses lignes défensives que d'Arçon lui-même appelait « *un diminutif des murailles de la Chine.* »

L'erreur de ces ingénieurs provient de ce qu'ils considéraient les forteresses comme étant uniquement des obstacles matériels, destinés à *arrêter* l'ennemi. De là ces expressions impropres de *chaînes* et de *barrières* dont on se sert encore aujourd'hui dans quelques ouvrages didactiques, pour désigner les travaux défensifs élevés sur certaines frontières.

On a eu tort d'attribuer à Vauban la paternité de ces systèmes absolus et contraires aux saines idées stratégiques ; il est prouvé en effet : 1° que l'illustre ingénieur ne voulait établir sur la frontière très-accessible du nord de la France, que deux lignes de forteresses occupant des points stratégiques ; 2° qu'il proposa de démolir ou de déclasser les forteresses de l'intérieur ; et, 3°, que déjà en 1687 il se plaignait à Catinat de ce qu'il y eût alors « trop de places fortes. »

---

1. Edition de 1830, p. 252.

Ses mémoires de 1705 et de 1706 prouvent que la France avait, en effet, 119 forteresses, 34 citadelles, 58 forts et châteaux, 57 réduits et 29 redoutes; en tout 297 ports fortifiés, qui exigeaient pour leur garde, *en temps de paix*, 172 bataillons à 800 hommes, et 67 escadrons à 200 chevaux, soit 151,000 hommes [1].

Vauban revint sur ce sujet dans un mémoire présenté à Louis XIV en 1696; et, six ans avant sa mort, il traça ces lignes remarquables, citées par le général Paixhans : « On est réduit à rester sur la « défensive, ne pouvant maintenir plusieurs grosses « armées sur pied et garder en même temps un si « grand nombre de places; joint à cela qu'elles *n'in-* « *terdisent à l'ennemi que le point qu'elles occupent;* « que ce sont de lourdes masses qui ne se meuvent « pas, et qu'il faudrait autant de bonnes qualités « à chacun de leurs gouverneurs qu'à un bon général « d'armée, au lieu qu'une puissante armée se trans- « porte, en impose, s'oppose partout, et qu'il suffit « de cinq ou six bons généraux, tandis qu'il faut cent « bons gouverneurs aux places, contre des armées « qui passent si vite sans faire de siége. »

La « grosse guerre » que Vauban redoutait et qui

---

1. En 1791 il y avait en France 102 places fortes et 59 postes de guerre.

Napoléon supprima 30 places fortes, par un arrêté du Ier vendemiaire an XII; mais il est à supposer que cet arrêté ne fut pas entièrement exécuté, puisque, en 1828, la France avait encore 156 places et postes de guerre.

En 1867 on a déclassé 29 places, postes et ouvrages, et supprimé les servitudes militaires autour de 39 autres points fortifiés.

devait selon lui faire regretter à la France d'avoir
conservé trop de places fortes, arriva plutôt que ne
désirait cet excellent patriote. Il s'en prévalut pour
demander qu'on mît hors d'entretien et qu'on suppri-
mât vingt-trois forteresses, situées en grande partie
au nord de la France[1].

Il n'y a donc pas une très-grande différence entre
les idées de Vauban sur la défense des États, et celles
que le général Jomini exposa en 1830.

Le maréchal Marmont écrivait à propos du système
des lignes frontières, qui était encore préconisé de
son temps dans la plupart des écoles militaires de
l'Europe : « Les changements survenus dans la ma-
« nière de faire la guerre, et surtout la force des
« armées mises en campagne, ont fait voir le vice
« d'un tel système de défense, et il ne viendrait
« aujourd'hui dans aucune tête militaire l'idée de
« recommencer de semblables travaux. »

Avant lui le général Gassendi avait proposé de
remplacer par un petit nombre de « bonnes places »
les trois lignes frontières, érigées sous Louis XIV.
« Dans le système de guerre d'aujourd'hui, disait-il,
« les places sont impuissantes pour arrêter des tor-
« rents ennemis ; on peut dire mieux : elles sont peut-
« être nuisibles[2]. »

1. Voir le tome III des *Oisivetés de Vauban*.
2. Gassendi veut dire que les places « trop nombreuses »
sont nuisibles et non toutes les places, puisque lui-même reconnaît l'utilité des « bonnes places ».

Après la chute de Napoléon il y avait en France 97 places et 56 postes militaires. C'était évidemment trop. Les inconvénients de cette multiplicité de points fortifiés avaient frappé le maréchal Gouvion Saint-Cyr, qui engagea, dit-on, son ami le général du génie Sainte-Suzanne à publier un mémoire, dont il lui avait soumis le plan, et qui parut en 1819 sous le titre de : *Projet de changements à opérer dans le système des places fortes, pour les rendre véritablement utiles à la défense de la France.*

L'auteur de ce remarquable écrit était d'avis que la défense du royaume, pour être bien assurée, n'exigeait en tout que 13 grandes places et 10 petites places ou postes fortifiés.

Les places frontières devaient être petites, à l'exception d'une ou de deux par frontière, destinées à servir de dépôts en cas de guerre offensive.

Sur les frontières du nord, de l'est et du sud, il conservait *Lille, Mézières, Metz, Strasbourg, Besançon, Mâcon, Grenoble, Perpignan,* le fort de *Belle-garde* et *Bayonne;* et sur la frontière maritime, *Rochefort, La Rochelle, Lorient, Brest, Cherbourg* et *Calais.*

En seconde ligne, il établissait quatre places à grand développement pouvant contenir « des garnisons sem- « blables à des corps d'armée. » C'étaient *Laon,* pour la frontière du nord, *Langres,* pour celle du nord-est, *Clermont,* pour celle du sud-est, et *Auch,* pour celle du midi.

Au centre du pays il créait, « comme dernier

« point d'appui des armées actives, une grande posi-
« tion fortifiée : *Orléans*. »

Sainte-Suzanne supposait que la France aurait eu
sous les armes, en temps de guerre, 500,000 hommes;
300,000 seraient entrés en campagne et les 200,000
restants, « composés des bataillons et escadrons de
« dépôt, des vétérans et des nouveaux appels de jeunes
« soldats, auraient été disséminés dans les places
« fortes.

« Si l'armée du nord, disait-il, est obligée de se reti-
« rer entre les places de Lille et de Mézières, ou entre
« Mézières et Metz, elle viendra s'appuyer *sur la posi-*
« *tion retranchée de Laon*, laissant sur ses flancs
« deux grandes places qui, renfermant deux corps
« d'armée de 16 à 20,000 hommes chacun, imposeront
« à l'ennemi l'obligation de détacher 80,000 hommes
« au moins pour en faire l'investissement.

« En faisant une semblable supposition pour l'ar-
« mée qui s'est formée sur la frontière du Rhin, cette
« armée exécuterait sa retraite soit entre Metz et
« Strasbourg, soit entre Strasbourg et Besançon :
« dans les deux cas elle viendrait s'appuyer *sur la*
« *position retranchée de Langres*, et elle aurait laissé
« derrière elle les places fortes ci-dessus mentionnées,
« lesquelles obligeraient l'ennemi à laisser sur ses
« derrières des forces considérables, s'il ne voulait pas
« compromettre ses communications.

« Si c'est l'armée française du midi qui doit exé-
« cuter une semblable manœuvre, elle se retirera soit

« entre Besançon et Mâcon, soit entre Mâcon et Gre-
« noble, soit entre cette dernière place et Toulon.
« Elle aura alors pour point d'appui *la place de Cler-*
« *mont*, qui doit lui fournir toutes les ressources dont
« elle aura besoin, tandis que l'ennemi devra se divi-
« ser pour assiéger, investir ou contenir les corps
« d'armée que renferment les places qu'il aura lais-
« sées derrière lui.

« Enfin *Orléans* est destinée à être un grand dépôt
« d'armes et de machines de guerre, et à devenir
« *le dernier point d'appui des trois armées actives.* »

Ce système de défense était trop radical pour qu'on
l'acceptât à l'époque où il fut proposé.

Moins absolues, mais se rapprochant néanmoins
beaucoup de celles de Sainte-Suzanne, sont les idées
qu'émirent sur la défense des États le général Rogniat
en 1823 et le maréchal Marmont en 1846.

Le premier, dans sa *Réponse aux critiques de Napo-*
léon, préconisa la formule suivante :

« Organiser une ligne défensive sur la frontière, en
« profitant habilement des obstacles naturels et en for-
« tifiant les principaux défilés; disposer autour de
« quelques grandes places un petit nombre de camps
« retranchés propres à donner asile à l'armée défen-
« sive; s'assurer des passages les plus importants des
« fleuves transversaux, par des places à têtes de
« pont assises sur l'une ou l'autre rive; envelopper
« d'une enceinte bastionnée, capable de résister à des

« moyens de campagne, la capitale et les autres gran-
« des villes les plus exposées. »

Le maréchal Marmont, dans son *Esprit des institutions militaires*, s'exprime comme suit :

« Les principes reconnus consacrent deux espèces
« de places : les *places de dépôt* et les *places de ma-*
« *nœuvres*.

« Les premières doivent être grandes, très-fortes et
« rares : une par frontière suffit.

« Elles doivent renfermer un matériel suffisant
« pour les besoins d'une grande armée (en équipages
« d'artillerie, en armes portatives de rechange et en
« approvisionnements de toutes espèces). Elles doivent
« avoir des ateliers nombreux, un arsenal de cons-
« truction, et, en tout temps, le matériel d'un grand
« hôpital et des approvisionnements de vivres. Il faut
« enfin que les régiments dirigés sur cette place, en
« sortent organisés et armés, et puissent immédiate-
« ment entrer en campagne et combattre.

« Plus tard s'organisent dans les places les renforts
« et les remplacements dont l'armée a besoin ; et si le
« début de la guerre a été malheureux ou que l'ar-
« mée, inférieure à celle de l'ennemi, soit réduite, dès
« l'abord, à la défensive, elle double ses forces en
« venant s'appuyer à sa place de dépôt, située de pré-
« férence sur une rivière navigable, pour faciliter l'ar-
« rivée des approvisionnements. Une place de dépôt
« favorise donc les manœuvres d'une armée qui opère
« dans son voisinage, et elle donne en même temps

« une grande consistance à sa base d'opération.

« Nous avons en France trois places de cette espèce
« merveilleusement situées : Strasbourg, Metz et Lille
« pour les frontières de l'Allemagne, des Ardennes et
« de la Flandre...

« Après les places de dépôt viennent les *places de*
« *manœuvres*. Celles-ci servent à faciliter les mouve-
« ments des armées et à contrarier ou empêcher ceux
« de l'ennemi.

« Elles doivent être exclusivement situées ou sur
« des rivières dont elles occupent les deux rives, ou
« dans les montagnes dont elles ferment les vallées. »

Ces préceptes sont moins précis et moins complets
que ceux du général Sainte-Suzanne, en ce sens qu'ils
ne donnent aucune indication sur la nature des places
de seconde ligne, dont quelques-unes au moins doivent
avoir un camp retranché , et qu'ils ne font pas
mention d'un réduit central, servant de pivot à la
défense.

La formule du général Jomini est préférable sous ce
rapport, mais elle a le défaut d'exiger autant de places
en 2ᵉ ligne qu'en première ligne, et une place d'armes
en 3ᵉ ligne, pour *chaque partie des frontières d'un
État*.

On verra plus loin que ces grands pivots en 3ᵉ ligne
peuvent être remplacés avantageusement par une
seule place à camp retranché (la capitale fortifiée)
servant de pivot central à la défense, de quelque côté
que l'assaillant se présente.

Parmi les systèmes qui méritent d'être signalés à cause de leur originalité ou de la notoriété de leurs auteurs, nous citerons celui du général Paixhans. Ce célèbre artilleur, après avoir démontré qu'à la guerre, « ce qui est décisif, c'est de ne pas disséminer ses « forces, » et après avoir proclamé « que si la force « qui attaque a besoin de rester unie, la faiblesse qui « défend en a plus besoin encore, » résume dans les termes suivants, le dispositif qu'il propose d'appliquer à la France.

« Pour l'ensemble du système de défense d'un terri-« toire, on aurait au bord des frontières une ligne « de forteresses; puis en deçà des frontières et sur « chaque ligne d'invasion de l'ennemi, une ou deux « grandes positions fortifiées [1]; puis, pour lier ces « positions les unes aux autres, ainsi qu'à la frontière « et à l'intérieur du pays, on aurait des chaînes de « postes, des têtes de pont, des places, chaînes à larges « mailles, qui favoriseraient les mouvements de l'ar-« mée défensive...

« Le but que l'ennemi se propose d'atteindre et qui « est toujours une de nos villes principales, serait lui-

1. Voici la description de ces positions :
« Dans l'espace compris entre trois ou quatre forteresses, « je choisis un camp central d'où partent, vers chacune des « forteresses, des doubles caponnières traversant de distance « en distance des ouvrages bien armés, et où viendraient « aboutir des débouchés. L'action d'une position sur la cam-« pagne étant en raison de la masse de troupes qui l'occupent « et ces positions étant destinées à recevoir des armées en-« tières, leur rayon d'action serait considérable, ce qui fait « qu'un petit nombre de ces positions suffirait pour couvrir un « État. »

« même en état de défense. Enfin, à l'intérieur du
« territoire, au moyen des rivières, des montagnes,
« des forêts et de quelques points fortifiés, nous au-
« rions, non pas une forteresse unique, mais une
« vaste disposition défensive, qui empêcherait que
« rien encore ne fût décisif contre notre indépen-
« dance, même après une longue série de désastres
« réitérés. »

« La Loire, le Rhône, la Garonne et la mer, ajoute
« le général Paixhans, formeraient l'enceinte de notre
« grande place centrale ; nos diverses frontières en
« seraient les ouvrages extérieurs ; l'Auvergne et la
« Vendée en formeraient les citadelles, et les fronts
« exposés à l'attaque seraient la Loire, en arrière de
« Paris, et les montagnes qui bordent le Rhône en
« arrière de Lyon. »

Il est évident que ce dispositif de défense exige trop
de fortifications, et qu'il est en contradiction flagrante
avec les prémisses de l'auteur, et avec ses arguments
en faveur de la concentration des forces défensives.

CHAPITRE III

OBJECTIONS CONTRE LES PLACES FORTES

Avant d'exposer nos idées sur la défense des Etats, nous croyons devoir nous arrêter un moment à celles qu'ont émises les adversaires des places fortes, et les auteurs qui, par crainte d'abuser de la fortification, sont tombés dans un excès contraire, en restreignant outre mesure le nombre et le rôle des forteresses.

A la tête de ces réformateurs exagérés ou trop absolus, se trouve Machiavel qui, dans son *Discours sur la première décade de Tite-Live*, proscrit d'une manière à peu près générale l'emploi de la fortification permanente.

Il déclare inutiles les forteresses élevées pour combattre une invasion ennemie, et il condamne absolument celles qui doivent servir à défendre un prince contre ses sujets. « Ces dernières, dit-il, rendent plus hardi à opprimer et poussent les sujets à la révolte; or la place forte qui aura occasionné cette haine ne saura en défendre le prince. » Nous ne le contesterons point. Quant à l'inutilité stratégique des places, nous ferons observer qu'elle n'a pas été démontrée par le célèbre Florentin, qui s'est borné à examiner s'il est préférable d'avoir des places fortes sans armée, ou une armée sans places fortes. Il se prononce pour cette dernière proposition, et en cela n'a point tort; mais ce n'est pas en raisonnant ainsi qu'on peut élucider et résoudre l'importante question dont il s'agit. Machiavel aurait dû prouver, pour soutenir sa thèse, qu'une armée sans places fortes défendrait mieux et plus longtemps le pays, qu'une armée dont le quart ou le tiers occuperait des points fortifiés, judicieusement choisis, et pouvant résister à l'attaque de vive force.

« Les Spartiates, dit-il, ne souffraient pas même de « murailles autour de leurs villes ; les poitrines des « citoyens, voilà quelles étaient leurs fortifications. »

Si les Spartiates avaient eu des forteresses, n'auraient-ils pas résisté avec plus de succès à leurs ennemis? C'est ce que Machiavel n'a point examiné.

Quant aux Romains, dont il est un grand admirateur, il se trompe complétement lorsqu'il dit « qu'on les « a vus toujours, dans les pays qu'ils voulaient retenir « par la force, raser et jamais élever de citadelles. »

Nous avons cité plus haut des faits concluants, d'où il résulte que « les maîtres du monde » avaient des idées toutes différentes sur le rôle des forteresses, particulièrement en pays conquis.

Il est à remarquer, au surplus, que Machiavel ne

condamne pas d'une manière absolue les places fortes.
« Un prince, dit-il, qui a de bonnes armées peut avoir
« sur les côtes ou sur les frontières de son royaume
« des places capables d'arrêter l'ennemi pendant quel-
« ques jours, afin de lui donner le temps de rassem-
« bler ses forces. »

Parmi les systèmes inadmissibles auxquels a donné
naissance le dénigrement outré des places fortes, nous
citerons celui du général Duvivier, publié sans nom
d'auteur, en 1826 [1].

Cet officier proposa de défendre la France au moyen
d'une place unique, établie dans le delta formé par la
Loire et l'Allier : place triangulaire, ayant ses som-
mets vers Dijon, Moulins et Nevers. Les rivières servaient de fossé à deux de ses faces ; la 3e était couverte
par les affluents retenus et déviés de ces rivières.

Elle avait 45 lieues de pourtour et elle était défendue
par 250 redoutes en maçonnerie, établies en quinconce, sur trois lignes, à 2000 mètres l'une de l'autre. Chaque redoute avait des bâtiments à l'épreuve
de la bombe pour 400 hommes.

Indépendamment de cette place gigantesque, le général Duvivier voulait créer deux immenses ports, l'un sur
la Méditerranée (Toulon), l'autre sur l'Océan (Brest).

Il est inutile, croyons-nous, de faire ressortir les
nombreux et graves défauts que présente ce dispositif

1. *Essai sur la défense des États par les fortifications*, 1826.

de défense. L'exagération d'un principe rationnel n'est pas moins condamnable que l'abus d'un principe faux, et un grand pays comme la France serait aussi mal défendu s'il n'avait qu'une seule position fortifiée, que s'il était entouré d'une triple ligne de places frontières.

Un officier belge, M. le lieutenant-colonel Vandevelde, a publié, en 1858, une *Étude sur la défense des États*, dans laquelle il préconise un dispositif de défense qui diffère peu de celui de Sainte-Suzanne, puisqu'en l'appliquant à la France il est amené à proposer la construction d'un pivot central, de cinq places à camps retranchés en seconde ligne et de 15 places frontières (dont 6 sur les côtes) : total 21 forteresses, soit une de moins que n'en comportait le projet du général français.

Bien que dans ce dispositif le nombre des forteresses soit réduit au minimum, l'auteur fut bientôt d'avis qu'il y en avait trop, et c'est ce qui l'engagea à proposer, en 1873, un dispositif rectifié, ne comportant plus que 8 places à camps retranchés.

Dans le dispositif de 1858 M. Vandevelde établissait sur la frontière de petites places, pourvues de 3000 hommes de garnison, et « destinées à servir de « base à l'armée opérant offensivement [1] ».

Ces petites places, il les supprime dans son nouveau dispositif comme « nuisibles ».

---

1. Il dit ailleurs : « destinées à servir de bases secondaires « et de places de dépôt pour l'offensive. »

Voici ce nouveau dispositif, tel que l'auteur le décrit dans le tome II de sa *Tactique appliquée au terrain*.

« Prenons pour théâtre de guerre type un pays
« d'une population de 30 millions d'habitants, ayant
« une armée de 300,000 hommes en temps de paix

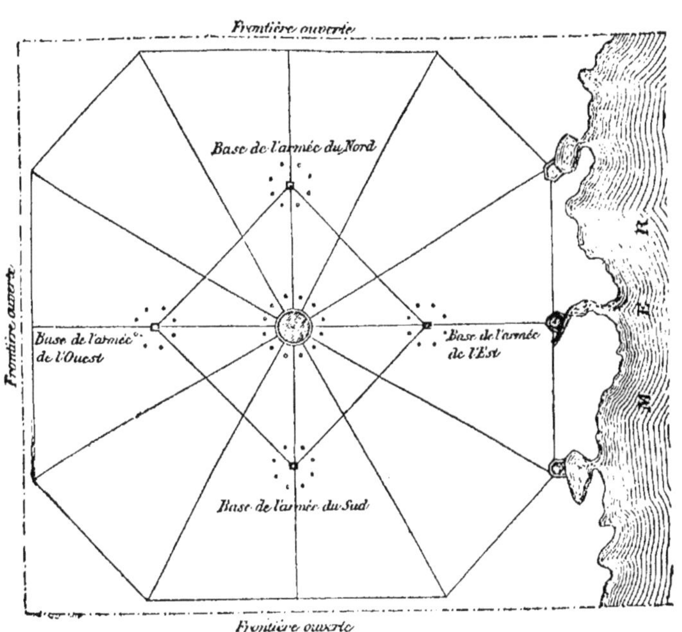

Fig. 1. — Dispositif de défense d'après M. Vandevelde.

« et de 500,000 sur pied de guerre (voir fig. 1). Sup-
« posons que ce pays forme un carré, ayant sa capi-
« tale vers le centre, sa frontière de l'Est bornée par
« la mer et ses trois autres frontières ouvertes et ac-
« cessibles sur tous les points.

« Les grandes voies de communications de ce pays,
« les routes, les chemins de fer, etc., rayonnant de
« son centre vers les frontières, le divisent en une
« série de triangles qui ont pour sommet commun la
« capitale et, pour base, une fraction de la frontière.
« Au centre de ce grand polygone s'en trouve un
« petit, également divisé en une série de triangles,
« qui ont pour bases des chemins de fer transversaux ;
« pour côtés, des fractions de grands rayons ; et pour
« sommet commun, la capitale. Ces deux polygones
« composés, l'un de grands triangles, l'autre de pe-
« tits, forment deux échiquiers distincts.

« Le sommet commun de tous les triangles (grands
« et petits) est le point stratégique décisif du théâtre
« de guerre.

« Comme siége du gouvernement et comme centre
« de puissance de l'État, la capitale a plus d'im-
« portance politique qu'aucune autre localité du
« pays.

« Comme sommet commun de toutes les grandes
« voies de communication, elle est géographiquement
« bien située pour servir de base et de pivot de ma-
« nœuvres à une armée refoulée d'une frontière quel-
« conque vers le centre du pays.

« C'est sur ce point qu'il convient d'établir le foyer
« de la défense, la résistance de front, la grande posi-
« tion retranchée renfermant les principales ressour-
« ces militaires du pays.

« Dans le petit polygone qui constitue l'échiquier

« défensif, les intersections des chemins de fer trans-
« versaux avec les grands rayons, sont des points stra·
« tégiques géographiques et de manœuvres. C'est sur
« ces points qu'il convient d'élever des forteresses
« pour servir de bases et de pivots d'opérations à la
« défense latérale de la capitale, et c'est sur ces forte-
« resses que les armées opérant sur les différentes
« frontières se replieront en cas de revers.

« Quoique la contrée que nous avons prise pour
« type, soit dépourvue d'obstacles et qu'elle ait peu de
« voies partant de la capitale vers les frontières, il ne
« faudrait cependant pas élever un camp retranché sur
« chacune de ces voies.

« Pour fixer le nombre de forteresses qu'il serait
« nécessaire d'ériger autour du polygone défensif,
« cherchons quel est l'usage qu'on veut en faire.

« La contrée à défendre a quatre frontières ; cha-
« cune d'elles peut donc devenir un théâtre distinct
« de guerre, c'est-à-dire que pour défendre cette con-
« trée, on pourrait se trouver dans le cas de de·
« voir opérer dans quatre directions différentes. Or il
« faut sur chacun de ces théâtres de guerre une
« grande position fortifiée qui puisse servir de base
« et de pivot d'opérations à l'armée appelée à y
« opérer.

« Il y a plusieurs raisons pour lesquelles il ne doit
« y avoir qu'une grande position fortifiée sur une
« même direction. Une armée ne doit avoir qu'une
« base : si elle en avait plusieurs, elle serait obligée

« de s'affaiblir pour fournir des garnisons à chacune
« d'elles, et, en cas de revers, la multiplicité des bases
« ne manquerait pas de donner lieu à une retraite
« divergente, ce qu'on doit éviter avec soin. »

Jusqu'ici nous sommes d'accord avec le lieutenant-colonel Vandevelde, en faisant toutefois cette réserve, à propos de la fortification de la capitale, qu'il peut y avoir des cas où il soit nécessaire de choisir une autre ville comme pivot central.

Ce cas se présentera pour un grand État, quand la capitale occupera un point stratégique géographique peu favorable, tel que Rome et Saint-Pétersbourg. Il se présentera pour un petit État, quand la capitale ne se trouvera qu'à une ou deux marches de la frontière la plus menacée, ou quand elle offrira moins de ressources, pour soutenir un blocus ou un long siége, qu'une autre ville, située, par exemple, sur un grand fleuve en communication avec la mer ou avec les alliés naturels du pays, et possédant de vastes magasins de vivres, de matériaux, etc., comme l'est, pour la Belgique, le port d'Anvers, un des mieux approvisionnés du monde entier.

L'accord entre le lieutenant-colonel Vandevelde et nous cesse complétement, lorsqu'il condamne dans les termes suivants toutes les places frontières :

« Autrefois on élevait, sur la frontière, des forte-
« resses qu'on appelait offensives, bien que ne tenant
« à l'offensive que par les magasins qu'elles conte-

« naient dans le but de pourvoir à l'alimentation des
« armées qui opéraient sur la frontière ou en pays
« ennemi. Aujourd'hui que la vapeur permet d'ali-
« menter les armées au jour le jour en prenant les
« subsistances dans l'intérieur du pays, on peut se
« passer de ces sortes de dépôts dont l'approvisionne-
« ment avait l'inconvénient d'éventer les projets des
« généraux et d'exposer les arsenaux à être enlevés à
« la suite d'un échec. Quant aux forteresses destinées
« à empêcher l'accès d'une contrée, on reconnaît
« qu'elles n'arrêtent guère les invasions et il est
« généralement admis qu'elles sont plus nuisibles
« qu'utiles. »

Ce passage renferme de très-grandes erreurs et
des assertions contraires aux faits les mieux établis.

Ce n'était pas seulement « autrefois » qu'on élevait
sur la frontière des forteresses offensives; on en élève
encore de nos jours : témoin Strasbourg, Belfort, Lyon,
Grenoble et Lille que les Allemands et les Français
entourent de forts détachés, et dont ils font de grandes
places de dépôt et des points d'appui solides pour une
guerre d'invasion.

Sans doute, si une place de dépôt était assez dé-
nuée de ressources pour qu'on dût la pourvoir de
tout, au moment de la guerre, ces envois donneraient l'éveil à l'ennemi et la place serait plus
nuisible qu'utile; mais si c'était une grande ville
industrielle ou commerciale, possédant des arsenaux,

de grands magasins d'équipement, d'habillement et de vivres, des manufactures et d'autres établissements utiles aux armées en campagne; et si cette ville pouvait communiquer au moyen d'un large fleuve avec les grands ports et les principaux marchés du pays ou de l'étranger, elle constituerait une excellente base offensive. Telles sont Strasbourg, Mayence et Cologne pour l'Allemagne, et telles étaient pour la France, avant 1870, Strasbourg, Metz et Lille.

Ces places sont assez bien pourvues en tout temps pour qu'on n'ait rien à y envoyer au moment de la guerre. L'éveil ne sera donc point donné, et ce n'est qu'après l'ouverture de la campagne, que les vivres, les munitions et les recrues y afflueront, pour compléter les magasins permanents et subvenir aux besoins ultérieurs de l'armée.

Nous ne contestons pas que les chemins de fer ne permettent de tirer facilement et promptement des subsistances et des munitions de l'intérieur du pays, mais il ne suit pas de là, comme le dit M. Vandevelde, « qu'on « peut, par ce moyen, alimenter les armées au jour le « jour. » En effet, lorsqu'une armée opère au delà de ses frontières, elle a tant de choses à tirer du pays (recrues, chevaux, matériel, etc.), et tant de choses à y faire entrer (malades, blessés, prisonniers, matériel conquis, etc.), que, pour éviter l'encombrement des voies et l'interruption des communications, elle ne doit demander à l'intérieur que ce qu'il est impossible de trouver sur la frontière. C'est évidemment pour ce motif qu'aucun État européen n'a démoli ni déclassé jusqu'ici les grandes places de dépôt qui occupent les frontières, et que la plupart les ont au contraire mises à l'abri du bombardement par la construction de forts détachés. Ils ont paré ainsi à l'inconvénient que M. Vandevelde reproche aux dépôts frontières, « d'exposer les arsenaux à être enlevés à la « suite d'un échec. »

Quant à l'assertion du même auteur que « les for« teresses destinées à empêcher l'accès d'une contrée, « n'arrêtent guère les invasions et qu'il est *générale-* « *ment admis* qu'elles sont plus nuisibles qu'utiles, » nous la repoussons absolument. On ne pourrait pas en effet citer une seule autorité militaire, ni un seul gouvernement qui ait condamné les places frontières comme « plus nuisibles qu'utiles. » Il semble plutôt que tous soient encore de l'avis du prince Charles, qui attribuait aux places de premier rang le rôle le plus important et qui, pour mieux les défendre, voulait « au besoin y employer même une grande partie des « forces de l'État, » parce que, disait-il, « rien ne « supplée au défaut de ces places [1]. »

La vérité est que ni Frédéric II, ni Napoléon, dont nous exposerons plus loin les idées, ni les généraux que les dernières guerres ont mis en relief, ne se sont montrés hostiles aux places frontières. Von Clausewitz dit avec raison : « Ce n'est qu'à la guerre qu'on ac-

---

1. *Principes de stratégie.*

« quiert par l'expérience directe, des notions vraies
« sur l'influence salutaire qu'exerce, dans les circons-
« tances fâcheuses, une place forte rapprochée. Elle
« contient de la poudre et des armes, de l'avoine et
« du pain, procure un abri aux malades, la sécurité
« aux bien portants, et le temps de la réflexion aux
« effrayés. *Les places fortes sont des hôtelleries dans*
« *le désert.* »

Nous prouverons du reste, dans l'un des chapitres
suivants, que les places frontières ont rendu, jusque
dans les derniers temps, de très-grands services aux
armées, quand elles étaient stratégiquement bien situées et pourvues de tous les éléments nécessaires à
une bonne défense [1].

1. Cette preuve et les arguments sans réplique fournis par
les stratégistes en faveur des places frontières, établies dans
de bonnes conditions, nous dispensent d'examiner en détail
les applications que M. Vandevelde propose de faire de son
polygone concentré à la défense des divers États de l'Europe.
Pour montrer combien ces applications sont inadmissibles, il
suffit de faire observer que M. Vandevelde juge inutiles à la
défense de l'Allemagne toutes les places du Rhin, de la Moselle, du Mein, de la Vistule (à l'exception de Dantzig), de la
Warthe et de l'Oder (à l'exception de Stettin et Custrin), et
qu'il condamne pareillement les meilleures places frontières
de la France : Lille, Soissons, Belfort, Besançon, Langres, Grenoble, Lyon, etc.

Il voudrait réduire le réseau défensif de ce dernier pays à
8 points fortifiés, à savoir : *Paris*, pivot central); *Reims, Châlons* et *Troyes*, bases et pivots d'opérations des armées agis-
sant dans l'Est, et positions couvrant la capitale de front;
Compiègne et *Montereau*, défendant la capitale latéralement et
servant de pivots de manœuvres à la défense de flanc;
Orléans et *Rouen*, grands arsenaux où, en cas de guerre défensive, les conscrits se rendraient pour être équipés et for-
més en corps.

Chacun de ces huit points aurait une enceinte de sûreté,
précédée d'une ceinture de forts formant camp retranché et
mettant les villes à l'abri du bombardement. La France serait

Ces services, loin de décroître, seront plus importants encore dans l'avenir, car c'est seulement depuis
peu que l'on s'occupe sérieusement, dans tous les
pays, des moyens de mobiliser promptement les armées. Cet art, qui a été poussé si loin en Allemagne,
était inconnu en France avant la dernière guerre,
et Napoléon lui-même, si habile à lever des troupes,
avait besoin de plus de semaines, pour préparer
une entrée en campagne, qu'il n'a fallu de jours à
l'armée prussienne, en 1866 et en 1870, pour mettre
son armée sur le complet pied de guerre. Or, si un
grand pays n'avait que trois ou quatre places cen-
trales, il lui serait absolument impossible de mobiliser sur place les corps dont les circonscriptions
touchent à la frontière. Il suffirait que l'ennemi jetât
quelques divisions de cavalerie dans le pays pour détruire les magasins, empêcher les miliciens de rejoin-
dre et causer à la défense un préjudice irréparable.
Les places frontières sont un rideau derrière lequel
l'armée peut se compléter et s'organiser. L'en priver
serait donc la placer au début de la campagne dans

ainsi divisée en 7 secteurs ou régions, défendus chacun par
une armée recrutée dans le secteur. La 8ᵉ armée, formant réserve stratégique, aurait Paris pour foyer et serait recrutée
dans tout le pays.
Le dispositif de la Prusse se composerait, d'après M. Vandevelde, de :
1 grande position retranchée : *Berlin;*
6 places à grand développement : *Magdebourg, Dessau,
Falkenberg, Cottbus, Custrin et Stettin;*
2 ports de refuge dans la Baltique : *Dantzig et Kiel,* et 1 port
de refuge dans la mer du Nord : *Willemshafen.*
Stettin servirait à la fois aux forces de terre et de mer.

les conditions les plus fâcheuses, et l'exposer à un échec à peu près certain.

Après ces considérations nous pourrions nous dispenser de pousser plus loin l'examen du dispositif proposé par M. Vandevelde, mais ce dispositif — quoique trop absolu — renferme cependant des parties qui méritent une étude approfondie et même une approbation complète.

Reprenons donc la description qu'en donne l'auteur.

« Notre dispositif de défense, dit-il, se réduirait à « une grande position centrale ayant pour but de con- « tenir les attaques de front, et à quatre camps re- « tranchés procurant des défenses latérales et permet- « tant aux armées qui les occuperaient d'agir sur les « derrières de l'invasion, si elle pénétrait entre ces « camps, pour opérer contre la capitale.

« Quant à la défense par mer, il serait difficile de « déterminer le nombre de forteresses qu'il convien- « drait d'élever sur le littoral, pour mettre en sécurité « les escadres d'une grande puissance maritime. Tout « ce qu'on peut déterminer à cet égard, c'est qu'on « ne doit fortifier que les grands ports militaires, et « que ceux-ci, pour offrir une bonne défense, doivent « être placés au fond des baies ou sur des bras de « mer, afin que l'attaquant soit obligé d'embosser ses « vaisseaux sous le feu convergent des batteries éle- « vées sur les rives, en aval du port ou de la rade. »

Voici comment M. Vandevelde dispose et met en

action dans une guerre défensive les 500,000 hommes qui constituent l'armée de son État-modèle. Il divise ces forces en cinq armées de 100,000 hommes; quatre sont chargées de défendre les frontières; la cinquième forme une réserve centrale ou stratégique, composée de l'élite de l'infanterie, mais ayant moins de cavalerie et d'artillerie que les autres armées, pour être plus mobile.

« Cette réserve serait campée dans la position cen-
« trale, en dehors de la ville, toujours prête à être
« transportée vers l'armée la plus menacée, en opéra-
« tion sur les frontières. Les troupes des dépôts d'in-
« fanterie, du génie et de l'artillerie de cette réserve,
« et la garde nationale, civique ou landwehr de la
« capitale constitueraient sa garnison, exclusivement
« chargée de la défense passive de la position.

« Les quatre armées destinées à agir sur les fron-
« tières auraient réciproquement leurs bases et leurs
« pivots d'opérations dans les places situées vers le
« milieu du secteur qu'elles seraient chargées de dé-
« fendre. Les garnisons de ces quatre places seraient
« également formées avec les troupes des dépôts des
« différentes armes de chacune de ces armées, ren-
« forcées de la garde nationale ou civique de la ville
« et des environs.

« Les places maritimes seraient gardées par l'infan-
« terie et l'artillerie de la marine, complétées par les
« gardes nationaux ou civiques du littoral. »

. . . .

« Supposons que la coalition (dont les forces s'é-
« lèvent à 600,000 hommes) dirige l'invasion simul-
« tanément contre les quatre frontières à la fois.
« A chacune de ces invasions on pourra opposer
« 100,000 hommes, basés sur une grande position
« fortifiée qui leur permettra d'accepter ou de refuser
« la bataille; et à l'une de ces invasions, la plus me-
« naçante, on pourra opposer, outre l'armée chargée
« d'opérer contre elle, la réserve stratégique et une
« centaine de mille hommes tirés des deux théâtres de
« guerre latéraux, théâtres sur lesquels on prendrait
« momentanément une attitude expectante, en re-
« pliant les fractions d'armées sur leurs pivots de
« manœuvres.

« Cette combinaison donnerait à l'armée du dé-
« fenseur, opérant offensivement, un effectif de
« 300,000 hommes pour agir contre une armée de
« 150,000 hommes [1], c'est-à-dire, une supériorité
« numérique assurant le succès.

« Si, comme il est à présumer, ces 300,000 hommes
« obtenaient un résultat décisif, les trois autres inva-
« sions agiraient alors avec beaucoup de circonspec-
« tion, et le gros de l'armée victorieuse, en se portant
« successivement sur les autres théâtres de guerre,
« pourrait également y frapper de grands coups.

1. L'auteur commet ici une erreur manifeste. En effet, si le
défenseur peut tirer 50,000 hommes de chacun des théâtres
de guerre latéraux, en y prenant momentanément une attitude
expectante, l'assaillant peut également, sans courir aucun
danger, affaiblir de 50,000 hommes au moins chacune des deux
armées qui opèrent sur ces théâtres de guerre.

« Examinons aussi l'hypothèse où la coalition opé-
« rerait avec ses 600,000 hommes par une seule zone,
« c'est-à-dire par une même frontière.

« Comme dans le polygone central le défenseur
« disposerait en toute sécurité des voies ferrées, il
« pourrait *immédiatement* [1] jeter trois de ses cinq
« armées sur le front de l'envahisseur, tandis que les
« deux autres, basées sur des pivots de manœuvres
« placés latéralement à la zone d'invasion, coopére-
« raient à la défense de flanc ; or, les cinq armées du
« défenseur ayant leurs bases immédiatement der-
« rière elles, seraient infiniment moins embarrassées
« d'*impedimenta* que celles de l'envahisseur et, par
« suite, plus mobiles, ce qui compenserait largement
« leur infériorité numérique.

1. Ce mot *immédiatement* que l'auteur emploie fréquem-
ment, quand il s'agit du transport d'une armée par chemin de
fer, prouve qu'il ne se rend pas bien compte du temps ni des
ressources qu'il faut pour effectuer ce transport. La *Relation
de la guerre franco-allemande*, par le grand état-major prussien, nous apprend en effet que l'on était parvenu en 1870
« à porter le mouvement journalier à 12 trains sur les lignes
« à voie simple et à 18 sur celles à double voie, et que le
« nombre de voitures des divers trains avait été augmenté de
« telle sorte, que le transport d'un corps ne prenait plus que
« 5 1/2 ou 3 1/2 journées. »
Une preuve que cette vitesse est considérée comme un
maximum, c'est qu'en Allemagne on ne compte expédier habi-
tuellement que *huit* trains par jour sur les lignes à simple
voie, et *douze* sur les lignes à double voie. Pour justifier ces
chiffres on évalue le temps de l'embarquement à 20 minutes
en moyenne pour un bataillon, à 45 minutes pour un escadron,
et à 90 minutes pour une batterie. Le débarquement pour les
troupes à cheval et pour l'artillerie exige plus de temps encore
que l'embarquement.
La préparation des gares pour un grand transport de troupes
exige 2 à 3 jours.

« Admettons, néanmoins, que l'invasion parvienne
« à pénétrer dans le triangle formé par la capitale et
« les deux camps retranchés, placés latéralement à la
« zone d'invasion. Dans cette éventualité l'agresseur
« serait contenu de front par le foyer central, défendu
« par trois armées, et débordé sur ses deux ailes par
« les deux autres armées, bien basées et pouvant à
« volonté attaquer ou refuser le combat.

« Dans cette position l'armée envahissante se trou-
« verait évidemment très-compromise : elle ne saurait
« se ravitailler que difficilement, et le moindre échec
« l'exposerait à perdre ses lignes de communication,
« ce qui amène généralement un désastre. »

Cette manière de conduire la défense est conforme
aux principes de la stratégie, et nous n'avons aucune
objection à y faire. Le côté faible du raisonnement de
M. Vandevelde ne se manifeste que dans la comparaison qu'il fait entre son dispositif concentré de 1873
et celui de 1858 qui admettait douze places frontières,
indépendamment de quatre grands pivots et d'un réduit ou pivot central de défense.

En effet, pour démontrer l'inutilité des places frontières, M. Vandevelde est obligé d'admettre :

1º Que l'envahisseur peut se dispenser de faire
beaucoup de détachements pour observer les places-
frontières ;

2º Que ces places, manquant toujours des éléments
nécessaires pour se bien défendre, l'envahisseur en-

lève d'*emblée* celles dont il a besoin pour assurer ses communications ;

3° Que l'envahisseur laisse les autres en arrière, sans s'en inquiéter beaucoup, à moins qu'il ne trouve sur son chemin un Ulm, un Olmutz ou un Metz, renfermant des armées entières;

4° Que les places-frontières peuvent, comme dans les dernières guerres, faire commettre de grandes fautes aux commandants d'armée.

Il nous sera facile de prouver que ces assertions et les conclusions qu'en tire l'auteur, sont appuyées sur des raisonnements inadmissibles et des faits mal appréciés.

M. Vandevelde conclut à l'inutilité de la place d'Olmutz parce que, dans la guerre de 1866, « elle a fait « commettre aux Autrichiens une double faute : leur « armée, en s'y concentrant d'abord, pour se porter « ensuite en toute hâte en Bohême, est arrivée trop « tard dans cette contrée pour profiter de tous les « avantages stratégiques qu'une concentration en « Bohême, autour de Gitschin, leur offrait au début « de la campagne. Et, après la bataille, en repliant « l'armée sur Olmutz, pour la diriger ensuite par de « longs détours vers Presbourg, on a découvert la ca- « pitale.... et obligé le gouvernement à passer immé- « diatement sous les fourches de Nicolsbourg. »

Cette double faute prouve non pas l'inutilité de la place d'Olmutz, mais bien le tort qu'a eu Benedec de ne pas choisir Gitschin comme point de concen- tration, et le tort non moins grave qu'a eu le gouvernement autrichien, de ne pas fortifier Vienne. Une arme n'est pas inutile ou dangereuse, lorsque celui qui doit s'en servir ne sait pas la manier et qu'il s'enferre au lieu d'enferrer l'ennemi.

M. Vandevelde tombe dans la même erreur lorsqu'il apprécie le rôle des places durant la guerre franco-allemande.

« Si en 1870, dit-il, les frontières françaises avaient « été dégarnies de forteresses, Bazaine ne se serait « pas arrêté à Metz et n'y aurait pas perdu son armée; « le conseil aulique de Paris ne se serait pas trompé « sur les avantages qu'il comptait trouver dans les « forteresses du Nord, et n'aurait pas indiqué cette « direction à Mac-Mahon, pour se porter au secours « de Metz, et, enfin, le maréchal, ne rencontrant pas « de forteresses sur son passage, n'aurait pas pu com- « mettre la faute d'appuyer son armée à Sedan. »

Mettre sur le compte des forteresses les fautes que commettent les généraux qui n'en savent point tirer parti, c'est, nous le répétons, vouloir aboutir sûre-ment à des conclusions fausses, inacceptables. Or, M. Vandevelde ne procède pas autrement. Voici, comme dernière preuve, le raisonnement par lequel il pré-tend démontrer l'inutilité de Belfort et de Besançon :

« Bourbaki, avec une armée de 130,000 hommes, « est chargé de faire lever le siége de Belfort, investi « par une division de landwehr. Le général Werder « couvrait le siége avec 32,000 hommes seulement; « Bourbaki, au lieu de courir sus aux Badois, au lieu

« d'accabler la petite armée de Werder, *premier ob-*
« *jectif de cette campagne*, ne voyant que Belfort, passe
« la Saône, remonte le Doubs, et se dirige vers la
« place, sur un front très-étendu, sa droite appuyée
« au Doubs, sa gauche dans la direction de Vesoul.

« Werder, ayant son armée concentrée autour de
« cette ville, fait attaquer par un détachement la
« gauche de Bourbaki. Ce retour offensif inquiète ce
« dernier sur la sécurité de ses lignes de communica-
« tion, et il retarde sa marche sur Belfort. Werder
« profite de ce temps d'arrêt pour aller avec le gros
« de son armée couvrir le corps de siége, en prenant
« position sur la Lisaine. Bourbaki l'y attaque, mais
« sans succès et, après trois jours de combats san-
« glants, le 18 janvier, apprenant que l'armée de
« Manteuffel approche du champ de bataille, il se dé-
« cide à la retraite. Rencontrant sur son passage la
« forteresse de Besançon et comptant y trouver *un*
« *excellent point d'appui*, il s'y arrête jusqu'au 26
« (jour où il tenta de se suicider).

« Ce temps d'arrêt ayant permis à Manteuffel et à
« Werder d'envelopper Besançon de trois côtés, il en
« est résulté que le 27, quand le général Clinchant
« eut pris le commandement de l'armée, il s'est
« trouvé dans la triste nécessité de devoir se réfugier
« en Suisse, pour ne pas être obligé de se constituer
« prisonnier.

« On le voit donc, les forteresses de Belfort et de
« Besançon n'ont guère été moins funestes aux ar-

BRIALMONT.

« mées françaises que ne l'ont été celles de Metz et
« de Sedan. »

Ce n'est pas ainsi que le rôle des places françaises a
été apprécié par les militaires allemands. Un général
prussien, auteur du livre intitulé : l'*Armée allemande*,
dit : « Nous avons vu dans la guerre actuelle, com-
« bien les nombreuses petites places françaises ont
« entravé la marche de nos armées en interceptant
« nos communications... Des amateurs de stratégie
« théorique, trompés par quelques événements des
« dernières guerres, se sont demandé si l'impor-
« tance des places répond aux charges qu'elles néces-
« sitent... Les places seront à l'avenir, comme elles
« l'ont toujours été, *indispensables !* »

Ce témoignage est corroboré par les judicieuses
observations que fait, dans les termes suivants,
un officier du génie qui a pris part à la défense
de Belfort. « Si dans la dernière guerre, dit M. le
capitaine Thiers [1], les Allemands ont pu, après les
batailles de Reichshoffen et de Forbach, s'avancer
vers Paris sans posséder complétement aucune voie
ferrée et en laissant derrière eux les places qui les
barrent, c'est qu'ils n'avaient à redouter aucune
armée capable de leur disputer longtemps la marche
en avant.

« L'armée de Metz commettait la faute de se laisser
enfermer, et celle de Châlons était encore en formation.

---

1. *Du rôle des places fortes de l'Est dans la dernière invasion.* Paris, 1873.

« Du reste cette dernière présentait une infériorité numérique et morale de nature à compenser largement la gêne que devait causer à l'ennemi l'absence de chemins de fer pour ses communications.

« Comment les forteresses, qui, en somme, et quelque utiles qu'elles puissent être, ne sont jamais que des accessoires des armées, eussent-elles pu arrêter l'envahisseur dans des conditions tellement défavorables que nos armées étaient frappées d'impuissance, en attendant qu'elles fussent détruites ?

« La seule conséquence à tirer d'un pareil exemple, c'est que nous avions mal préparé la guerre, tant au point de vue des moyens matériels qu'à celui de leur mise en œuvre.

« On ne saurait à coup sûr en conclure que les forteresses ne sont bonnes à rien. »

Voici, du reste, quels services les plus fortes ont rendus à la France. Ces services permettront d'apprécier ceux qu'elles auraient pu rendre si elles avaient été mieux dotées et mieux défendues.

Les Allemands entrèrent par deux points, Forbach et Weissembourg. De Forbach la voie ferrée ne pouvait les conduire que jusqu'à Metz, par Saint-Avold... De Weissembourg, au contraire, on arrive par Haguenau jusqu'à la station de Vendenheim, point d'intersection des lignes de Strasbourg à Paris et de Strasbourg à Weissembourg. Ce point étant situé à 10 kilomètres de Strasbourg, les Allemands, pour utiliser la ligne dont il s'agit et mettre leurs trains à l'abri des attaques de la garnison, jugèrent indispensable de faire le siége de Strasbourg ; ce siége fut commencé le 11 août.

Strasbourg permit à la France de contenir avec 16 ou 17 mille hommes un corps tout entier jusqu'au 28 septembre, résultat des plus importants, puisque l'armée française conservait la chance de réoccuper les Vosges aussi longtemps que la place n'était pas tombée aux mains de l'ennemi.

En passant à Vendenheim, sous la protection du corps de siége de Strasbourg, les trains allemands pouvaient atteindre Toul. Cette place interceptant le chemin de fer et les routes, il fallut se décider à en faire le siége, pour conduire les trains au-delà. L'opération commença le 14 août. Le même jour on entama la construction d'un tronçon de route pour contourner la place et continuer, au moyen de voitures, les transports qui se faisaient, jusque près de Toul, par chemin de fer.

La résistance de cette place créa donc de grands embarras à l'envahisseur. Sa capitulation signée le 23 septembre, au début du siége de Paris, fut considérée par les Allemands comme un événement des plus heureux. Elle leur livrait la voie ferrée depuis Weissembourg jusqu'à Nanteuil (situé à 74 kil. de la capitale). La destruction d'un tunnel, près de Nanteuil, leur imposa un travail de 2 mois (jusqu'au 23 novembre) pour faire arriver les trains à Lagny, qui formait tête de ligne.

Cette destruction toutefois n'aurait pas arrêté les trains allemands si ceux-ci avaient pu prendre la ligne de Châlons à Paris, par Reims; mais cette ligne était barrée par la place de Soissons, qu'il fallut, à cause de cela, assiéger; elle se rendit le 16 octobre.

Quoique maîtres par ces événements d'une ligne ferrée, entre Weissembourg et Paris, et de deux points d'arrivée devant la capitale, les Allemands jugèrent indispensable d'avoir une seconde ligne partant de Forbach, pour éviter un trop grand encombrement sur la première.

La résistance de Bitche ne leur permit pas de se servir de l'embranchement qui va de Béning (près de Forbach) à Haguenau, sur la ligne de Weissembourg.

Quant à la ligne de Forbach à Nancy, par Metz, elle était barrée par cette dernière place; mais les Allemands reconnurent bientôt qu'on pouvait la détourner en construisant une voie entre Remilly et Pont-à-Mousson. Cette voie, de 36 kilomètres de longueur, exigea 36 jours. Une crue de la Moselle, emportant l'estacade de Pont-à-Mousson, la mit hors de service le jour même où Metz capitula.

Si de Metz les trains allemands avaient pu aller directement à Paris, par Reims, l'envahisseur aurait eu deux lignes parallèles qui lui eussent permis d'éviter tout encombrement; mais entre Metz et Reims se trouve la place de Verdun qui barre la voie. Il y avait donc une partie commune aux deux lignes, entre

Blesmes et Frouard. Sur cette partie l'encombrement était parfois extrême. Pour y porter remède on résolut de faire le siége de Verdun en même temps que ceux de Thionville, de Montmédy et de Mézières, qui devaient ouvrir à l'envahisseur une nouvelle voie entre Metz et Reims. Cette voie leur fut très-utile lorsque, peu après la chute de Mézières, une petite troupe, partie de Langres, entrava l'exploitation de la ligne de Nancy à Paris en détruisant le grand pont de Fontenoy-sur-Moselle [1].

On voit par cet exposé succinct combien les places du nord-est de la France ont été utiles, et quel grand rôle elles auraient joué si l'on avait pu ou voulu les défendre énergiquement.

Les places du Nord, sous la protection desquelles le général Faidherbe forma son armée et la fit combattre, rendirent également de très-grands services. Ce général leur dut de n'être pas poursuivi l'épée dans les reins, comme le furent les armées de la Loire, et peut-être même l'eussent-elles empêché d'être battu à Saint-Quentin, si la Fère et Laon avaient été bien défendues. On sait, en effet, que les Allemands dirigèrent de Reims et de Paris sur Saint-Quentin, 15 à 20 mille hommes, et que les trains qui transportèrent ces troupes se succédèrent d'heure en heure, à la Fère et à Laon, dans les journées du 18 et du 19 janvier.

Quant aux places de l'Est : Langres, Belfort et Be-

---

1. Les renseignements qui précèdent sont extraits du travail de M. le capitaine Thiers.

sançon, leur utilité est pleinement confirmée par l'ordre suivant que donna l'état-major général allemand, le 23 octobre, en prévision de la capitulation de Metz :

« Le 14e corps, auquel sont adjoints les 1re et 4e di-
« visions de réserve, est chargé d'investir et d'assiéger
« Schelestadt, Neufbrisach et Belfort, de couvrir l'Al-
« sace et le flanc de la 2e armée. En conséquence les
« troupes resteront à Vesoul, Dijon, et se garderont
« vers Langres, Belfort et Besançon. Les communica-
« tions se feront par Épinal. Il faut surtout observer
« fortement Belfort, jusqu'à ce qu'on puisse l'investir
« et s'opposer à tout ce qu'elle pourrait tenter pour
« agir dans les Vosges et la Haute-Alsace. »

Il est incontestable que les places dont il s'agit, immobilisèrent, à partir du mois de décembre, près de 100,000 Allemands [1] et qu'elles donnèrent à l'armée de l'est de la France le temps de s'organiser, et une sécurité qui lui permit de n'entrer en ligne que lorsqu'elle le jugea convenable. Si cette armée avait été bien dirigée par Bourbaki, elle aurait pu écraser Werder, et opérer ensuite une puissante diversion dans les Vosges, sur les derrières des armées allemandes.

Nous ajouterons que Besançon sauva par sa protection les débris de l'armée de Bourbaki.

---

1. A savoir : le 14e corps, la 1re division bavaroise, la 1re et la 4e division de réserve, les détachements de Goltz et do Debschitz, 20 000 hommes du corps de Zastrow et les troupes spéciales de siége.

Voici un autre résultat dû à l'influence des places de l'Est.

Le général Werder, obligé de couvrir ses communications avec Épinal contre les entreprises de Langres et de Belfort, se trouva paralysé dans sa position de Vesoul, Gray et Dijon. Les corps de Garibaldi, de Cremer et du général Bonnet, se formèrent devant lui sans qu'il pût profiter de ses victoires pour les anéantir. Il reçut des renforts, mais tous furent absorbés par le siége de Belfort. On ne saurait donc nier que cette place ne rendît de très-grands services à la France.

Ainsi, contrairement à l'opinion des Duvivier, des Allix, des Vandevelde et d'autres adversaires des places fortes, qui ont tiré leurs conclusions de faits historiques mal interprétés ou inexactement relatés, toutes les guerres dont l'Europe a été le théâtre, depuis la chute du premier Empire français, prouvent qu'établies dans de bonnes conditions et bien défendues, les places frontières retardent considérablement les progrès de l'ennemi.

Le général Jomini fait observer que les fortifications du Danube et surtout les places turques de Varna et de Schumla, situées sur le versant septentrional du Balkan, arrêtèrent l'armée russe pendant toute la campagne de 1828. Il prétend même que les Russes ne seraient pas arrivés à Andrinople, dans la campagne suivante, si les Turcs avaient eu, en arrière du Balkan, une bonne place à Fakih.

Personne, du reste, n'a jamais soutenu que les places doivent fermer hermétiquement les frontières, ni qu'elles peuvent rendre les invasions impossibles. Vauban le croyait si peu que sa plus grande préoccupation, sur la fin de sa vie, fut de mettre Paris à l'abri de l'attaque de vive force, du blocus et de l'attaque pied à pied. Pour lui, comme pour tous ceux qui ont approfondi ce sujet, le véritable rôle des places fortes, est d'opposer des entraves à l'agresseur et de fournir au défenseur des ressources et une protection qui facilitent ses mouvements, diminuent ses chances défavorables, lui donnent plus de hardiesse et augmentent sa confiance.

Il n'est pas nécessaire, pour atteindre ce but, que les places frontières aient des garnisons qui permettent de faire de grandes sorties et d'agir sur les lignes de communication de l'ennemi. Ce rôle actif ne convient, selon nous, qu'aux pivots stratégiques, situés en 2ᵉ ligne.

CHAPITRE IV

Nos observations sur les dispositifs de défense décrits plus haut conduisent aux maximes et aux préceptes suivants :

Pour défendre un État, *on fortifiera en première ligne :*

a. Les nœuds des routes et des chemins de fer qui ont une grande importance stratégique.

Ces places n'auront que l'étendue et les garnisons strictement nécessaires pour disputer énergiquement le point qu'elles occupent. On affaiblirait trop l'armée en campagne si on leur donnait des garnisons assez fortes pour opérer sur les lignes de communication de l'ennemi; et cet affaiblissement ne serait compensé par aucun avantage sérieux, puisque, alors même que les détachements des deux ou trois places les plus rapprochées d'une ligne d'opération, pourraient former une armée mobile de

20 à 30 mille hommes, l'envahisseur n'aurait pas besoin de laisser en arrière un détachement de force égale, pour assurer ses communications, il lui suffirait d'occuper une position intermédiaire, qui lui permît d'empêcher la réunion des sorties, en les écrasant séparément.

Comme les routes et les voies ferrées abondent dans les pays riches et peuplés, on pourrait conclure du précepte formulé ci-dessus que ces pays doivent avoir un grand nombre de points fortifiés. Il n'en est rien. Plus, sur une frontière, les voies de communication sont faciles et rapprochées, moins il y a de points stratégiques à défendre. Selon nous, on ne doit intercepter, avec des places ou des forts d'arrêt, que les chemins de fer conduisant directement au point décisif du théâtre de la guerre, et dont l'ennemi est obligé de se servir pour amener sur ce point ses munitions, ses vivres et son matériel. Les places de Toul, de Verdun et de Soissons se trouvèrent dans ces conditions pendant la guerre franco-allemande. Sur la frontière sud de la Belgique, il n'existe pas un seul nœud de communication dont la défense soit vraiment utile. Sur la frontière de l'Est, il y a Namur et Liége, et encore ces points ne doivent-ils être fortifiés, que parce qu'ils se trouvent à cheval sur un fleuve important, et qu'ils commandent plusieurs vallées.

Le but des places en première ligne étant d'obliger l'ennemi à perdre du temps soit pour les assiéger soit pour les éviter en faisant un grand détour, il n'est pas nécessaire qu'on les établisse d'après l'ancien principe, qui exigeait qu'en sortant de la sphère d'action d'une place, l'ennemi tombât dans celle de la place voisine [1]. Ce principe a fait son temps et il ne peut plus être question de l'appliquer.

b. « *Les points de passage principaux des fleuves et* « *des rivières, de préférence ceux qui se trouvent au con-* « *fluent de deux cours d'eau, comme Ulm (Iller et Danube)* « *Mayence (Mein et Rhin) Coblentz (Rhin et Moselle).* »

« Nulle part, dit Van Clausewitz, une place ne peut « remplir autant de destinations que lorsqu'elle est « située sur un grand fleuve. Elle y assure, en tout « temps, notre passage d'une rive à l'autre, en l'in- « terdisant à l'ennemi, jusqu'à plusieurs lieues en « amont et en aval. Elle est maîtresse du commerce « par la navigation, reçoit les bateaux dans son sein, « ferme les ponts et les routes et procure la possibi- « lité de s'opposer par voie indirecte, au passage du « fleuve, c'est-à-dire par une position occupée sur la « rive ennemie. Il est évident qu'au moyen de cette « influence multiple, la place facilite à un haut degré « la défense du fleuve et constitue, par conséquent, « *un élément essentiel* de cette défense. »

Le général Jomini est du même avis. « Il faut peu

---

1. « Dans les grandes places occupées par de fortes garni- sons le diamètre du cercle d'action de ces garnisons dépasse rarement une couple d'étapes; dans les petites places il est restreint en général aux villages les plus rapprochés. »

Von Clausewitz.

« de places, dit-il, il les faut grandes, *autant que pos-*
« *sible à cheval sur des rivières* et sur des points stra-
« tégiques [1]. »

Lorsqu'un cours d'eau est dépourvu de têtes de
pont et de points d'appui permanents, on ne peut pas
en disputer le passage avec succès. « Rien n'est plus
« difficile, pour ne pas dire impossible, disait Fré-
« déric II (art. 20 de ses *Instructions*), que de défen-
« dre (dans ce cas) le passage d'une rivière. »

Il disait également (art. 15) : « De toutes les manœu-
« vres la plus difficile est de passer en retraite une
« rivière (non fortifiée) en présence de l'ennemi. »

Ce sont ces considérations qui ont engagé les Allemands, non-seulement à conserver toutes leurs places
sur le Rhin, la Moselle, le Mein, l'Elbe et l'Oder, mais
encore à étendre et à renforcer la plupart de ces places.

Von Clausewitz [2] et le général Jomini leur donnent
raison, et le feld-maréchal comte de Moltke [3] confirme
indirectement l'opinion de ces auteurs sur les places

1. Commentaires sur les *Principes de stratégie* du prince
Charles.

2. « Une défense fluviale directe peut, contre des masses
« considérables de troupes, sur les grands fleuves et dans des
« circonstances favorables, constituer un moyen défensif ex-
« cellent, et donner des résultats qu'on a trop dédaignés dans
« ces derniers temps, parce que l'on n'a voulu se rappeler que
« les défenses fluviales tentées sans succès, *faute de moyens*
« *suffisants.* Car, si, d'après les données exposées plus haut,
« on peut efficacement défendre un tronçon de 30 lieues de
« développement avec 60,000 hommes, contre une force très-
« supérieure, c'est certainement là un résultat qui mérite
« d'être pris en considération. »

(De la guerre, t. II, liv. VI.)

3. Voir la 1re livraison de la relation de la guerre franco-
allemande par le grand état-major prussien.

fluviales, en indiquant, dans sa relation de la guerre franco-allemande, le rôle que les places du Rhin auraient joué, si les Français avaient envahi la Belgique ou le grand-duché de Luxembourg.

On ne pourrait pas citer du reste un seul stratégiste ni un seul général de quelque réputation, qui ait jamais contesté la grande utilité des places fortes établies sur des cours d'eau importants, que ceux-ci aient une direction parallèle ou perpendiculaire à la frontière envahie.

L'unique préoccupation de l'ingénieur chargé de fortifier un pays, sera donc de limiter autant que possible le nombre des points à occuper, et de ne donner aux travaux de défense que le développement strictement nécessaire.

c. « Les cols de montagnes traversés par des voies « carrossables. »

Ici encore, il faut éviter l'excès. Vouloir fermer toutes les issues serait aussi absurde que de n'en vouloir fermer aucune. Frédéric II dit, dans ses *Instructions* (art. 18) que les passages des montagnes sont presque tous praticables, et (art. 27) : « Ne vous fiez jamais « aux montagnes; partout où passe une chèvre, un « soldat passera. » Imbu des mêmes idées, Napoléon faisait écrire à Macdonald : « Une armée passe tou- « jours et en toutes saisons partout où deux hommes « peuvent mettre le pied [1].

1. Mathieu Dumas, t. V, p. 153.

On se bornera donc à fortifier les passages importants (ceux que devront prendre les chevaux et les
voitures); une petite place, souvent un petit fort,
les fermeront à peu près hermétiquement.

Un adversaire de toutes les places frontières, le lieutenant-colonel Vandevelde, a été obligé de convenir
« que si, en 1800, le col du Grand Saint-Bernard avait
« été fortifié, Bonaparte n'y aurait point passé, et
« que si le fort de Bard avait eu plus de développe-
« ment, son armée se serait trouvée arrêtée dans la
« vallée d'Aoste. »

L'on a souvent commis la faute de défendre les
montagnes en engageant l'armée dans les passages
qui les traversent. Cette faute avait déjà été signalée
par le prince de Rohan, après la mémorable campagne de la Valteline, au commencement du XVIIe siècle.
On lit, en effet, dans son *Parfait capitaine* : « Un sage
« commandant d'armée ne se hâtera jamais à garder
« des passages, mais bien se résoudra-t-il plutôt à
« attendre son ennemi en campagne pour le com-
« battre, ce qui semble étrange à qui n'en a pas vu
« le succès par l'expérience. »

Bonaparte appliqua ce précepte avec un rare succès
dans sa campagne de 1796, et, depuis lors, tous les
stratégistes l'ont recommandé, notamment Jomini, le
prince Charles et Von Clausewitz [1].

---

1. « Nous prétendons, dit Von Clausewitz, et nous croyons
« l'avoir démontré, qu'aussi bien en tactique qu'en stratégie,
« les montagnes sont en général défavorables à la défense,
« mais en disant cela nous parlons de la défense décisive, dont le

En conséquence, on construira sur chaque théâtre de guerre, bordé d'une chaîne de montagnes, un grand pivot stratégique, occupant une position centrale à laquelle aboutissent les principales routes de la frontière. Turin, Plaisance et Vérone se trouvent dans ces conditions par rapport aux frontières du nord-ouest, du nord, et du nord-est de l'Italie; Burgos, Sarragosse et Barcelone, par rapport à la frontière du nord de l'Espagne.

d. « *Les grandes rades où les flottes peuvent trouver « un abri sûr, pour se refaire, après un grand désas- « tre, ou pour attendre le moment de prendre le large.* »

e. « *Les digues et les routes importantes qui traver- « sent de grands marais ou une inondation considé-*

« résultat implique la conservation ou la perte du pays. Les « montagnes bornent la vue et entravent les mouvements en « tous sens; elles conduisent à une attitude passive, et enga- « gent à boucher chaque trouée, d'où dérive plus ou moins « la guerre de cordon. On doit donc, autant que possible, « éviter les montagnes avec le gros de ses forces, et les « laisser à côté, en avant ou en arrière....

« Nous ne disons pas que l'Espagne serait plus forte sans « ses Pyrénées; mais nous prétendons qu'une armée espa- « gnole qui se sent assez forte pour tenter une bataille déci- « sive, fera mieux de se concentrer dans une position der- « rière l'Ebre, que de se répartir entre les quinze défilés des « Pyrénées. Or cette assertion n'implique nullement la néga- « tion de l'influence des Pyrénées sur la guerre..... D'ail- « leurs la résolution d'accepter la bataille décisive en plaine, « n'exclut nullement une défense préalable des montagnes au « moyen de forces subordonnées, défense qui est même très « à conseiller, lorsque ces montagnes constituent des masses « comme les Pyrénées et les Alpes. »

(De la guerre, t. II, liv. VI.)

« *rable, lorsqu'on a des raisons stratégiques pour ne*
« *pas détruire ces routes et ces digues.* »

Parmi les places désignées sous les rubriques *a* et
b se trouvent les *places de dépôt*, construites dans un
but offensif, et servant de bases secondaires. Il est
utile d'en créer une par frontière, lorsqu'on peut
faire choix d'une ville possédant toutes les ressources
et tous les avantages locaux nécessaires pour un établissement de l'espèce. Au cas contraire, l'alimentation
incessante de l'armée offensive en vivres, munitions,
charrois, objets d'habillement, etc., doit être préparée
dans une place située à l'intérieur ou même en arrière
du théâtre de guerre, ce qui présente peu d'inconvénients, *lorsque plusieurs voies ferrées se dirigent de
l'intérieur vers la frontière.*

Il convient que les places de dépôt soient mises à
l'abri du bombardement et qu'elles offrent assez de
résistance pour que l'ennemi ne puisse pas s'en
emparer de vive force. Cela est surtout nécessaire
quand elles sont à proximité de la frontière, comme
l'étaient, en 1870, Metz et Strasbourg.

2° *En seconde ligne on créera des places à camps
retranchés* (une par frontière attaquable), *destinées à
servir de pivots de manœuvres.*

Ces places occuperont les points les plus importants des lignes d'opérations principales.

Les places, sans camps retranchés, situées en première ligne ont l'inconvénient, signalé par Vauban, de *n'interdire à l'ennemi que le point qu'elles occupent.* Elles doivent, pour ce motif, se trouver sur le chemin de l'ennemi. Il n'en est pas de même des places à grand développement, servant de pivots d'opérations à l'armée active. Celles-là ne peuvent pas être tournées impunément, et, pour les masquer, il faut une supériorité de forces qui existe rarement dans les luttes entre grandes puissances. Leur action s'exerce à une distance considérable et l'attaque du *réduit central* (dont il sera question plus loin), est impossible aussi longtemps qu'elles sont au pouvoir de la défense. On n'est donc pas obligé de les construire sur un nœud de routes ou sur un point de passage important. S'il se trouve à quelque distance d'un de ces points une position forte par la nature du site, avantageusement située par rapport à la ligne de retraite de l'armée défensive, facile à ravitailler ou à secourir, et possédant de grandes ressources en approvisionnements de toute espèce, il ne faudra pas hésiter à la choisir, de préférence au point stratégique géographique.

Très-favorables aussi seront les plateaux auxquels aboutissent plusieurs vallées (comme par exemple, celui de Langres, qui commande les vallées de la Seine, de la Marne, de l'Aube, de la Saône et de la Meuse).

3° Enfin, au cœur du pays on érigera une grande

place à camp retranché servant de pivot central à la défense et de dernier refuge à ses armées.

Cette grande place occupera le *point stratégique décisif du pays,* c'est-à-dire le point dont l'ennemi doit nécessairement s'emparer, pour atteindre son but.

Dans plusieurs États, et notamment dans ceux qui ont une longue existence et une forte centralisation, ce point stratégique décisif est la capitale. Centre de toutes les forces vives du pays et de toutes les influences politiques, sa perte marque généralement la fin de la guerre.

Paris est dans ce cas. Sa prise a toujours eu pour résultat de désorganiser la défense et de livrer le pays tout entier à l'envahisseur. Il est à supposer que l'occupation de Londres exercerait la même influence sur le sort de l'Angleterre. Vienne n'a pas cette importance politique; aussi l'Autriche ne renonça-t-elle point à la lutte, en 1805 et en 1809, après la reddition de sa capitale; elle coopéra à la bataille d'Austerlitz et livra la bataille de Wagram.

Berlin et Madrid se trouvent dans les mêmes conditions. En 1760, le grand Frédéric ne fut point arrêté dans ses opérations par l'entrée des Russes à Berlin; et, en 1809, l'Espagne continua à se défendre bien que Joseph eût pris possession de Madrid.

On peut supposer également que la prise de Saint-Pétersbourg n'obligerait pas le tzar à conclure la paix, et que la perte de Rome ne marquerait pas la fin de la résistance de l'Italie.

Ces faits et ces considérations prouvent que la capitale ne doit être fortifiée que dans deux cas :

1° Lorsqu'il est à craindre que sa reddition désorganise la défense nationale ;

2° Lorsqu'il n'y a pas dans le pays une autre position ayant plus d'importance stratégique, offrant plus de ressources et occupant un point mieux situé par rapport aux frontières menacées.

Il résulte de là qu'on a eu raison de fortifier Paris et de ne pas fortifier Bruxelles.

Comme État indépendant, la Belgique ne date que de 1830. Formée sous l'influence du régime communal, qui exclut toute centralisation, elle n'accorde au pouvoir central qu'une influence limitée, tandis que les nations qui, depuis des siècles, considèrent le gouvernement comme leur principal moteur, vivent, prospèrent, tombent et meurent avec lui. Il est à remarquer, du reste, que Bruxelles n'a pas joué, à beaucoup près, dans l'histoire nationale un rôle aussi important qu'Anvers, dont la chute marqua la fin de la résistance des Provinces belges contre Philippe II, et qui, pendant toute la guerre de l'indépendance, fut le pivot central de l'insurrection, la dernière ancre de salut des Pays-Bas insurgés. Cette importante ville de commerce a, de plus, au point de vue militaire et politique, l'avantage d'être en communication avec la mer et de posséder en tout temps de très-grands approvisionnements de vivres, de spiritueux, de tissus et de matières premières, telles que bois, chanvre, fers, charbons, cuirs, cotons, laines, etc.

Il est évident que les petits pays comme la Belgique, la Hollande, le Danemark, la Suisse et le Portugal ne doivent pas être fortifiés de la même manière que les États de premier ordre.

Le principe général exposé plus haut sera donc, pour ces pays, modifié comme suit :

Parmi les forteresses en première ligne il n'y aura pas, sur chaque frontière attaquable, une place de dépôt, les petits États n'étant pas obligés de s'organiser pour la guerre offensive, et pouvant, lorsqu'ils doivent la faire exceptionnellement, tirer le matériel et les approvisionnements de leur armée du pivot central ou de toute autre place de l'intérieur.

Il ne sera pas nécessaire non plus qu'il y ait, par frontière attaquable, une place à camp retranché située en seconde ligne, la distance entre la frontière et le centre du pays étant trop faible pour justifier l'existence d'une pareille place, et les ressources en hommes et en matériel étant insuffisantes pour assurer convenablement leur défense. Il suffit alors de créer, vers le centre du pays, une seule grande position retranchée pouvant servir de pivot stratégique dans toutes les éventualités, quelle que soit la frontière attaquée.

Le nouveau système de défense de la Belgique est conforme à ce principe. Il se compose de deux places sur la Meuse : Liége et Namur, et de deux places sur l'Escaut : Termonde et Anvers. Cette dernière constitue le pivot central de la défense. Pour la compléter, en rendre le blocus impossible et étendre son action jusqu'au cœur du pays, il sera nécessaire de fortifier d'une manière permanente les ponts de la Nèthe et du Rupel.

La place de Diest, dont la construction a été décidée en 1836 (en prévision d'une nouvelle invasion de l'armée hollandaise), n'a plus aujourd'hui qu'une importance secondaire. Si elle n'existait pas, nul ne songerait à la créer.

Un auteur belge [1] affirme que nous avons proposé d'entourer Liége d'un camp retranché pouvant servir de pivot à une armée de 80,000 hommes.

Il existe, en effet, dans l'atlas de *La fortification à fossés secs*, publié en 1872, un plan sur lequel nous avons représenté la ville de Liége entourée d'une enceinte et de forts détachés ; mais notre honorable critique n'a pas fait attention que ce prétendu *projet* n'est qu'une *étude*, ou plutôt un *exemple* destiné à montrer aux jeunes ingénieurs — pour qui notre livre a été écrit — comment la fortification doit être pliée au terrain.

Il n'est pas plus équitable de nous attribuer l'intention de doter la Belgique d'un deuxième grand pivot stratégique, que de prétendre, comme l'a fait le même auteur [2], que pour appliquer nos idées on aurait dû, non pas démolir les places du midi de la Belgique, mais en élever de nouvelles.

---

1. Voir *la Tactique appliquée, au terrain* par e lieutenant colonel Vandevelde, t. II, p. 331.
2. P. 299.

CHAPITRE V

CAUSES DE L'INEFFICACITÉ DES PLACES FORTES DANS CERTAINES
GUERRES

La profusion avec laquelle on a construit des places
fortes en France, dans les Pays-Bas, en Italie et en
Prusse durant les XVIIe et XVIIIe siècles, a eu pour
résultat de déprécier la fortification et de donner
naissance à une école de stratégistes absolus, dédai-
gnant les défenses artificielles et soutenant que les
places frontières sont plus nuisibles qu'utiles. Les
chefs de cette école ont voulu placer leurs projets de
réforme sous le patronage de Turenne, de Condé, de
Frédéric et de Napoléon. Mais ils n'y sont parvenus
qu'en exposant les faits sous un jour faux et en ne
tenant compte d'aucune des circonstances qui ont,
dans certains cas, rendu les places fortes inefficaces,
même dangereuses.

Il est incontestable que la multiplication exagérée des
forteresses, déjà signalée par Vauban, a eu pour effets :

1° De pousser à l'éparpillement des forces actives

et de réduire par conséquent outre mesure les effectifs des armées en campagne;

2° D'augmenter dans une si forte proportion les dépenses pour la construction et la dotation des forteresses, que, ne pouvant suffire à ces dépenses, les États ont dû négliger ou supprimer des accessoires importants (tels que casernes à l'épreuve, magasins, abris, etc.), et réduire l'armement et les munitions à des proportions inadmissibles. Or ce sont précisément ces places incomplètes et mal dotées, défendues par de mauvaises troupes et de médiocres gouverneurs, qui ont joué un si triste rôle lors de l'invasion de la Hollande par Louis XIV, de l'invasion des Pays-Bas par le maréchal de Saxe, de l'invasion de la Prusse par Napoléon et de l'invasion de la France par les alliés, en 1814 et en 1815.

Les grands capitaines dont on invoque le témoignage, pour soutenir l'inutilité des places frontières, ont su faire cette distinction importante entre l'abus de la fortification et la fortification judicieusement appliquée, entre les mauvaises places mal dotées et les bonnes places, pourvues de tout ce qui est nécessaire à une défense opiniâtre.

Les auteurs qui citent Napoléon comme un ennemi des places fortes oublient que ce grand homme de guerre a dépensé, en travaux de fortification, de 1800 à 1813, 171 millions de francs.

« Les forteresses, disait-il à Sainte-Hélène [1], sont

---

1. *Mémoires de Napoléon*, par Montholon, t. II.

« le seul moyen que l'on ait pour retarder, entraver,
« affaiblir, inquiéter un ennemi vainqueur... Elles
« donnent à une armée inférieure un champ d'opéra-
« tion plus favorable pour se maintenir et empêcher
« l'armée ennemie d'avancer, et des occasions de l'at-
« taquer avec avantage ; enfin les moyens de gagner
« du temps pour permettre à des secours d'arriver. »

Loin de prétendre qu'il avait inauguré un nouveau
système d'opérations, basé sur le mépris des forteresses, Napoléon se défendait d'avoir fait la guerre
autrement que les grands généraux qui l'avaient précédé. On lit en effet dans ses Mémoires [1] : « Toutes
« les campagnes de Napoléon sont *méthodiques*, comme
« celles de Turenne, du prince Eugène et de Frédéric.
« Au début de la guerre de 1796, il s'empara de Che-
« rasco et y établit ses magasins ; il se fit céder par
« le roi de Sardaigne, la place forte de Tortone,
« s'y établit, passa le Pô à Plaisance, se saisit de
« Pizzighettone ; il se porta sur le Mincio, s'empara de
« Peschiera, et, sur la ligne de l'Adige, occupa l'en-
« ceinte et les forts de Vérone qui lui assurèrent les
« trois ponts de pierre de cette ville, et Porto-Legnano,
« qui lui donnait un autre pont sur ce fleuve. Il resta
« dans cette position jusqu'à la prise de Mantoue,
« qu'il fit investir et assiéger. De son camp sous Vé-
« rone à Chambéry, premier dépôt de la frontière de
« France, il avait quatre places fortes en échelons,

---

1. *Mémoires de Napoléon*, par Montholon, t. VIII.

« qui renfermaient ses hôpitaux, ses magasins et
« n'exigeaient que 4000 hommes de garnison. Il avait
« aussi sur cette ligne, de 100 lieues, une place de
« dépôt toutes les quatre marches. Après la prise de
« Mantoue, lorsqu'il se porta dans les États du Saint-
« Siége, Ferrare fut sa place de dépôt sur le Pô, et
« Ancône, à 7 ou 8 marches plus loin, sa deuxième
« place au pied de l'Apennin. »

« Dans la campagne de 1797, Bonaparte passa la
« Piave et le Tagliamento, fortifiant Palma-Nova et
« Osopo. Il passa les Alpes-Juliennes, releva les an-
« ciennes fortifications de Clagenfurth, et prit position
« sur le Simmering. Il s'y trouvait à 80 lieues de
« Mantoue, mais il avait sur cette ligne d'opérations
« trois places en échelons, un point d'appui toutes les
« 5 ou 6 marches. »

Les campagnes de 1798, de 1799 et de 1800 furent
dirigées d'après les mêmes principes. « On avait né-
« gligé, dans l'armistice de Pfaffendorff, d'exiger la
« remise des places d'Ulm et d'Ingolstadt ; Napoléon
« les jugea tellement importantes pour assurer le
« succès de son opération d'Allemagne, qu'il fit de
« cette remise la condition *sine qua non* de la nou-
« velle prolongation de la suspension d'armes...

« Lorsque l'armée de réserve descendit du Saint-
« Bernard, il établit sa première place de dépôt à Ivrée,
« *et même après Marengo, il ne considéra l'Italie*
« *comme reconquise que lorsque toutes les places au-*
« *delà du Mincio furent occupées par ses troupes ; il*

« accorda à Mélas la liberté de se reporter sous Man-
« toue, à la condition qu'il les remettrait toutes. »

Dans la campagne de 1805, Napoléon prit successivement toutes les places qui s'opposaient à sa marche,
fit relever les anciens remparts d'Augsbourg et mit
Vienne à l'abri d'un coup de main.

En 1807, il fortifia Praga, créa Modlin et mit Thorn
en état de défense.

En 1808, la plupart des places du nord de l'Espagne :
Saint-Sébastien, Pampelune, Figuières, Barcelone,
étaient au pouvoir de l'armée française, quand elle
marcha sur Burgos.

En 1809, Napoléon fit fortifier Passau et le pont de
Linz.

En 1812, Dantzig, Thorn, Modlin, Praga, étaient
ses places sur la Vistule ; Veilau, Kowno, Grodno,
Wilna, Minsk, ses magasins près du Niémen ; Smolensk, sa grande place de dépôt pour le mouvement
sur Moscou. « Dans cette opération, dit l'auteur des
« *Mémoires*, l'empereur avait tous les huit jours de
« marche, un point d'appui fortifié; toutes les mai-
« sons de poste étaient crénelées et retranchées. »

En 1813, Königstein, Dresde, Torgau, Wittemberg,
Magdebourg et Hambourg étaient les places de Napoléon sur l'Elbe, Mersbourg, Erfürt et Wurtzbourg,
ses échelons pour arriver au Rhin.

Ainsi, dans ses diverses campagnes, Napoléon eut
soin, non-seulement d'assiéger, d'investir ou d'observer les places qui pouvaient inquiéter ses flancs ou

intercepter ses communications, mais encore de construire de nouvelles places toutes les fois qu'il devait assurer ses bases ou ses lignes d'opérations. On
a prétendu qu'il agit autrement dans la campagne
de 1806 ; c'est une erreur. L'armée prussienne ayant
été battue à Auerstaedt et à Iéna, par l'incurie du
duc de Brunswick, Napoléon fit successivement enlever Erfürt, Hall et Wittemberg : cette dernière place,
qu'il s'empressa de mettre à l'abri d'un coup de main,
devait servir de pivot à ses opérations ultérieures;
Erfürt était destiné à jouer le même rôle en cas de
retraite.

« N'ayant ainsi laissé sur ses flancs et sur ses der-
« rières *aucun point dont il ne fût maître, aucune*
« *communication qui ne fût libre et protégée,* l'empe-
« reur marcha directement sur la capitale, avec le
« gros de son armée [1]. » Mais auparavant, il enjoignit
au maréchal Ney d'investir Magdebourg, de concert
avec Soult et le grand-duc de Berg. Le 25 octobre Da-
voust fit son entrée à Berlin, et le même jour Lannes
surprit Spandau. Malgré ces avantages brillants, l'empereur jugea nécessaire de réduire une à une toutes
les places restantes , Prenzlow , Stettin , Lubeck,
Ratkau, Niewbourg, Hameln, Magdebourg, etc. Cette
dernière place arrêta le maréchal Ney environ vingt
jours; les autres résistèrent moins longtemps, à cause
des circonstances exceptionnelles où elles se trou-

1. Général Dumas.

vaient. Les opérations de Napoléon avaient été, en effet, si promptes et si bien concertées, qu'au début de l'invasion, il était parvenu à couper l'armée prussienne de l'Elbe et de Berlin, à s'emparer de ses magasins et à la mettre dans une situation désespérée. « Pas un homme « de cette vieille armée de Frédéric n'échappa, si ce « n'est le roi et quelques escadrons, qui gagnèrent « avec peine la rive droite de l'Oder [1]. » Si la Prusse avait eu à cette époque de meilleurs généraux, nul doute que les choses ne se fussent passées autrement. Son armée, au lieu de se porter au-devant de l'ennemi, dans les plaines d'Iéna, se serait établie sur la rive droite de l'Elbe, entre Magdebourg et Wittemberg, dans une position où elle aurait couvert la capitale et protégé le cœur du pays.

Il est incontestable que les places fortes ne rendirent aucun service dans cette campagne, mais cela tient à ce que les opérations de l'armée prussienne avaient été conduites de manière à les paralyser, en cas d'échec, et à rendre inutiles toutes les ressources du royaume. Quant au peu de résistance qu'offrirent la plupart, on doit surtout l'attribuer au manque d'énergie des gouverneurs. La preuve, c'est que Stettin fit une capitulation honteuse, tandis que Magdebourg résista vingt jours au corps d'armée du maréchal Ney, bien que l'encombrement et la confusion qui régnaient dans cette place en eussent rendu la défense très-difficile.

1. *Mémoires de Napoléon.*

« La prompte reddition des autres places, dit le
« général Dumas, ne peut s'expliquer, si ce n'est par
« la terreur dont la défaite totale des armées et l'occu-
« pation de la capitale avaient saisi les esprits. De tels
« événements justifieraient *le faux système de l'inu-*
« *tilité des places fortes,* s'il était vrai que les officiers
« auxquels le commandement en est confié, dussent
« jamais se permettre de considérer ce qui se passe
« en dehors, pour juger l'utilité ou déterminer la
« durée de leur résistance. »

On peut expliquer de la même manière tous les
faits historiques qui ont été invoqués pour soutenir
la thèse de l'inutilité des places fortes.

Il est constaté, en effet, que si de 1744 à 1748 un
grand nombre de forteresses belges tombèrent au pouvoir du maréchal de Saxe, après dix ou vingt jours de
siége, c'est que les alliés avaient négligé d'approvisionner ces places et de leur donner des garnisons
suffisantes. Le maréchal dit à ce propos dans ses
Rêveries : « Les siéges que l'on a faits en Belgique
« n'auraient pas eu des succès aussi rapides si les
« gouverneurs n'avaient calculé le temps de leur ré-
« sistance avec celui de la durée de leurs vivres; c'est
« pourquoi *ils désiraient autant que l'ennemi que la*
« *brèche fût bientôt prête, pour pouvoir se rendre ho-*
« *norablement ;* et malgré cette bonne volonté mu-
« tuelle, j'ai vu plusieurs gouverneurs être obligés de
« le faire sans avoir eu l'honneur de sortir par la
« brèche. »

Les garnisons qu'on avait jetées dans ces places au dernier moment, étaient insuffisantes et très-mal disposées. Ainsi Audenaerde se défendit avec 1,000 hommes, Ath et Termonde avec 1,200, Menin avec 12 compagnies et 2 escadrons, etc., etc.

Le peu de résistance que présentèrent certaines places du nord et de l'est de la France, en 1814 et en 1815, doit être attribué aux mêmes causes, aggravées par des défaillances politiques.

Les invasions de ces deux années, dit le général Jomini, ne prouvent rien contre le système de défense créé par Vauban [1]. « Elles sortent de toutes les « bornes ordinaires. La moitié de l'Europe bloquait « les places de la France, quand l'autre moitié allait « à Paris *secondée par l'esprit de parti qui divisait la* « *nation* [2]. »

Plusieurs villes fortifiées ouvrirent leurs portes au seul nom du roi légitime ; d'autres, regardant les étrangers comme des alliés, ne voulurent point se déclarer contre eux ; toutes, en général, manquaient d'approvisionnements et de troupes ; leurs garnisons étaient affaiblies par la disette et par les fatigues d'une retraite de 700 lieues ; enfin la France, épuisée par vingt années de guerre, n'avait ni la volonté, ni le moyen de résister à des forces quadruples des siennes.

---

1. Voir ses annotations sur les *Principes de stratégie* du prince Charles.

2. « Si ces places ont été de peu d'effet en 1814 et 1815, c'est qu'alors les opinions eurent leur influence plus que les places, et même plus que les armées. » (Général Paixhans, *Force et faiblesse*, etc., p. 109.)

« Est-il étonnant, après cela, dit le général Dam-
« barrère, que les places n'aient pas arrêté ou sus-
« pendu la marche de l'ennemi vers l'intérieur? Est-il
« étonnant qu'elles ne les aient pas empêchés d'enva-
« hir le territoire français? »

Et cependant, malgré ces circonstances exceptionnellement favorables, les alliés furent obligés de laisser en arrière des forces imposantes pour masquer
ou bloquer les places qui les gênaient ou les inquié-
taient.

C'est également parce qu'on avait négligé de donner
aux places des garnisons et une dotation suffisantes,
que plusieurs d'entre elles ont succombé si rapidement dans la guerre de 1870-1871.

Au début de cette guerre aucune place n'avait l'armement ni les munitions nécessaires à une bonne
défense, et les garnisons se composaient exclusivement de bataillons de mobiles et de gardes nationaux.

Une lettre du général Ulrich, du 14 août 1870,
constate « qu'on avait abandonné Strasbourg sans
« garnison, sans troupes d'artillerie suffisantes, sans
« le plus petit détachement du génie. »

A Metz, bien que l'armement fût de 600 canons,
il n'y avait pas une seule batterie de place!

« A Paris, dit le général Trochu [1], le génie, l'ar-
« tillerie de bataille *et de rempart* furent constitués
« au moment du siége, c'est-à-dire improvisés. »

1. *Une page d'Histoire contemporaine*, p. 82.

Toul n'avait que 48 canons rayés et manquait de munitions. « A la fin elle ne put se servir que de ses mortiers et elle se rendit après avoir tiré presque sa dernière bombe [1]. »

Soissons n'avait, en tout, que 128 canons [2], armement dérisoire pour une place aussi importante, qui barrait le chemin de fer de Reims à Paris. Elle se rendit après quatre jours de bombardement.

Verdun, qui est défendu par une enceinte et une citadelle, n'avait que 137 canons; Thionville en avait 200 environ; Schelestadt, 120; Neuf-Brisach, 108; Montmédy, 65; Mézières, 106, dont la moitié seulement étaient rayés [2].

Quant au personnel chargé du service de cet armement défectueux et insuffisant, il était aussi faible par le nombre que par l'instruction technique. On n'en sera point surpris si l'on considère que la France n'avait pas, à proprement parler, d'artillerie de place. A chacun de ses 15 régiments d'artillerie étaient annexées 4 batteries à pied « destinées au service des « bouches à feu fixes pour l'attaque et la défense des « places et la défense des côtes; » mais au moment de la guerre, le personnel de la moitié de ces batteries fut requis pour compléter les batteries montées et pour en créer de nouvelles [3].

1. *Les vieilles forteresses et le bombardement :* publication de *la réunion des officiers.*
2. *Considérations sur la guerre des places fortes.* Publication de *la réunion des officiers.*
3. *L'artillerie avant et depuis la guerre,* par le général Susane, Paris, 1871 (p. 10).

Est-il croyable qu'un État qui, en 1870, entretenait encore 74 places et 92 citadelles, forts et postes fortifiés, n'eût que 60 batteries pour assurer le service des pièces fixes de *siége*, de *place* et de *côte* — nombre à peine suffisant pour la défense de la seule place de Paris — et qu'il désorganisât 30 de ces batteries au début de la guerre afin de compléter son artillerie de campagne [1] ?

La même lacune existait dans l'organisation des troupes du génie. Partout, excepté à Metz, ces troupes ont fait complétement défaut; à Belfort, il n'y en avait qu'une demi-compagnie.

Cette circonstance, la faiblesse de l'armement et l'insuffisance des garnisons, expliquent le peu de résistance qu'ont offert les places fortes dans la guerre franco-allemande.

On ne peut imputer ce fait qu'à la négligence ou à l'incurie du gouvernement et de la législature, qui n'avaient pris aucune mesure efficace pour défendre les points fortifiés, du reste trop nombreux, qui couvrent le nord et l'est de la France.

Un auteur allemand, le capitaine du génie Goëtze, fait judicieusement observer que « si les vieilles for-« teresses du nord de la France avaient été moins « nombreuses et seulement dans le même état que la « plupart des forteresses allemandes, on ne saurait « douter un seul instant que la situation de la pre-

---

1. « Les 30 batteries à pied, transformées en batteries de campagne, furent prêtes à la fin d'août » (général Susane).

« mière armée allemande, au mois de janvier 1871,
« n'eût été des plus critiques, pour ne pas dire inte-
« nable [1]. »

Le général Gassendi affirme qu'en 1834, la France
n'avait qu'un armement de 7,100 canons, pour
154 places et postes de guerre.

La situation ne s'était pas sensiblement améliorée
en 1870. Le général Susane nous apprend en effet qu'à
la date du 1er juillet, on ne comptait pour le service
des siéges, des places et des côtes, que 12,336 canons, obusiers et mortiers, dont 4,407 seulement
étaient rayés. Sur ce nombre 2,627 composaient l'armement de Paris, de sorte que, pour 73 places et
92 postes fortifiés, on ne disposait que de 9,709 bouches à feu de tout calibre [2].

Il est donc prouvé que les forteresses françaises
n'ont jamais été pourvues d'un armement suffisant.

En 1844, le général Cubières disait, à la chambre
des Pairs, à propos de l'invasion de 1815 :

« Nos lignes de places fortes n'ont été dépassées,
« en 1815, que parce que ces places étaient dégar-
« nies ; malgré leurs armées colossales, les puis-
« sances combinées eussent été plus circonspectes et
« moins empressées de se rendre maîtresses de Paris,
« si elles avaient eu à prévoir ou à craindre plus de
« résistance de la part de la nation [3]. »

1. *Thätigkeit der deutschen ingenieure*, etc., Berlin, 1872.
2. *L'artillerie avant et depuis la guerre*, p. 12.
3. Séance du 30 mars 1841.

Cette opinion était justifiée par la découverte d'un plan d'opérations rédigé à Vienne, pendant le congrès, et qui avait été trouvé dans les bagages d'un général étranger, après Waterloo.

Ce plan reposait sur deux hypothèses : la première était celle où Napoléon aurait eu le temps et les moyens de garnir les forteresses, d'occuper les camps retranchés dont elles sont les appuis, de distribuer des armes à la population et d'effectuer des levées en masse. Cette hypothèse, dit le document, « rendant « très-difficile le passage à travers la ligne des forte- « resses, le parti d'avancer sans mesure ne paraît pas « devoir être conseillé sans restriction ; il deviendrait « nécessaire de s'établir d'abord sur la rive droite de « la Meuse, de s'assurer préalablement le repos au « dos par quelques places fortes, pour se porter en- « suite sur une seule ligne, de Laon à Brienne, par « Reims, Châlons et Vitry. »

La seconde hypothèse était celle où les places fortes n'auraient reçu que de faibles garnisons, où les camps retranchés n'auraient pas été occupés, où les levées en masse n'auraient pas été faites. « Le meilleur parti « que l'on puisse prendre alors, dit encore le docu- « ment, est sans contredit de faire marcher toutes les « armées sur Paris ; si l'une de ces armées éprouve « un échec, les autres devront continuer et renforcer « même, s'il est possible, leurs mouvements offensifs. « Les armées combinées se diviseront en deux grandes « masses ; elles déboucheront par la Belgique d'une

« part, et de l'autre, par le moyen et le haut Rhin,
« pour se porter jusqu'à la Marne et l'Aisne. »

Il est intéressant de comparer cette opinion des
généraux alliés sur l'utilité des places du nord et de
l'est de la France, à celle qu'a exprimée dans ses
Mémoires, l'empereur Napoléon Ier. « Vauban, dit-il,
« n'a jamais prétendu que ces forteresses seules
« pussent fermer la frontière ; il a voulu que cette
« frontière, ainsi fortifiée, donnât protection à une
« armée inférieure contre une armée supérieure,
« qu'elle lui donnât un champ d'opérations plus
« favorable pour se maintenir et empêcher l'armée
« ennemie d'avancer, et des occasions de l'attaquer
« avec avantage, enfin les moyens de gagner du temps
« pour permettre à des secours d'arriver.

« En 1793, lors de la trahison de Dumouriez, les
« places de la Flandre sauvèrent de nouveau Paris [1] ;
« les coalisés perdirent une campagne à prendre
« Condé, Valenciennes, le Quesnoy et Landrecies ;
« cette ligne de forteresses fut également utile en 1814 :
« les alliés qui violèrent le territoire de la Suisse, s'en-
« gagèrent dans les défilés du Jura, *pour éviter les*
« *places ;* et même en les tournant ainsi il leur fallut,
« pour les bloquer, s'affaiblir d'un nombre d'hommes
« supérieur au total des garnisons. Lorsque Napoléon
« passa la Marne et manœuvra sur les derrières de
« l'armée ennemie, si la trahison n'avait ouvert les

---

1. Elles avaient sauvé une première fois la capitale lors des
revers de Louis XIV.

« portes de Paris, *les places de cette frontière allaient* « *jouer un grand rôle ;* l'armée de Schwartzenberg « aurait été obligée de se jeter entre elles, ce qui eût « donné lieu à de grands événements[1]. En 1815, elles « eussent été également d'une grande utilité.

« L'armée anglo-prussienne n'eût pas osé passer « la Somme avant l'arrivée des armées austro-russes « sur la Marne, sans les événements politiques de la « capitale, et l'on peut assurer que celles des places « qui restèrent fidèles ont influé sur les conditions « des traités et sur la conduite des rois coalisés en « 1814 et 1815. »

Ce fut un malheur pour la France que Napoléon dût réunir, en 1814, ses troupes derrière la Marne, au lieu de prendre position entre les lignes frontières. S'il avait pu suivre ce dernier plan, dont les généraux de Louis XIV s'étaient si bien trouvés pendant les guerres de la succession, il aurait forcé l'ennemi à faire des siéges et à recevoir la bataille dans les conditions les plus défavorables. Les alliés craignaient tant cette éventualité, qu'après les affaires de Montmirail et de Nangis, ils donnèrent à l'armée de Silésie, commandée par Blücher, l'ordre de se réunir sur la Marne, avec la grande armée, pour repasser le Rhin

---

1. Napoléon, pour faire rétrograder les alliés et sauver Paris, avait conçu le projet de se jeter au milieu des places du nord-est de la France, d'y renforcer son armée au moyen de corps tirés de ces places et de manœuvrer ensuite sur les communications de l'ennemi : vaste et judicieuse conception que la reddition précipitée de la capitale l'empêcha de réaliser et qui eût mis en évidence toute l'utilité des places frontières.

en sûreté, *si les avantages des Français les ramenaient sous leurs places.*

Le général Valentini prouve que Blücher, en n'obéissant pas à cet ordre, compromit gravement les alliés, et que l'armée de Silésie, conduite sur l'Aisne, eût été perdue, si Soissons n'avait pas ouvert ses portes à Winzingerode.

CHAPITRE VI

GARNISONS, ARMEMENT ET DOTATION DES PLACES FORTES.

Un point sur lequel bien des opinions ont dû se modifier, depuis les dernières guerres, est la nature et la qualité des troupes nécessaires à la défense des places.

Longtemps on a cru, sur le témoignage de Napoléon, de Soult, de Pelet, de Rogniat, de Lamarque et d'autres généraux, que les garnisons des places fortes ne doivent pas être composées de troupes actives. L'Empereur voulait qu'on les tirât de la population : « C'est, « disait-il, la plus belle prérogative de la garde natio- « nale [1].

« Il ne faut pas confondre un *soldat* avec un *homme*. « Sans doute il faut pour défendre une grande ca- « pitale 50,000 à 60,000 *hommes*, mais non 50,000 à « 60,000 *soldats* [2]. »

1. *Mémoires de Napoléon.*
2. *Commentaires de Napoléon* Ier ; Paris, 1867, t. V, pages 104-106.

Erreur qui ne peut s'expliquer de la part d'un aussi grand génie, que par son inexpérience de la guerre des siéges ou par son ardent désir de porter au maximum l'effectif des armées actives à une époque où il avait toute l'Europe sur les bras.

Non, ce n'est pas avec de jeunes soldats ou des invalides, moins encore avec des gardes nationaux, des volontaires ou des troupes de récente formation que l'on peut tirer un bon parti des forteresses.

Pour en être convaincu il suffit de comparer la belle défense de Sébastopol, soutenue par de vieilles troupes de ligne, à la molle résistance des places françaises, occupées en 1870 par des mobiles, des francs-tireurs et des gardes nationaux.

Le 5 janvier 1871, le général Faidherbe écrivait au Ministre de la guerre : « Si un commandant voulait se « défendre à outrance dans une ville, il pourrait avoir « pour lui les troupes régulières, une partie des mo- « biles, et le peuple qui ne possède rien, et dont le « patriotisme pourrait être facilement surexcité ; mais « il aurait contre lui presque toute la bourgeoisie, la « garde nationale sédentaire et, sans doute, les mo- « bilisés. »

La relation de la défense de Belfort impute aux troupes de récente formation, dont se composait la garnison, de nombreux actes de faiblesse, d'incurie et de lâcheté. Si cette imputation était fausse pourrait-on expliquer ce fait, sans précédent dans l'histoire, qu'une garnison forte de 16,200 hommes [1], commandée par un chef intelligent et vigoureux, se soit laissée cerner par une division allemande dont l'effectif, au début, ne s'élevait qu'à 10,000 hommes, y compris 2,000 cavaliers et artilleurs [2], et qui occupait une ligne d'investissement morcelée de 40 kilomètres d'étendue ? Le colonel Denfert attribue avec raison tout l'honneur de la belle résistance de Belfort aux troupes de ligne et surtout à l'artillerie et au génie, dont il signale la fermeté et l'intelligence dans son ordre du jour du 14 mars 1871.

On peut tirer les mêmes conclusions de la défense de Paris. Les seules troupes qui aient montré de la discipline et de l'énergie dans le combat, du calme et de la résignation dans la mauvaise fortune, sont celles de l'armée permanente et de la marine. Ce fait s'explique du reste facilement. Dans une place assiégée le soldat n'a pour ainsi dire jamais de repos ; tous les jours une partie des troupes est employée sur les remparts ou engagée dans des sorties, des reconnaissances ou des combats de postes. La fraction qui est au piquet ou au repos, est elle-même exposée au jet des bombes et des obus. Les nerfs des hommes les

1. Dans cet effectif les troupes permanentes étaient représentées par 2 bataillons, 5 demi-batteries et 1 compagnie de mineurs. Le reste se composait de 8 bataillons, 8 compagnies isolées, 5 batteries de campagne, et 1 compagnie du génie de la garde nationale mobile, et d'un contingent de garde nationale mobilisée et sédentaire, comprenant 3 compagnies, 390 habitants armés, 100 douaniers et quelques cavaliers isolés.

2. Voir la relation officielle du siége de Belfort, rédigée sur les documents de l'inspection générale du génie prussien, par le capitaine ingénieur Paul Wolf.

plus robustes finissent par se briser sous cette tension continuelle des forces physiques, d'autant plus accablante, que rien ne contribue à soutenir ou à relever les forces morales. À mesure que la défense se prolonge les corvées et les dangers augmentent, le terrain se rétrécit et les ressources diminuent. Les succès des assiégés consistent à défendre pied à pied la zone des approches et à repousser des attaques sans cesse renouvelées, jusqu'à épuisement des forces, des munitions et des vivres. Rien n'exalte le courage ni ne surexcite l'imagination du défenseur, tandis que l'assiégeant, en communication avec l'extérieur, recevant tout en abondance, n'étant pas en contact journalier avec une population malheureuse, ne voyant pas les ruines s'accumuler autour de lui, et gagnant chaque jour du terrain, se trouve dans les meilleures conditions morales.

L'armée en campagne a sans doute de rudes épreuves à soutenir; souvent, après une marche fatigante et une nuit passée au bivac, dans la boue ou dans la neige, elle est obligée de combattre toute une journée et de poursuivre ensuite l'ennemi pour compléter la victoire. En cas de revers sa situation est plus pénible encore; mais du moins, quand ce grand effort et ce lourd sacrifice sont faits, elle a de longs jours de repos; quelquefois même, comme en 1859 et 1866, les campagnes ne durent que peu de semaines et ne donnent lieu qu'à une ou deux batailles rangées.

La guerre de campagne exige donc de la part du

soldat moins de tenacité, d'abnégation et de caractère, qu'il n'en faut pour soutenir jusqu'au bout une vigoureuse défense de place forte, prolongée pendant plusieurs mois. Or ces qualités ne se rencontrent que chez les vieilles troupes (landwehr ou vétérans) commandées par des officiers éprouvés. Voilà pourquoi, en Allemagne, en Autriche et en Russie on confie la défense des places aux plus anciennes classes de milice ou à des corps tirés de la ligne.

En France ce rôle est dévolu à l'armée territoriale, qui offre moins de garanties ; en Belgique et en Hollande, à la garde civique, qui n'en offre aucune.

L'armement doit être proportionné à l'importance des places et à l'étendue de leurs ouvrages. Sous le rapport de la qualité, de la solidité et du choix des calibres il doit être au niveau du progrès. Enfin les munitions et les approvisionnements de bouche doivent être calculés pour les besoins d'une défense énergique. Toute économie sur ces objets constitue une faute capitale.

Il importe surtout qu'il y ait un nombre de canonniers suffisant pour assurer le service des bouches à feu pendant toute la durée du siége. Ce nombre a été fixé en Allemagne à 7 par bouche à feu, non compris 10 pour cent de pertes. D'après cette base, un fort armé de 40 canons, doit avoir 308 artilleurs [1].

1. Ces artilleurs sont tirés de l'armée active et de la Landwehr.

Dans quelques pays, on ne compte que 3 artilleurs par pièce, et on prend le surplus (*auxiliaires*) dans l'infanterie. Ce mode a le défaut de disloquer les bataillons, qui perdent ainsi leurs propriétés tactiques, et de donner à l'artillerie des aides qui n'ont ni goût ni aptitude pour le service des bouches à feu, lequel est devenu plus compliqué et plus difficile depuis l'introduction des canons rayés.

L'entretien des batteries de siége et de place ne coûte pas plus d'ailleurs que celui de l'infanterie. C'est encore une raison pour ne pas disloquer ou immobiliser des bataillons ou des régiments dans l'unique but de fournir des auxiliaires à l'artillerie. Celle-ci doit autant que possible se suffire à elle-même. C'est pourquoi il sera utile d'armer les artilleurs de siége et de place d'un fusil à longue portée. Pendant les dernières périodes de la défense, il se présentera souvent des circonstances où l'artillerie devant se taire, les servants des pièces pourront agir comme tirailleurs en occupant les banquettes que l'on aura soin de ménager entre les plates-formes.

L'artillerie, armée de fusils, pourra aussi, dans certains cas, faire le service de garde et pourvoir à sa sûreté en fournissant des soutiens aux batteries improvisées (construites dans les contre-approches, dans les intervalles d'un camp retranché ou devant une place assiégée).

Depuis la dernière guerre les Allemands ont donné

à toute leur artillerie à pied le même fusil qu'à leur infanterie [1].

Après la garnison et l'armement, ce qu'il y a de plus important pour la défense d'une place, est le gouverneur. Vauban disait que de son temps il n'y avait pas 10 officiers en état de remplir convenablement cet emploi. On a vu depuis, combien il avait eu raison d'attribuer une si grande importance à des fonctions que l'on a trop souvent confiées aux hommes usés ou incapables, dont les commandants d'armée cherchent à se débarrasser au début d'une guerre.

Les résultats obtenus par le général Totleben et le colonel Denfert, prouvent qu'il existe une étroite corrélation entre la durée de la défense, l'énergie et la capacité de celui qui la dirige. Il ne faut pas que cette leçon soit perdue. Nous dirons donc en forme de conclusion finale :

Ayez peu de places fortes, pour les avoir bonnes, dotez-les d'un matériel complet et perfectionné, mettez-y de vieilles troupes, faites servir les pièces par des artilleurs exercés, et placez à la tête de la défense un gouverneur intelligent, ferme et brave. Alors on ne décriera plus les forteresses, et les services qu'elles rendront seront appréciés par ceux-là même qui, aujourd'hui, les dédaignent ou les décrient.

1. Dans la guerre Franco-Allemande, il a fallu souvent attacher aux batteries de siége des bataillons d'infanterie pour les protéger, pendant la marche, contre les francs-tireurs.

DEUXIÈME PARTIE

LES CAMPS RETRANCHÉS

« Jusqu'ici on a reçu toutes les propositions
que j'ai faites, à cet égard (à l'égard des camps
retranchés), comme autant d'absurdités qui ne
méritaient pas d'être écoutées. Dieu veuille que
j'aie tort ! »

Vauban, *Mémoire au Roi* (Janvier 1705).

CHAPITRE VII

ORIGINE ET PROGRÈS DES CAMPS RETRANCHÉS.

De tout temps les armées ont entouré de retranchements les positions qu'elles étaient obligées de défendre ou d'occuper temporairement. Mais ces positions ou champs de bataille fortifiés, dont les Romains ont fait les premiers un emploi général, ne constituent pas ce qu'on appelle aujourd'hui des *camps retranchés*.

Cette qualification a été donnée primitivement à des espaces retranchés, établis sous la protection des places fortes et leur servant d'annexes; on l'a étendue ensuite à de grandes positions défensives au centre desquelles se trouve un noyau fortifié.

Une position retranchée sans noyau, mais défendue par des ouvrages permanents, comme l'était celle de Lintz, porte également le nom de *camp retranché*. La qualification de *camps de séjour ou de passage* a été réservée aux positions retranchées que l'on fortifie pour la durée d'une campagne, ou pour abriter pendant quelques jours seulement une armée inférieure en nombre.

Les camps retranchés permanents, destinés à servir de pivots d'opérations ou de lieux de refuge aux armées en campagne, sont d'institution moderne. On n'en trouve pas même le germe dans le mémoire de Vauban de 1696, sur les camps retranchés.

Ce mémoire, en effet, ne préconise que l'emploi de petits camps provisoires, pour 10 à 12 mille hommes, servant d'annexes aux places fortes. En le rédigeant, l'illustre ingénieur n'était évidemment préoccupé que du désir de renforcer la défense de certains points stratégiques importants — occupés par de petites forteresses — en doublant ou en triplant les garnisons de celles-ci. Comme l'espace y manquait, il imagina de créer, pour le supplément de garnison, une position retranchée adossée aux remparts (voir fig. 2 et 3). Le premier camp de ce genre, proposé par Vauban, est celui de Dunkerque; il fut tracé en 1693 et entamé l'année suivante.

Quelques auteurs ont avancé à tort qu'il constitue

la première application des camps retranchés modernes. Feuquières, qui était contemporain de Vauban, dit en effet : « le premier camp retranché que j'aie « vu a été celui que M. de Luxembourg fit faire en « l'année 1672 pour couvrir le faubourg d'Utrecht du « côté de la Hollande. J'approuve la pensée que feu « M. de Vauban a eue d'en construire sous quelques-« unes des places du roi. »

Vauban insista particulièrement sur la propriété des camps retranchés, de rendre difficile et quelquefois impossible le siége des places fortes.

A propos du camp de Dunkerque, il disait : « Que « ce camp une fois achevé et gardé par un corps de « troupes un peu considérable, il n'y aurait point « d'armée de 100,000 hommes qui pût tellement cir-« convaller Dunkerque qu'on n'y pût faire entrer des « secours quand on voudrait [1]. »

Au mois de novembre 1704, Vauban écrivait à Le Pelletier, qu'il ne fallait pas hésiter, *pour empêcher le siége de Thionville*, à construire sous cette place un camp retranché de 8 à 10,000 hommes. « Je sais, « disait-il, que cela n'est pas du goût du roi, non « plus que de ses généraux, qui lui ont fait une désa-« gréable peinture des camps retranchés; c'est qu'ils « ne les entendent pas. Je ne sais comment ils persis-« tent si longtemps dans cette erreur-là, vu les belles « leçons que les Allemands leur en donnent tous les « jours. »

---

1. Augoyat, *Aperçu sur les fortifications*, etc. T. 1, p. 182.

Ces derniers mots prouvent que Vauban n'a jamais eu la pensée de s'attribuer l'invention des camps retranchés.

« On ne saurait nier, dit Bousmard, que déjà
« antérieurement il s'était trouvé des circonstances
« où une armée défensive avait cherché, sous une
« place de guerre, un emplacement favorable pour y
« asseoir son camp et prendre une position facile à
« rendre forte, tant par l'appui de cette place que par
« des retranchements élevés sur les côtés du camp
« qu'elle ne défendait pas. On croit même assez com—
« munément que l'usage des camps retranchés nous
« vient des Turcs, qui, de toute ancienneté, en cons-
« truisaient sous le nom de *palanques*. »

Les camps retranchés de Vauban étaient créés au moment de la guerre, et ils se composaient d'une ligne continue d'ouvrages en fortification mixte [1] (fig. 2).

Ils avaient pour objet : 1° De menacer les flancs de l'ennemi, s'il s'aventurait au cœur du pays en laissant les places derrière lui ; 2° De prolonger la défense des places que l'ennemi était obligé d'assiéger [2] ; 3° De donner aux petites places les propriétés des forteresses de premier ordre.

Vauban qui, par l'emploi des camps retranchés,

---

1. Ils avaient un commandement de 9 à 10 pieds, sur le terrain naturel, des fossés de 10 à 12 pieds de profondeur et de 5 à 6 toises de largeur, et une berme de 4 pieds et demi, protégée par une palissade inclinée. (Voir fig. 3.)

2. « Ils sont, disait Vauban, dans son *Traité de la défense* « *des places*, l'expédient le plus sûr pour empêcher le siége « d'une place. »

avait agrandi le rôle des places fortes, annonça sur la fin de sa vie : « qu'avant un siècle on serait forcé de s'étendre encore. »

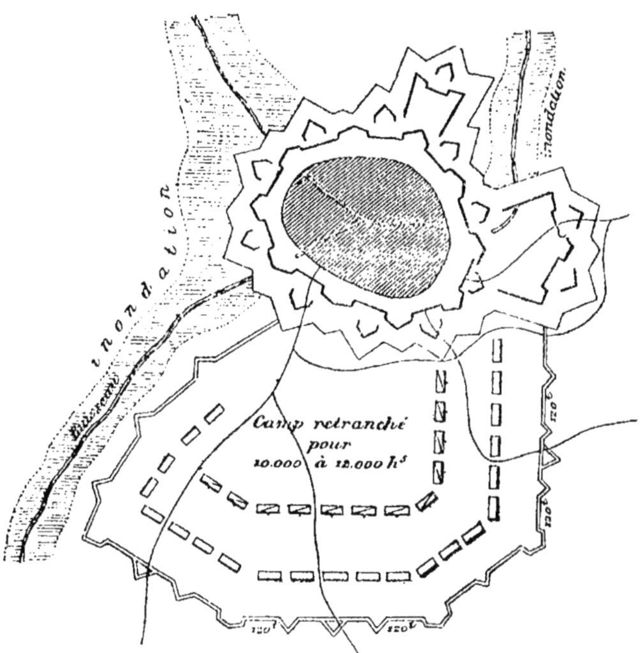

Fig. 2. — Camps retranchés de Vauban.

Fig. 3. — Profil du fossé.

C'est en effet ce qui est arrivé.

Lloyd d'abord, puis Guibert, ont proposé de rendre

permanents les camps retranchés, qui, d'après Vauban, ne devaient être que temporaires. On a reconnu ensuite la nécessité de remplacer les lignes continues par des ouvrages à intervalles, plus favorables aux retours offensifs. Enfin, renonçant complétement à l'idée de faire servir les camps d'*annexes* aux places, on a créé de vastes positions retranchées, dont l'enceinte fortifiée n'était plus que l'accessoire (*réduit* ou *noyau*).

Ce dernier progrès date du commencement de notre siècle. L'idée première en appartient à Vauban qui, dans son Mémoire sur la défense de Paris — dont il sera question plus loin — posa les véritables principes de la défense des capitales, et se montra bien supérieur à ses timides successeurs, lesquels s'en tinrent exclusivement aux camps-annexes, organisés à la manière des Turcs.

Ainsi Montalembert, d'Arçon, Bousmard, Carnot, Noizet de Saint-Paul, Dufour et d'autres ingénieurs, n'ont vu dans les camps retranchés qu'un moyen de prolonger la défense des places et de donner à de petites forteresses, les propriétés inhérentes aux forteresses de premier ordre [1].

---

1. « Un camp retranché, dit Noizet, n'est qu'un *accroissement de place forte...*

« Les camps retranchés doivent avoir assez de capacité pour contenir le *surcroît de garnison* qu'on veut donner aux places (dont elles sont l'accroissement), ainsi que toutes les choses qui leur sont nécessaires. »

D'Arçon appelle les camps retranchés, « *des extensions des forteresses,* » dont l'objet est de couvrir des corps d'armée plus ou moins nombreux. — « Les grandes places, dit-il, sont

La stratégie a considérablement augmenté l'importance des camps retranchés.

Les anciens camps servaient à accroître la puissance défensive et offensive des *places*.

Les camps retranchés modernes ont, au contraire, pour but d'accroître la puissance défensive et offensive des *armées en campagne*. Dans les uns, la forteresse est la partie principale, dans les autres, elle n'est qu'un accessoire, et même si peu important, qu'on l'a supprimé à Lintz et que tout récemment des ingénieurs distingués ont proposé de vastes camps retranchés sans noyau fortifié.

L'idée mère des camps retranchés modernes se trouve, comme nous l'avons dit plus haut, dans le mémoire de Vauban sur la défense de Paris [1], rédigé en 1698. Ce mémoire renferme en effet l'exposé des principes généraux qui ont été appliqués depuis à la construction des camps retranchés servant de pivots de manœuvres et de lieux de refuge à de grandes armées.

par elles-mêmes de véritables camps retranchés, puisqu'elles comportent au besoin, des garnisons de plus de 20,000 hommes. »

« Il faut, disait Feuquières, que les camps retranchés ‹ soient protégés par la place qu'ils protégent, et que les ‹ flancs soient en sûreté par la protection du canon de la « place et des ouvrages, et sous le feu de la mousqueterie « du chemin couvert. »

Il ajoutait : « C'est toujours *un grand défaut* d'en faire le « capital et non la facilité de la défense de la ville qu'il couvre « ou protége, et dont la perte est immédiatement la suite de « celle du camp retranché. »

1. Ce mémoire a pour titre : *De l'importance dont Paris est à la France*. Le colonel Augoyat pense qu'il a été rédigé en 1689.

Vauban voulait entourer Paris d'une double enceinte. L'enceinte intérieure (ou deuxième enceinte) eût été formée par le mur, flanqué de tours et de bastions, qui existait déjà au xvi° siècle. On eût réparé et complété ce mur en lui donnant partout 36 à 40 pieds de hauteur, et en construisant de nouvelles tours [1] flanquantes là où il en manquait. On l'eût ensuite terrassé (pour obtenir sur tout le pourtour un parapet à l'épreuve du canon) et, en même temps, on eût creusé en avant un fossé de 10 à 12 toises de largeur, profond de 18 à 20 pieds et « revêtu s'il était possible. »

Le but de ces travaux était uniquement de mettre l'enceinte à l'abri de l'attaque de vive force.

L'enceinte extérieure (ou première enceinte) eût été tracée à 1,000 ou 1,200 toises de la seconde. Les fronts d'attaque et ceux destinés à recevoir des portes, auraient eu une escarpe revêtue, une tenaille, une contre-garde, une demi-lune et un chemin couvert [2].

Les autres fronts n'auraient eu ni contrescarpe revêtue ni chemin couvert.

« En proposant cette enceinte, dit Vauban, je ne « prétends mettre en avant que ce qui est nécessaire « contre la bombarderie, les siéges réglés et les blo- « cus, qui sont les seuls moyens qui paraissent capa- « bles de la pouvoir réduire. »

C'est le même but qu'ont cherché à atteindre les

---

1. Ces tours eussent été placées à 120 toises les unes des autres.

2. C'était à peu près le système de Neuf-Brisach.

auteurs du projet de défense de Paris, voté en 1840.

Les différences qui existent entre les deux projets s'expliquent par les progrès réalisés depuis la fin du xviie siècle, dans la stratégie, dans la constitution des armées, dans les méthodes de combat et dans l'ar mement.

Les armées étant devenues plus nombreuses, plus mobiles, l'enceinte extérieure du projet de 1698, avec ses passages étroits ne satisfaisait plus aux nécessités d'une résistance active et prolongée.

Vauban ne comptait, pour la défense de Paris, que sur une armée mobile de 30,000 hommes de troupes de ligne et de 10,000 hommes « d'assez bonnes trou- « pes, levées dans l'enclos des murailles de Paris, « sans toucher à la garde ordinaire des bourgeois qui « ne laisserait pas d'aller son train [1]. »

En 1840, on admit que la capitale de la France aurait, au moment décisif, une garnison beaucoup plus forte.

C'est pour ce motif qu'on substitua à l'enceinte extérieure, proposée par Vauban, une ceinture de grands forts avec des intervalles libres de 1,800 à 2,500 mètres.

Le premier ingénieur qui ait fait ressortir les pro- priétés des camps retranchés, composés d'ouvrages à intervalles, est le général Rogniat.

---

1. Vauban estimait que cette force eût été suffisante pour rendre Paris *inexpugnable*, alors même que l'ennemi aurait eu 250,000 hommes. (Il supposait la place approvisionnée pour un an.)

Ayant reconnu que les camps à la turque, améliorés par Vauban et appliqués par lui à quelques forteresses, sont très-utiles pour donner de l'espace à une forte garnison, mais n'offrent aucune facilité pour les opérations d'une grande armée, il publia en 1816 (voir ses *Considérations sur l'art de la guerre*), un projet de camp retranché, qu'il expliqua et justifia de la manière suivante :

« Il faut que les camps retranchés soient capables
« de contenir cent mille hommes au besoin, et n'exi-
« gent cependant que fort peu de troupes pour leur
« défense ordinaire, et qu'ils laissent à l'armée qui
« s'y réfugie momentanément, toute son action et tout
« son développement, lorsqu'elle veut reprendre l'of-
« fensive. Il n'y a pas de meilleurs moyens de remplir
« ces conditions que celui d'établir quatre forts au-
« tour de chaque place, formant un immense carré
« dont la place occuperait le centre. Ces forts, fermés
« en tous sens, seraient établis sur les sommités les
« plus avantageuses, à environ 12 à 15 cents toises
« des ouvrages de la place, et espacés entre eux de
« 2 à 3 mille toises.

« L'espace compris d'un fort à l'autre formerait un
« champ de bataille capable de recevoir une armée
« de 50 à 100 mille hommes, *qu'on pourrait regarder*
« *comme inexpugnable.*

« Les forts, armés de canons de gros calibre, en
« appuieraient parfaitement les ailes. Quant au centre,
« sur lequel ils auraient peu d'action à cause de leur

« éloignement, on pourrait le renforcer par des ou-
« vrages de campagne construits au moment du be-
« soin et soutenus par le canon de la place.

« Ainsi les quatre forts, circonscrivant chaque for-
« teresse, formeraient tout autour un vaste camp
« retranché, présentant quatre champs de bataille dif-
« férents ; de sorte que, de quelque côté que l'ennemi
« arrivât, nous pourrions lui faire face avec notre armée.

« La garde ordinaire de ce camp retranché, qui se
« réduit à celle des quatre forts, ne pourrait pas exi-
« ger plus de 800 hommes, et la place qui en serait
« le réduit mettrait en sûreté tous les établissements
« et les dépôts nécessaires à l'existence et à la réorga-
« nisation des armées. »

L'idée dominante de ce projet est la création, autour des places de guerre, de quatre champs de bataille, ayant les ailes appuyées à des forts, et le front
défendu par des ouvrages de campagne. Cette idée a
paru judicieuse à un grand nombre de critiques militaires et même au général Jomini qui, dans son appré-
ciation du camp retranché de Lintz, fait clairement
entendre que le rôle de l'armée défensive, en cas d'attaque d'un camp retranché, consiste à occuper les
intervalles des forts [1]. Ce rôle est évidemment trop

---

1. Après avoir fait observer que le camp de Lintz a un
périmètre de 10,000 toises, il dit : « Ce tracé semble un peu
« étendu, car pour être garni complétement sur une seule
« ligne avec réserve, il exigerait 150 bataillons au moins ; mais
« comme la véritable défense ne comporterait guère qu'une
« étendue de 4,000 toises, avec 80 bataillons le camp serait
« bien gardé. » (*Précis de l'art de la guerre.*)

limité. Dans bien des cas, en effet, c'est en avant du camp retranché que se trouveront les bonnes positions défensives; dans d'autres, il sera, au contraire, avantageux de refuser l'attaque en établissant l'armée à l'intérieur du camp. Pour que l'on pût admettre l'opinion du général Rogniat dans toute sa généralité, il faudrait que les quatre champs de bataille constituant son camp retranché fussent, comme il l'affirme, *inexpugnables;* or, cela n'est pas. De petits forts, espacés de 2 à 3 mille toises, et des ouvrages de campagne, occupant les intervalles de ces forts, donneraient sans doute un appui efficace aux ailes et au centre de l'armée défensive, mais ne rendraient pas nécessairement la position inexpugnable, surtout si l'armée s'était retirée dans son camp, après un grave échec, désorganisée ou démoralisée.

Les auteurs du plan de défense de Paris, voté en 1840, ne se sont pas inspirés de l'idée de Rogniat; ils ont jugé préférable d'améliorer le projet de Vauban, en substituant une ligne de forts à l'enceinte extérieure de ce projet. Mieux avisés que l'auteur des *Considérations sur l'art de la guerre*, ils ont espacé les forts de 1,800 à 2,500 mètres au lieu de 2,000 à 3,000 toises. En même temps, ils ont donné aux ouvrages détachés plus de développement et plus de résistance.

Bien avant que le général Rogniat n'eût proposé d'établir quatre forts autour des places de guerre, pour former des camps retranchés composés de quatre champs de bataille, on avait construit autour de plusieurs places des ouvrages détachés, pour augmenter leur résistance et leurs propriétés offensives. Mais ces ouvrages ne constituaient pas, à proprement parler, des camps retranchés. Témoin les forts et les lunettes qui furent établis sous les murs de quelques forteresses, du temps de Gustave-Adolphe, de Louis XIV et de Frédéric II. C'étaient des *ouvrages avancés*, formant système avec l'enceinte et ne servant qu'à procurer à celle-ci le bénéfice d'une défense éloignée. Il suffit pour s'en convaincre de jeter les yeux sur les plans de Magdebourg, Donawert, Walf, Oppenheim, Usedom, etc., assiégés sous Gustave-Adolphe; — Philipsbourg, Nordlingen et Fribourg, assiégés sous Turenne; — Luxembourg, Kehl, Mayence, Namur et Charleroy, assiégés sous le maréchal de Luxembourg; — Colberg, Breslau, Glatz, Prague et Schweidnitz, assiégés sous Frédéric II.

Les camps retranchés de Kehl et de Dusseldorf, qui ont rendu de si grands services dans la campagne de 1796, n'étaient que des têtes de ponts permanentes.

Quant à la proposition de Montalembert, de construire une ligne enveloppante de forts à 2,000 ou 3,000 mètres de certaines places maritimes (par exemple, Cherbourg), elle n'avait d'autre but que de préserver ces places du bombardement, de renforcer leur enceinte et de mettre l'assiégeant dans l'obligation de donner un grand développement à ses travaux d'attaque. Loin de regarder le concours d'une armée comme nécessaire à la défense de ces places, il soutenait que la ligne des forts permet de diminuer la force de la garnison.

L'idée de mettre une ville maritime à l'abri du bombardement, au moyen de forts détachés, appartient du reste à Pierre-le-Grand, qui l'appliqua à Cronstadt.

Les seuls camps retranchés qui aient été construits antérieurement à la publication des idées de Rogniat, et qui réalisent en partie les combinaisons adoptées aujourd'hui pour la fortification des grands pivots stratégiques, sont le camp retranché d'Ulm, qui permit au général Kray d'arrêter pendant cinq semaines l'armée de Moreau sur le Danube [1], et le camp retranché de Gênes, dans lequel Masséna put, avec 15,000 hommes, non-seulement tenir tête pendant deux mois à des forces quadruples, mais encore les harceler sans cesse, les poursuivre au loin et remporter sur elles de brillants succès [2].

Ces camps, surtout le dernier, se rapprochent plus du type actuel, que le camp de Buntzelwitz, qui fut construit par ordre de Frédéric II, sur une hauteur, située à 2 lieues de la forteresse de Schweidnitz, et dont voici la description :

Il se composait d'une ligne de retranchements pro-

---

1. Kray avait 80,000 soldats démoralisés, et Moreau un pareil nombre de soldats, animés du meilleur esprit.

2. Les forts de Gênes avaient été construits en 1747 pour empêcher que la place ne fût serrée de trop près. Masséna, dans ses différentes sorties, tua et fit prisonniers 18,000 Autrichiens.

visoires bordant la crête du plateau sur lequel l'armée prussienne avait pris position. Ce plateau formait un rectangle d'environ 3,000 mètres de base et de 5,000 mètres de hauteur. De grands intervalles étaient ménagés dans la ligne de défense pour favoriser la sortie et la rentrée des troupes. En avant et sur les points culminants du terrain, il y avait des lunettes et des redoutes, destinées à prendre des revers sur les accès praticables.

Ce camp, défendu par 460 bouches à feu, permit à Frédéric d'arrêter avec 60,000 hommes, 130,000 Autrichiens et de les mettre ensuite dans la nécessité de battre en retraite (1761).

C'était plutôt un camp retranché de passage, à la façon de ceux des Romains, qu'un grand pivot stratégique, dans l'acception moderne du mot.

Le camp retranché de Torres-Vedras se rapproche plus de ce dernier type par la disposition des ouvrages et par le rôle qu'il a joué.

Il était composé de deux lignes de redoutes. La première avait 9 1/2 lieues de longueur, et la seconde, située à 12 kilomètres en arrière, avait 8 lieues. A 25 kilomètres de cette dernière ligne se trouvait un retranchement enveloppant le fort St-Julien, destiné à protéger au besoin le rembarquement des troupes.

Quand Masséna se présenta devant ce camp retranché, en 1810, il comprenait 126 ouvrages fermés, défendus par 29,751 hommes et 247 canons. En 1812 les deux lignes, entièrement achevées, comptaient

152 ouvrages, armés de 534 pièces et défendus par 34,125 hommes. Les ouvrages de St-Julien avaient un armement de 94 canons et une garnison de 5,350 hommes.

Nous avons cru devoir donner un aperçu de ces camps, tous antérieurs au projet du général Rogniat, pour montrer que cet ingénieur n'a fait faire aucun progrès à l'art de la fortification, et que son principal mérite est d'avoir clairement exposé les propriétés tactiques des camps retranchés. Le mémoire de Vauban sur la défense de Paris a contribué, plus qu'aucun autre écrit, à établir les principes qui ont été suivis dans la construction des camps retranchés modernes. Il a fallu de longues discussions pour faire triompher ces principes, qu'un grand nombre de généraux et d'ingénieurs ont critiqués ou méconnus jusque dans les derniers temps, témoin le général Cathcart qui, en 1803, proposa d'entourer Londres, sur la rive gauche de la Tamise, d'une enceinte continue de 30 kilomètres de développement; le général Prévost de Vernois qui, en 1818, préconisa pour Paris une enceinte de même espèce; le général Haxo qui, deux ans après, publia un projet analogue, que Valazé reproduisit en 1840[1]; le général Richemont, qui disait, à la même époque (voir *Paris fortifié*, p. 44) : « Le système des forts détachés ne rem-

---

1. Les enceintes proposées par ces deux ingénieurs, enveloppaient les grandes agglomérations des faubourgs et comportaient environ 80 fronts bastionnés. (L'enceinte actuelle en a 94).

« plit pas les conditions d'un bon camp retranché; »
enfin Choumara, qui qualifia la ligne des forts, proposée en 1840, de « mauvaise enceinte avec des brè-
« ches de 1500 mètres, capables de prolonger de
« 15 jours seulement la durée de la défense de
« Paris [1]. »

Une discussion approfondie à laquelle prirent part
les généraux les plus distingués de l'Europe, démontra
que les arguments produits en faveur du système
d'une enceinte unique, n'ont aucune valeur.

Parmi les raisons qui firent rejeter ce système,
nous citerons les suivantes :

1° Toute armée qui se retire dans une place sans
camp retranché est paralysée et réduite à une défense
passive. En vain l'on multiplierait les portes et les
rampes, pour faciliter les sorties, l'armée assiégée,
si elle devait se porter en avant, n'en serait pas moins
dans la situation fâcheuse d'une troupe débouchant
par d'étroits défilés sur le front d'un ennemi prêt à la
combattre. Il suffit de rappeler les désastres d'Ismaïl,
d'Ulm et de Valence, pour montrer à quel triste rôle
sont condamnées les meilleures troupes, lorsqu'on
leur ôte la possibilité d'agir offensivement.

2° L'armée qui, après un désastre, se retire dans
une enceinte, s'y trouve en contact journalier avec

----

1. Choumara était partisan d'un dispositif à deux enceintes.
Il conseillait de construire en avant de la première, quelques forts solides destinés à servir d'appui aux ouvrages de
campagne « dont se couvrira, disait-il, l'armée dans ses camps
lorsqu'elle se sera repliée tout entière sur Paris. »

une population irritée ou découragée, qui finit par exercer sur son moral une influence pernicieuse.

3° L'enceinte continue ne met pas la ville à l'abri du bombardement, ce qui est très-grave, puisque Vauban considérait « la bombarderie comme un « moyen très-sûr de réduire Paris à tout ce que « voudrait l'ennemi 1. »

On pourrait, à la vérité, atténuer et même faire disparaître en partie ces inconvénients, si l'on éloignait assez l'enceinte pour préserver la ville du bombardement, si l'on pratiquait dans cette enceinte des passages assez nombreux et assez larges pour faciliter les grandes sorties, et si l'on séparait l'armée des habitants, en confinant ceux-ci dans une enceinte de sûreté, et en logeant la troupe dans les endroits les moins exposés de la zone comprise entre les deux enceintes ; mais alors on rentrerait dans la combinaison de Vauban, qui avait déjà, du temps de cet ingénieur, le défaut d'exiger une énorme dépense et d'obliger l'armée active à déboucher ou à battre en retraite par des défilés.

Il ne peut plus être question de cette combinaison depuis que les armées ont pris un développement tel que les grands camps retranchés doivent être disposés, non pour abriter 50,000 hommes, comme le supposait

---

1. Le bombardement de 1871 n'ayant été que partiel et de courte durée, on ne peut pas s'en prévaloir pour combattre l'opinion de Vauban. Tout le monde sait que les Allemands n'ont jeté quelques obus dans Paris que pour tâter la population et donner une satisfaction à l'opinion publique en Allemagne, qui se plaignait de la longue inaction de l'armée assiégeante.

Vauban, mais bien 3 ou 4 fois ce nombre, et depuis surtout que les mortiers lisses, dont la plus grande portée était de 2600 à 3000 mètres, ont été remplacés, comme engins de bombardement, par des canons rayés ayant une portée de 8000 mètres.

CHAPITRE VIII

Les camps retranchés doivent se composer d'ouvrages détachés, établis assez loin de la ville qui leur sert de noyau, pour que celle-ci soit à l'abri du bombardement.

« Des ouvrages détachés à larges intervalles, dit le « général Rogniat [1], peuvent seuls empêcher le blocus, « favoriser les retours offensifs, obliger enfin l'en- « nemi à abandonner la position. »

Il n'y a plus de discussion sur ce point; mais il existe encore de grandes divergences de vues sur les autres conditions à remplir.

Les questions controversées sont les suivantes :

1° Les camps retranchés permanents doivent-ils comprendre une ligne de forts seulement ou une ligne de forts et une enceinte?

---

1. *Réponse à l'auteur de l'ouvrage intitulé :* DU PROJET DE FORTIFIER PARIS. 1840.

2° Comment doit être constituée l'enceinte?

3° Comment doit être constituée la ligne des forts ou le camp retranché?

Nous examinerons successivement ces questions, qui se subdivisent en plusieurs autres.

1° Les camps retranchés doivent-ils comprendre une ligne de forts et une enceinte, ou une ligne de forts seulement ?

Depuis Vauban jusqu'à nos jours les généraux et les ingénieurs les plus distingués se sont prononcés, à de rares exceptions près, en faveur de la combinaison d'une ligne de forts détachés et d'une enceinte continue. Toutefois, depuis les blocus de Metz et de Paris, il s'est fait un mouvement assez prononcé dans le sens de la suppression de l'enceinte. Il y a donc lieu de discuter cette question au point de vue des principes.

Lorsque le camp se compose d'une ligne de forts ou d'une enceinte, la bataille décive, après la prise de quelques forts ou l'assaut de l'enceinte, sera livrée à l'intérieur de la ville, presque toujours dans de mauvaises conditions pour la défense. C'est ce que Vauban voulait éviter en donnant à sa grande enceinte un noyau fortifié, qui permit à l'armée occupante de livrer bataille *en avant de la ville*, sur un terrain propre à l'action des trois armes.

Il semblait évident à ce grand ingénieur, que les troupes défendraient avec plus de confiance et d'opi-

niâtreté son enceinte extérieure, si elles avaient en
arrière d'elles un réduit inattaquable de vive force.
Pour les mêmes raisons nous croyons que l'armée,
surtout après un grand désastre, défendra mieux les
forts d'un camp retranché et les positions en arrière,
lorsqu'il y aura une enceinte qui la mettra, en cas de
revers, à l'abri de toute poursuite.

Cette grande utilité des enceintes s'est manifestée
clairement, en 1870, à Metz et à Paris. Il a été reconnu,
en effet, que si ces deux places à camps retranchés n'a-
vaient pas eu de noyau fortifié, les Prussiens auraient
pu, après la bataille de Gravelotte et le combat de
Châtillon, forcer les armées battues à capituler ou à
évacuer leurs positions.

Un ingénieur allemand, le capitaine Gœtze, rapporte, dans sa relation des travaux exécutés par le
génie, durant la campagne de 1870-1871, que le
17 août, après que l'artillerie du premier corps eut
bombardé les forts de Queuleu et des Bottes (encore
inachevés), ces forts se trouvaient dans un état tel
« qu'un coup de main entrepris contre eux avec des
forces suffisantes aurait très-probablement réussi.
Mais, ajoute-il, il est douteux qu'on s'y fût maintenu
les jours suivants, parce que l'armée du Rhin, rejetée
dans Metz, aurait tout mis en œuvre pour reprendre
les forts, dont la conservation eût été extrêmement
difficile à cause du manque de communications en
arrière [1]. »

1. Tome Ier, p. 13-14.

Il résulte de là que si l'enceinte de Metz n'avait pas existé, l'armée française aurait été poursuivie au-delà des forts, et vraisemblablement détruite.

Le camp retranché de Lintz (aujourd'hui condamné et partiellement démoli) est le seul qui n'ait pas de noyau fortifié.

Le maréchal Marmont approuve cette disposition et condamne l'enceinte de Paris dans les termes suivants [1] : « Il ne fallait pas fortifier Paris par une en-« ceinte continue, car à mes yeux, et aux yeux de tous « les hommes instruits et d'expérience, cette ville « n'est pas dans des conditions à pouvoir soutenir un « siége : il suffisait d'adopter un système de défense, « tel qu'elle ne puisse jamais être assiégée ; et dans « ce but, le seul qui aurait dû préoccuper, l'enceinte « continue est superflue et, quoi qu'il puisse arriver, « elle n'aura jamais une utile application. »

Sur ce point Vauban, Rogniat, Bernard, Paixhans, Gouvion-Saint-Cyr, Jomini et un grand nombre de généraux distingués, sont d'un avis opposé.

Dans son *Précis de l'art de la guerre*, le général Jomini soutient que le camp de Lintz aurait dû être complété par un noyau fortifié. « On objectera peut-« être, dit-il, qu'aucune armée ne pourra pénétrer « au milieu de ces tours, même après avoir éteint le « feu de quelques-unes ; cela n'est pas sans réplique, « car, en pareil cas, il ne sera pas aisé aux tours voi-

---

1. *Esprit des institutions militaires.*

« sines de tirer sur deux armées, aux prises dans un
« espace si étroit, sans faire autant de mal à l'assiégé
« qu'à l'assiégeant. »

Ces arguments ont plus de valeur aujourd'hui qu'ils
n'en avaient à l'époque où le général Jomini les pro-
duisit, parce que les ouvrages détachés sont portés à
une plus grande distance des villes, et séparés par de
plus larges intervalles.

Nous disions en 1863, dans nos *Études sur la défense
des États*, etc. [1] : « Aux raisons du général Jomini,
« j'ajouterai une considération puissante qui suffirait
« à elle seule pour faire adopter le système de Paris
« de préférence à celui de Lintz.

« Après un désastre complet, tel par exemple que
« ceux de Iéna, de Leipzig et de Waterloo, il peut
« arriver que l'armée défensive se replie avec précipi-
« tation et en désordre, sur une de ses places de re-
« fuge ou sur la capitale fortifiée. Dans ce cas, il n'est
« pas impossible qu'une vive poursuite ne fournisse
« au vainqueur l'occasion de pénétrer dans le camp
« retranché avant que l'armée battue ne soit en me-
« sure de lui faire face. Plus les intervalles qui sépa-
« rent les forts seront larges, plus ce danger sera à
« craindre. Une nouvelle bataille s'engagera dès lors
« en arrière de la ligne forcée, et comme l'armée dé-
« fensive, sous l'impression de l'échec qu'elle vient
« d'éprouver, sera physiquement et moralement

---

1. 3 volumes in-8° avec atlas.

« moins forte que celle de l'ennemi, il est à présumer
« que l'avantage de la position ne balancera pas cette
« double infériorité. Elle essuiera donc un nouvel
« échec, et cette fois, n'ayant plus de refuge, hommes,
« chevaux, matériel, tout deviendra la proie du vain-
« queur.

« Un camp retranché sans noyau central n'est
« qu'une ligne repliée sur elle-même, or toute ligne
« forcée est une ligne perdue. C'est pourquoi le duc
« de Wellington eut la précaution de construire, en
« arrière de sa première ligne de Torres-Vedras, une
« seconde ligne, et, en arrière de celle-ci, les retran-
« chements continus de St-Julien, destinés à protéger
« le rembarquement des troupes. »

Lorsque nous fîmes ces réflexions nous étions loin
de supposer qu'une grande guerre et deux siéges
mémorables viendraient les confirmer d'une manière
éclatante.

Si Metz et Paris n'avaient eu que des forts détachés,
l'une de ces places n'aurait pas arrêté pendant 2 mois
et demi, l'autre pendant 4 mois, les armées victorieuses
de l'Allemagne. Ces armées, comme nous l'avait fait
remarquer plus haut, après Gravelotte et Châtillon,
se seraient portées à l'intérieur de la ligne des forts
et, poursuivant l'armée vaincue l'épée dans les reins,
l'auraient obligée à déposer les armes ou à continuer
sa retraite. L'existence d'une enceinte armée de canons
et à l'abri de l'attaque de vive force, a suffi pour
rendre cette prompte solution impossible

Malgré ce fait et les considérations que nous venons d'exposer, il a été publié, depuis 1870, plusieurs projets de camps retranchés permanents, composés d'une simple ligne de forts. Parmi ces projets nous citerons ceux du colonel Drummond-Jervois et du major Paliser, pour la défense de Londres.

En Allemagne et en France on est généralement convaincu de la nécessité de donner à tout camp retranché permanent une enceinte inattaquable de vive force; mais l'on n'est pas encore fixé sur la manière de constituer cette enceinte.

2º Comment doit être constituée l'enceinte d'un camp retranché?

L'enceinte d'un camp retranché destiné à servir de pivot de manœuvre et de place de refuge à l'armée d'une grande puissance militaire, atteint parfaitement son but lorsqu'elle est à l'abri de l'attaque de vive force. C'était l'avis de Vauban, des généraux Bernard, Schneider, Paixhans et Rogniat, du maréchal Soult et des diverses commissions qui ont été réunies en France, depuis 1848, pour arrêter les bases de la défense de Paris.

L'enceinte de cette capitale a plus d'importance qu'elle n'en aurait dû avoir. Cela tient à ce qu'on fut obligé de rallier au projet du gouvernement les partisans d'une enceinte unique, constituée pour une défense prolongée. M. Thiers, auteur et rapporteur de la loi, dit aux partisans d'une enceinte unique, sans forts détachés : « Vous aurez l'enceinte proposée par « MM. Haxo et Valazé et, de plus, on vous donnera « 12 à 14 forts » ; il dit aux partisans des forts sans enceinte ou avec enceinte de sûreté : « Vous aurez les « forts que vous demandez et, au lieu d'une enceinte « de sûreté, on vous donnera une enceinte de siége. »

Aux uns et aux autres il répéta : « Abondance de biens ne saurait nuire et vous auriez mauvaise grâce de vous plaindre de ce qu'on vous accorde plus que vous n'aviez espéré. »

Le gouvernement français aurait pu se contenter d'une enceinte beaucoup plus simple et par conséquent moins coûteuse. Le type qu'il adopta est non-seulement onéreux, mais encore très-défectueux. Il présente en effet de hautes escarpes, exposées aux coups plongeants de l'attaque, des flancs ricochables, armés de pièces à ciel ouvert, des remparts sans traverses ni abris, et un corps de place dépourvu de casemates et de logements à l'épreuve de la bombe.

Ce n'était donc pas, quoi qu'en ait dit M. Thiers, une *enceinte de siége* (pouvant offrir une longue résistance à l'attaque pied à pied).

Comme *enceinte de sûreté*, elle eût atteint son but, avec une dépense moitié moindre, si elle avait été composée de fronts en ligne droite, d'un kilomètre environ de longueur, flanqués par de petites caponnières et protégés contre l'escalade par une escarpe détachée.

Lorsque le camp retranché servant de base et de

place de refuge, se trouve dans un petit État qu'une brusque invasion peut surprendre au milieu de ses préparatifs de défense, et dont l'unique armée est exposée à être détruite ou coupée de son pivot d'opérations, si le commandant en chef manque d'habileté ou de prudence; lorsque, de plus, ce camp est très-rapproché de la frontière et que l'ennemi y peut faire arriver facilement un parc de siége, il convient que l'enceinte offre assez de résistance pour qu'on doive l'attaquer pied à pied.

Dans ce cas, en effet, la durée de la défense du camp retranché sera si fort abrégée, qu'il faudra, à titre de compensation, augmenter la résistance du noyau.

Tant que celui-ci sera au pouvoir de la défense, le petit État peut espérer, soit une diversion favorable, soit l'arrivée d'une armée de secours. Ce n'est qu'après l'abandon de l'enceinte que sa perte sera certaine. Tout ce qui tend à retarder ce moment fatal, est donc utile, indispensable. C'est pourquoi les ingénieurs belges ont voulu que le camp retranché d'Anvers eût une enceinte de siége. Il faudrait également en donner une à Copenhague et à Lisbonne, si le Danemark et le Portugal se décidaient à faire de ces capitales le pivot de manœuvres et la place de refuge de leur armée.

3° Comment doit être constitué le camp retranché ?

Cette question a été résolue de plusieurs manières. Tantôt l'on a donné la préférence à un système de fortins à défense réciproque, tantôt à un système de forts à défense indépendante.

Les tours de Lintz, reliées par un chemin couvert palissadé, et les fortins du général Paixhans, reliés par des épaulements, appartiennent au premier système. Les forts de Paris, de Vérone, de Cracovie, de Metz et d'Anvers appartiennent au second.

Le meilleur camp retranché étant celui qui offre le plus de garanties contre l'attaque de vive force, préparée par une vive canonnade, le système des grands forts à flanquement propre est préférable à celui des petits fortins ou des redoutes à flanquement réciproque. Ce dernier mode de flanquement inspire en effet moins de confiance aux défenseurs, parce qu'il est plus incertain et quelquefois même complétement inefficace, par exemple la nuit et en temps de brouillard ou de neige. Au surplus la garnison d'un fortin se trouvera toujours dans de mauvaises conditions morales lorsque sa sécurité dépendra de la vigilance et de l'habileté des défenseurs des ouvrages voisins [1], et

1. « On voit alors, dit d'Arçon, dans chacun des ouvrages « qui, de loin ou de près, participent à la crise d'une attaque, « qu'il y existe une sorte d'égoïsme duquel il résulte qu'on « s'intéresse infiniment moins à la sûreté de ses voisins qu'à « la sienne propre...

 « Les défenses tirées de loin, à ciel ouvert, ne produisent

lorsque, en raison du peu d'étendue du fortin, son effectif sera faible. On tombe alors dans l'inconvénient des commandements trop nombreux, confiés à des officiers d'un grade inférieur.

Ces inconvénients seraient plus graves encore si l'on composait le camp retranché de petits ouvrages disposés en quinconce, ou sur deux lignes à portée de mitraille l'une de l'autre.

Aussi est-on généralement d'accord aujourd'hui pour former les camps retranchés d'une ligne de forts à défense indépendante.

Il n'y a plus guère de discussion que sur les points suivants :

1° Dimensions des forts, leur tracé, leur organisation intérieure.

2° Intervalles des forts.

3° Distance des forts à l'enceinte.

Pour arriver à une solution rationnelle de ces questions, posons d'abord quelques principes généraux.

Il est évident, à première vue, qu'un fort aura *par sa situation* le maximum de valeur, s'il occupe un point favorable du terrain et si les forts voisins peuvent croiser leurs feux devant son front d'attaque.

On devra donc régler les intervalles des forts sur la portée efficace de l'artillerie, qui est limitée à la distance de 3,000 mètres, au-delà de laquelle on ne peut plus voir distinctement des troupes et des travaux

« guère le jour que de la fumée, et pendant la nuit que des
« feux divaguants sur l'horizon. »

d'attaque. En conséquence les forts seront établis à 2,500 mètres environ les uns des autres, quand on voudra leur assurer le bénéfice de la protection mutuelle ; mais très-souvent la nature du site et la crainte de trop multiplier les ouvrages, obligeront à se départir de cette règle. Il suffira, dans ce cas, d'observer le principe suivant :

Les forts doivent pouvoir battre efficacement le terrain dans les intervalles du camp retranché.

En vertu de ce principe, la distance *maximum* entre les forts ne dépassera pas 5 à 6 kilomètres.

L'action d'un fort sur le terrain situé en avant des forts voisins sera la plus grande possible, lorsque les forts occuperont une ligne droite ou légèrement convexe. On évitera donc, autant que faire se pourra, de disposer les forts de manière à former des rentrants et des saillants prononcés. Ces saillants ne seraient admissibles que s'ils occupaient des points inabordables ou présentant à l'attaque de très-grandes difficultés.

Lorsque les forts des parties attaquables du camp retranché forment une ligne droite ou légèrement convexe, les prolongements du front de tête de chaque fort tombent à peu de distance des forts voisins, ce qui rend impossible l'établissement de batteries à ricochet contre ce front ; c'est un avantage qui a été obtenu pour la première fois à Anvers (voir la partie droite de la fig. 4). Lorsque les forts sont à une grande distance l'un de l'autre (voir la partie gauche de la même figure), les prolongements des fronts de tête ne tombent plus assez près des forts voisins pour qu'il soit impossible ou très-difficile de ricocher ces fronts. Alors il sera préférable de briser légèrement les fronts

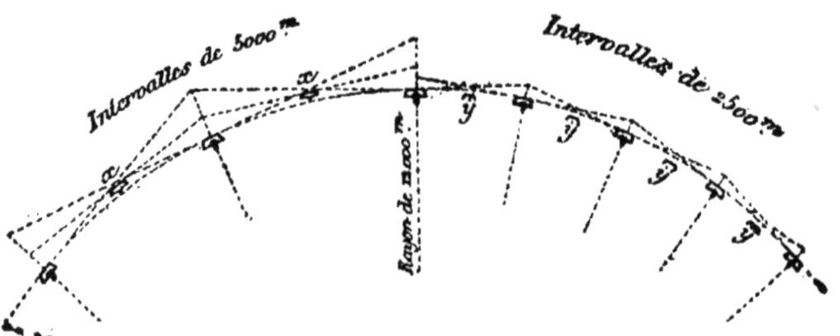

Fig. 4. — Dispositif général du front.

de tête en dehors (voir fig. 5) pour soustraire à l'enfilade leurs batteries flanquantes, à moins toutefois qu'on n'établisse dans les intervalles des forts des batteries permanentes $x\,x$ (fig. 4), à l'abri de l'attaque de vive force, ce qui donnerait lieu à une disposition

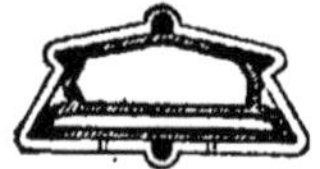

Fig. 5.

rentrant dans le cas des ouvrages à défense mutuelle, c'est-à-dire séparés par des intervalles de 2,500 mètres au plus.

Pour ce qui concerne les dimensions des forts et leur organisation intérieure, on peut dire, en termes généraux, que plus un fort est éloigné des forts voisins et de la ville, plus il doit offrir de résistance. En vertu de ce principe les ingénieurs français ont donné au fort du mont Valérien, un des plus éloignés et des plus isolés du camp retranché de Paris, des dimensions supérieures à celles des autres forts.

On objectera peut-être que la résistance des ouvrages n'est pas proportionnelle à leur grandeur; cela est incontestable; néanmoins, pour les raisons exposées plus haut, on peut soutenir que la garnison d'un grand fort, composée de 1,500 à 1,800 hommes, sous les ordres d'un colonel, sera généralement dans de meilleures conditions morales et dirigée avec plus d'intelligence que celle d'un petit fort, composée de 300 à 400 hommes, sous les ordres d'un capitaine ou d'un major.

La distance des forts à l'enceinte est déterminée par la nécessité de mettre la ville à l'abri du bombardement. Il a été prouvé, devant Paris, que les canons longs, de 15 centimètres, du système prussien, portent à 7,500 mètres, et de récentes expériences de polygone permettent d'affirmer qu'on arrivera prochainement à des portées plus grandes. Il sera donc nécessaire de donner aux camps retranchés une profondeur moyenne d'environ 7000 mètres pour soustraire les habitants à l'action des batteries de bombardement, lesquelles, en général, ne pourront être établies dans de bonnes conditions qu'à plus de 2000 mètres des forts [1].

Lorsque l'on aura le choix entre des points moins

---

1. A Paris, des circonstances particulières ont permis de les rapprocher davantage; mais ces circonstances ne se présenteront que rarement à l'avenir.

éloignés et des points plus éloignés, on donnera généralement la préférence à ces derniers, pour qu'il y ait
à l'intérieur du camp retranché des zones où l'on
puisse loger les troupes hors de la portée des obus.

Le choix des emplacements sera surtout déterminé
par la nécessité de battre efficacement le terrain en
avant des forts, dans une étendue de 2,500 à 3,000 mètres. Plus cette zone sera découverte, plus grandes
seront les difficultés du blocus et de l'attaque en
règle. On évitera par conséquent d'établir les ouvrages
détachés en arrière d'un terrain raviné, coupé ou
boisé.

Il est de la plus haute importance que les forts occupent des emplacements qui favorisent les retours
offensifs de l'armée campée. Cette considération a déterminé les ingénieurs français à porter au-delà de la
vallée de la Bièvre les nouveaux forts de Paris, que
M. Thiers et plusieurs généraux auraient voulu établir
en arrière, pour les rapprocher de l'enceinte.

L'énorme profondeur que l'on est obligé de donner
aujourd'hui aux camps retranchés, rend plus difficile le blocus, mais en revanche elle a l'inconvénient
d'augmenter le nombre des forts et d'immobiliser une
plus grande partie de l'armée défensive.

Pour atténuer cet inconvénient on a proposé de
réduire les dimensions des forts de telle sorte que leur
garnison ne dépasse pas 800 hommes, et leur armement 30 à 40 bouches à feu. Cette proposition semble
avoir obtenu l'assentiment du comité du génie prus-

sien, à en juger par les forts en construction à Strasbourg et à Cologne. Mais, en dépit de l'autorité qui
s'attache aux décisions d'une grande puissance militaire, il nous est impossible d'admettre qu'il soit logique de diminuer l'importance des forts au moment
où l'on est obligé de les isoler davantage, en les portant à 1 1/2 ou 2 lieues de l'enceinte, et en les espaçant
de 4 à 5 kilomètres. Moins un ouvrage détaché reçoit
de protection du corps de place et des ouvrages voisins, plus il importe que ses éléments de défense soient
respectables. Parmi ces éléments la force morale de la
garnison et l'énergie de son chef occupent le premier
rang ; or, ce n'est pas dans de petits fortins qu'on
les peut réunir. Raison décisive selon nous pour diminuer plutôt le nombre des ouvrages que de réduire
leurs dimensions et leur valeur intrinsèque. Les fortins ne doivent être employés, dans les grands camps
retranchés, que pour la défense des points secondaires.
Quant aux points principaux (dominants ou saillants),
dont l'occupation peut assurer de grands avantages à
l'ennemi, il faut de toute nécessité les défendre par
des forts constitués et organisés pour une longue
résistance.

Dans le but de diminuer les frais de construction,
l'armement et la garnison de sûreté des camps retranchés, on a proposé de remplacer les grands forts permanents par de petits fortins, pouvant servir de
réduits à de grands forts provisoires, à construire au
moment de la guerre. Mais cette combinaison, en appa-

rence si favorable, est inadmissible, parce que, dans
la plupart des cas, on n'aura pas le temps de la réaliser. L'exemple des forts improvisés de Florisdorf, de
Dresde et de Paris, élevés en 1866 et en 1870, prouve
que, pour construire de la bonne *fortification mixte*, il
faut six semaines à deux mois ; or l'intervalle qui
s'écoule aujourd'hui, entre la déclaration de guerre
et le commencement des hostilités, est si limité (10 à
12 jours), et les guerres modernes ont un dénoue-
ment si prompt, qu'il serait téméraire de compter sur
un pareil laps de temps. Il est à remarquer, d'ailleurs, que les ouvrages provisoires se trouvent en général dans de mauvaises conditions pour résister à
une attaque pied à pied, et même à une canonnade
prolongée. Leurs parapets en terre fraîchement remuée
offrent moins de résistance aux projectiles que ceux
des ouvrages permanents, les plates-formes ont moins
de stabilité, les batteries moins de commandement sur
le terrain naturel, les fossés moins de profondeur ; les
escarpes et les batteries flanquantes sont moins solides
et moins bien protégées contre les feux plongeants ;
enfin les traverses-abris, les magasins et les logements
résistent moins bien au tir des mortiers rayés, si
redoutables pour les blindages et les maçonneries
fraîches. D'un autre côté, plus un ouvrage est faible
par son profil et son organisation intérieure, plus sa
défense exige de troupes et de bouches à feu. La
construction de forts provisoires ne serait donc
pas un moyen de diminuer la dotation des places

à camps retranchés, ni l'effectif de leur garnison.

En conséquence, les forts et les fortins des camps retranchés seront construits d'avance et on ne réservera, pour le moment de la guerre, que les batteries et les retranchements destinés à compléter la défense des intervalles.

Toutefois, lorsqu'une place à camp retranché se trouvera sur un théâtre de guerre où la lutte ne pourra être portée que longtemps après le commencement des hostilités, rien ne s'oppose à ce qu'on fasse une importante économie en ne construisant d'une manière permanente que les réduits.

Pour ce cas spécial nous proposerons un type d'ouvrage (voir planche 1) qui se distingue par la suppression du fossé capital. Comme il est difficile d'assurer le flanquement de ce fossé, quand les travaux doivent être rapidement exécutés, nous avons pensé qu'il y aurait avantage à remplacer le talus de contrescarpe (revêtu ou non revêtu) par un glacis, battu directement du corps de place, et à construire au pied du talus (revêtu ou non revêtu) de la contrescarpe, une palissade ou mieux encore une grille en fer, composée de portions de 4 à 5 mètres de longueur, préparées d'avance, et conservées en magasin jusqu'au moment du besoin.

Le réduit serait construit en temps de paix ; il aurait un armement de pièces de gros calibre, et renfermerait les canons de 12 et de 15 centimètres nécessaires pour la défense du fort passager.

Le rempart de ce dernier serait pourvu de barbettes *gg,* sur lesquelles on établirait, en cas d'attaque de vive force, quelques pièces de campagne.

La gorge serait organisée de manière à permettre aux troupes campées, d'attaquer vigoureusement l'ennemi, s'il parvenait à s'emparer momentanément de l'enveloppe du fort, et à s'y maintenir malgré le feu du réduit (ce qui offrirait de très-grandes difficultés).

Sous le rempart du fort il y aurait des abris blindés pour les servants des pièces et pour les troupes de garde (voir le profil A B).

Le terre-plein bas de ce rempart communiquerait, par de larges rampes *x x,* avec une place de rassemblement où la réserve de la défense se tiendrait à couvert, jusqu'au moment où elle devrait intervenir dans la lutte pour renforcer les troupes de garde et repousser une attaque.

En remplaçant ainsi le fossé flanqué, à escarpe raide, par un fossé à escarpe en glacis, battu directement du corps de place, on obtient le très-grand avantage de pouvoir donner au fort un tracé curviligne, qui permet d'appliquer facilement la fortification aux terrains les plus accidentés.

Quelque soin que l'on apporte au choix des emplacements et au tracé des forts, il y aura presque toujours, dans la zone extérieure, des parties que l'artillerie ne battra pas, ou ne battra qu'imparfaitement. On devra donc, généralement, élever entre les forts, des épaulements *y y* (voir fig. 4) non-seulement pour découvrir ces parties, mais encore pour diviser les feux de l'attaque, qui sans cela seraient concentrés sur les batteries des forts, qu'ils réduiraient promptement au silence. Le siége de Paris a prouvé que cette propriété est très-importante ; il a prouvé en outre que les batteries basses, construites pendant le siége et dont l'ennemi ne connaît ni le tracé, ni l'organisation intérieure, ni l'armement, sont plus difficiles à détruire que les batteries hautes des forts.

Nous avons, dès 1863, proposé de construire sur les côtes des forts, sous la protection de leur chemin couvert et dans le prolongement du front de gorge, des batteries *annexes* (planche II), qui ont la propriété d'étendre considérablement l'action des feux de front et de dispenser, par conséquent, de donner aux forts des dimensions exagérées. L'armement, les servants et les munitions de ces batteries, sont tirés du fort dont elles font partie. Il suffira donc que l'on y construise, au moment de la guerre, des abris pour les servants et des *magasins de distribution* [1].

Nous appellerons *batteries intermédiaires*, celles qui ne se trouvent pas sous la protection rapprochée de la

---

1. Nous appellerons *magasins de distribution* ou *de batterie*, ceux d'où l'on extrait les charges et les projectiles pour les besoins journaliers, et *magasins d'approvisionnement*, ceux qui alimentent les premiers ; on désigne quelquefois les magasins de distribution sous le nom de *magasins de service*, mais il convient de réserver cette qualification pour les excavations pratiquées dans le parapet, à côté des pièces, et servant à abriter un petit nombre de charges.

mousqueterie des fronts latéraux des forts et en communication avec leurs chemins couverts.

Quand les forts seront très-éloignés l'un de l'autre
(fig. 4, partie gauche) les batteries intermédiaires $x\,x$
se composeront généralement de redoutes ou de fortins permanents. Dans le cas contraire (fig. 4, partie
droite), les batteries intermédiaires $y\,y$ seront construites pendant le siége, comme les batteries de l'attaque, dont elles auront le profil et l'organisation intérieure.

Il sera prudent, toutefois, de les mettre à l'abri de
l'attaque de vive force, même du côté de la gorge,
par des fossés, des réseaux de fils de fer, des chape-
lets de torpedos, des abatis et autres défenses accessoires.

Lorsque l'emplacement des batteries $y\,y$ n'est pas
rigoureusement déterminé par la nature du terrain,
on fera en sorte qu'elles ne soient pas trop en arrière
de la ligne des forts (pour qu'elles aient plus d'action
sur le terrain des attaques), ni trop en avant de cette
ligne, pour qu'elles n'interceptent ou ne gênent pas
le jeu des fronts latéraux, qui doivent pouvoir battre
non-seulement les intervalles du camp retranché, mais
encore le terrain en avant des forts voisins (quand
ceux-ci ne sont pas trop éloignés). Les lignes $v\,w$ et
$x\,y$, fig. 6, indiquent les directions au-delà desquelles les batteries intermédiaires ne doivent pas
être portées. La direction $a\,b$ est la meilleure, parce
qu'elle laisse plus de champ à l'artillerie des fronts

latéraux; quant à la direction *c d e*, qui permet à l'artillerie de la queue du réduit de flanquer les lignes d'obstacles existant ou à construire dans les intervalles du camp retranché, elle a le défaut de reporter les batteries trop en arrière pour qu'elles puissent seconder efficacement l'artillerie des forts.

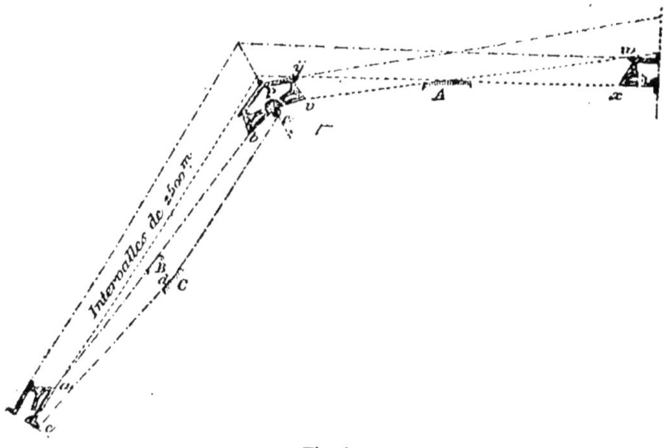

Fig. 6.

Les *batteries intermédiaires* non permanentes seront armées, approvisionnées et servies par l'artillerie de la réserve mobile du camp retranché [1], laquelle se portera, selon la direction que prendra l'attaque, sur le point où son action sera le plus nécessaire. Pour que leur construction soit plus facile, qu'elles puissent agir à l'improviste et produire de grands effets, ces batteries seront établies, autant que possible, derrière

---

1. Les batteries intermédiaires permanentes auront un armement, des munitions et une garnison propres.

des couverts naturels; et, pour que rien ne limite le choix de leurs emplacements, on leur assurera une défense indépendante. A cet effet, elles seront appuyées à droite et à gauche par des tranchées qu'occuperont les troupes de soutien, et dans lesquelles on préparera, au besoin, des emplacements pour quelques pièces légères de campagne, tirant à barbette.

Les *batteries annexes* et les *batteries intermédiaires* ont une grande importance, puisque, sans elles, on ne pourrait pas (même en donnant aux forts des dimensions exagérées) concentrer sur la zone des attaques assez de feux pour lutter avec quelques chances de succès contre les batteries de l'assiégeant.

On n'est pas d'accord sur la question de savoir si, indépendamment des *batteries annexes* et des *batteries intermédiaires*, avec leurs *tranchées de soutien*, il doit y avoir, dans les intervalles des forts, d'autres obstacles artificiels.

Le général Totleben propose de relier les forts et les batteries permanentes, situées dans leurs intervalles, par un chemin couvert, qui aurait, selon lui, l'avantage d'établir une communication sûre entre les forts, et de fournir à l'assiégé de bons emplacements pour les *batteries intermédiaires*, à construire pendant le siége. Au moment d'une attaque, il permettrait de diriger sur les colonnes, des feux efficaces d'infanterie et d'artillerie de campagne.

Selon nous ce chemin couvert entraînerait à une dépense considérable, et rendrait difficiles les mouvements de troupes, dans le cas où l'armée campée devrait se porter en ordre de combat au-delà des forts, ou se replier promptement en arrière, après un échec.

Il aurait en outre le défaut de limiter les emplacements des batteries intermédiaires qui, pour être efficaces, doivent jouir d'une grande indépendance.

L'on pourrait donc se borner à construire des portions de chemin couvert, vis à vis des accès qui ne seraient pas entièrement battus par l'artillerie des forts, et encore ces accès seraient-ils tout aussi bien défendus par des batteries intermédiaires ou par des tranchées avec barbettes pour pièces de campagne.

Quant aux communications entre les forts, si elles n'étaient pas soustraites à la vue de l'ennemi par des couverts existants (plis de terrain, groupes de maisons, massifs de verdure, etc.), on les masquerait aisément en plantant des haies, des lignes d'arbres ou des bandes minces de bois taillis, sur les parties découvertes de la zone qui longe la gorge des forts. On pourrait aussi suppléer à ces rideaux de verdure par des tranchées, ou, mieux encore, par des bouts de glacis à double pente offrant un débouché facile aux troupes à cheval et aux pièces attelées (voir fig. 7).

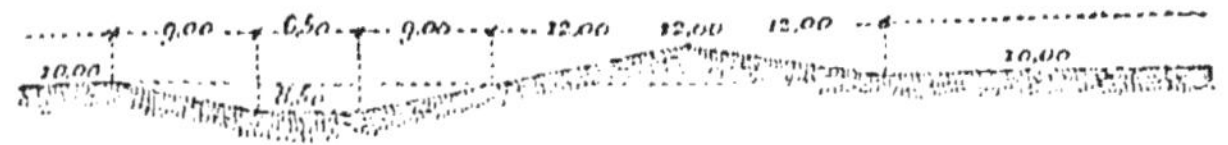

Fig. 7.

Lorsque le terrain à l'intérieur du camp retranché ne présente pas, à quelques centaines de mètres en arrière des forts détachés, un pli de terrain ou des masques naturels pouvant abriter une forte réserve d'infanterie, il sera nécessaire de construire, entre les forts, et à 700 ou 800 mètres en arrière, des masques en terre auxquels on adossera des barraques en paille ou en bois (voir fig. 8). Dans la plupart des

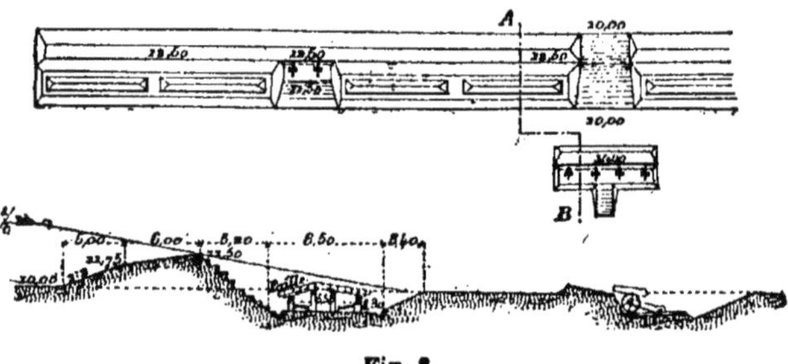

Fig. 8.

cas on établira, de distance en distance, sur ces masques, des pièces de position, sous la protection desquelles la réserve pourra attaquer les têtes des colonnes qui déboucheront par les intervalles des forts. Les parties comprises entre les batteries seront profilées pour la mousqueterie. On y ménagera aussi de larges rampes à double pente, pour le passage des troupes venant de l'intérieur du camp retranché ou se repliant après une sortie. Il sera souvent utile d'établir en arrière de ces rampes, des batteries basses que l'ennemi ne pourra voir, et qui atteindront ses travaux ou ses colonnes de troupes par des feux indirects.

CHAPITRE IX

Pour compléter nos remarques sur la constitution des camps retranchés, il nous reste à exposer les principes qui doivent être observés dans le tracé et l'organisation intérieure des forts.

Le but principal des forts étant de battre efficacement le terrain extérieur, dans une étendue d'au moins 3,000 mètres, leur front le plus important, que nous appellerons *front de tête*, doit être autant que possible tangent à la circonférence du camp ; ainsi tracé, ce front bat directement la zone des attaques, et ses prolongements tombent si près des forts voisins qu'il devient impossible de le ricocher. Quand ce dernier avantage ne peut être obtenu (parce que le fort est en saillie sur les autres, voir fig. 6, fort P) on brise le front de tête en dehors pour soustraire sa

caponnière flanquante aux coups des batteries éloignées de l'attaque.

Au front de tête se rattachent deux *fronts latéraux*,
tracés de manière à battre les intervalles du camp et,
dans certains cas [1], le terrain en avant des forts voisins. Ces fronts (voir fig. 9), ayant moins d'impor-

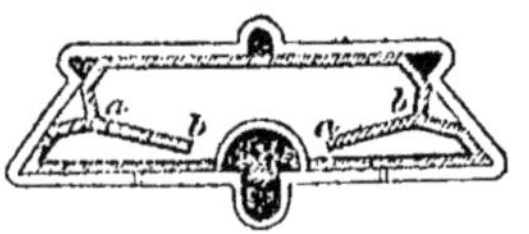

Fig. 9.

tance que le premier et pouvant être enfilés de loin,
on leur donnera moins de longueur et on brisera leur
parapet pour en soustraire une partie à l'enfilade. On
évitera cependant de tomber dans le défaut contraire,
en suivant les conseils des ingénieurs qui veulent
que l'on donne aujourd'hui aux forts le moins de
profondeur possible. Ces ingénieurs ne tiennent pas
compte de l'action très-importante que les batteries
des fronts latéraux, à brisures multiples, exercent
non-seulement sur les intervalles des forts, mais
encore sur le terrain situé en avant. Il suffit de jeter
les yeux sur nos types de forts (planche II), pour en
être convaincu.

Les batteries des fronts latéraux sont également
très-utiles pour défendre l'accès vers les caponnières
de ces fronts, et pour contrarier l'établissement des

1. Lorsque les forts ne sont pas à plus de 3,000 m. l'un de
l'autre.

derniers travaux d'approche. Il n'y a donc pas lieu de les réduire outre mesure, surtout quand il s'agit de forts pouvant être attaqués pied à pied.

Pour compléter le fort, un quatrième front est nécessaire; ce front, appelé *front de gorge*, sera autant que possible parallèle au front de tête.

Le front de tête sera flanqué par une caponnière centrale ou, si l'ouvrage a peu d'importance et si les fossés sont secs, par des coffres de contrescarpe (voir fig. 10).

Fig. 10.

Les fronts latéraux seront rectilignes et flanqués par des demi-caponnières, établies dans les prolongements du front de tête (fig. 9), ou par des coffres de contrescarpe soustraits aux batteries éloignées de l'attaque (fig. 10).

Le front de gorge sera rectiligne, brisé en dehors ou en dedans, et flanqué par une caponnière centrale, un redan, ou des coffres de contrescarpe.

Dans certaines conditions de terrain, il sera avantageux de remplacer le front de gorge polygonal par un front bastionné ou tenaillé.

Il est indispensable qu'aucune batterie flanquante ne puisse être atteinte par les batteries éloignées de l'attaque. C'est un principe si important, qu'il faudra y conformer la direction des fronts toutes les fois que celle-ci ne sera pas rigoureusement déterminée par la situation ou la nature du terrain à battre.

Lorsqu'il sera impossible d'y satisfaire au moyen du flanquement direct (par caponnières), on aura recours au flanquement indirect, par coffres de contrescarpe. Ce dernier mode toutefois n'est applicable qu'aux forts à fossés secs, parce que la sûreté du flanquement exige qu'on mette les coffres en communications avec l'intérieur du fort par des galeries passant sous le fossé [1].

Les flancs des caponnières des grands forts seront armés de 3 ou 4 canons ; ceux des petits forts et des grands réduits, de 2 canons seulement ou de 2 mitrailleuses.

Pour les réduits, les redoutes et les *batteries intermédiaires* permanentes, un flanquement à revers de mousqueterie, par une galerie de contrescarpe, sera généralement suffisant. Quelquefois même on pourra se contenter des feux directs d'une galerie crénelée d'escarpe, pourvue de mâchicoulis, ou mieux encore, de larges gaînes par lesquelles on fera rouler dans le fossé, au moment de l'attaque, des obus sphériques, des bombes ou des grenades (voir profil C D, pl. II).

La difficulté de mettre l'escarpe revêtue ou détachée à l'abri des coups plongeants, tirés par la trouée du fossé de la caponnière, est si grande que, pour la

---

1. Les communications par des galeries étanches, construites sous les fossés des forts en terrain aquatique, présentent des difficultés de construction et des dangers qui y font généralement renoncer.

résoudre, on s'est ingénié à réduire au minimum les
dimensions de la caponnière. Dans ce but l'on a établi la première pièce de chaque flanc dans le prolongement de l'escarpe et la deuxième à 3 ou 4 mètres
de celles-ci, selon que la caponnière est en fer ou en
maçonnerie. Des expériences, faites en Allemagne, ont
prouvé, en effet, qu'on peut établir une pièce flan-

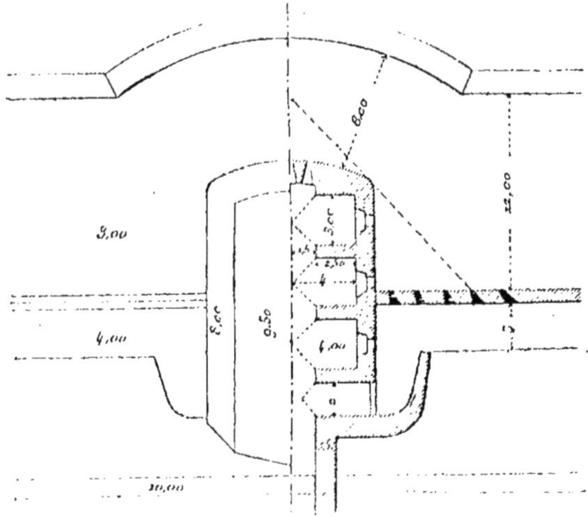

Fig. 11. — Caponnière minimum en maçonnerie.

quante, sur affût spécial, dans un local de 3 mètres
de largeur et de 3 mètres de profondeur. Mais les
caponnières *minima*, organisées sur cette donnée,
n'ont pas de locaux pouvant servir de magasin et de
logement. Or c'est un principe auquel il faut tenir,
que les munitions soient à portée des batteries flanquantes et les artilleurs logés à côté de leurs pièces.
Les figures 11 et 12 représentent l'une une capon-

nière minimum en maçonnerie, l'autre une caponnière minimum en acier durci (métal obtenu par M. Henning, industriel à Berlin).

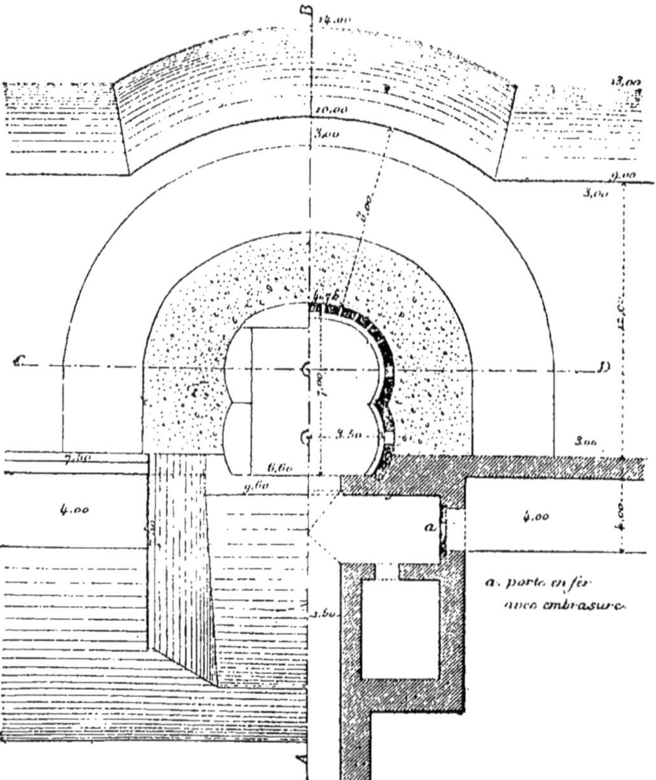

Fig. 12. — Caponnière minimum en acier durci.

Les premières conviennent pour des forts qui n'ont pas une importance capitale ou qui tirent un grand supplément de force et de sécurité de la présence d'un bon réduit. En augmentant de quelques mètres leur longueur et leur largeur, on pourra les améliorer beaucoup, par une combinaison de créneaux et de mâchicoulis ou de gaînes à bombes, dont la fig. 13 et le profil A B font connaître les détails.

Cette disposition sera particulièrement utile lorsqu'il n'y aura pas de galerie ni de coffre de contrescarpe pour flanquer à revers la tête de la caponnière.

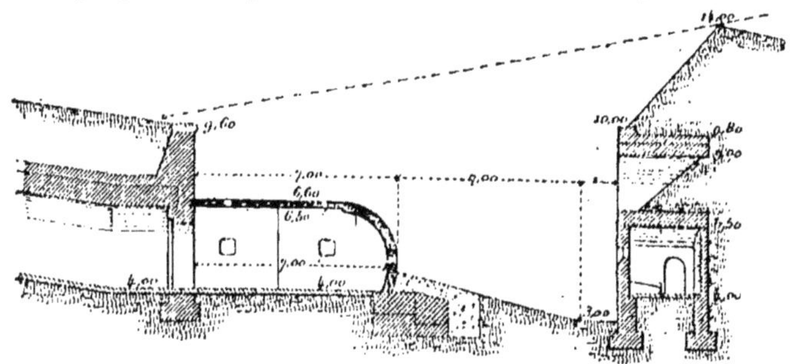

Profil A B (fig. 12).

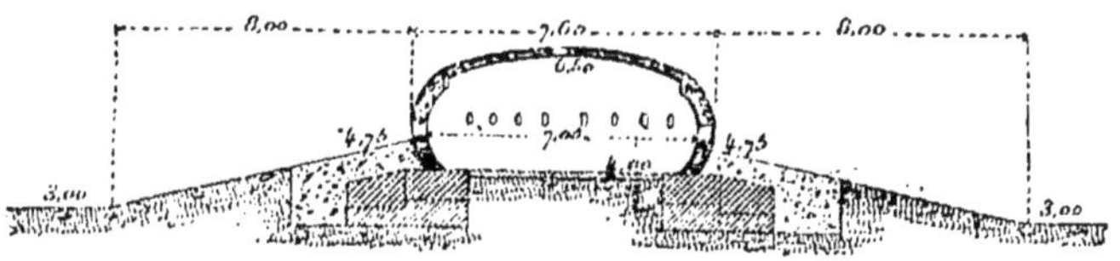

Profil C D (fig. 12).

Les caponnières minima, en acier durci, seront précieuses pour flanquer des fronts qu'il est impossible de préserver de l'enfilade. Ce sont les seules, en effet, qui puissent résister, sans le secours de masques extérieurs (à la Chasseloup), aux coups plongeants des batteries éloignées, et soutenir une lutte prolongée contre des batteries rapprochées.

Le prix des éléments en acier durci d'une pareille

caponnière ne s'élève actuellement qu'à 130,000 francs (non compris le transport).

Si le métal employé pour ces caponnières, et qui doit être prochainement essayé à Berlin, ne donnait pas de bons résultats, ce qui est peu probable, on pourrait y substituer la fonte durcie, coulée d'après le procédé de

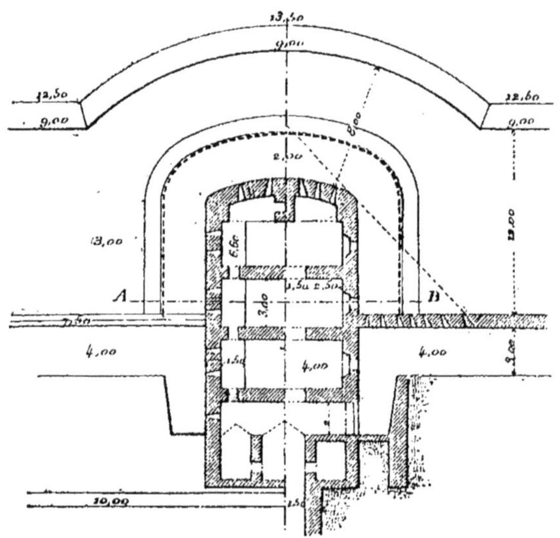

Fig. 18. (Plan suivant C D, voir p. 163.)

M. Grüson, industriel à Buckau, près de Magdebourg. Les épaisseurs des plaques devraient alors être à peu près doublées et le prix augmenté de 50 pour cent environ. Il existe en Allemagne plusieurs batteries de côte (avec boucliers et coupoles) où ce métal a été employé, notamment à Langlütjensand, près de Bremerhafen, à l'embouchure du Weser. Des expériences concluantes, faites à Tegel et à Buckau, prouvent qu'il résiste au choc des plus gros projectiles. Le grand avantage qu'il offre, avantage que possède aussi l'acier durci, est de n'exiger aucun boulon et de ne produire aucun éclat dangereux, sous le choc des obus ; il n'a que l'inconvénient de donner aux coupoles et aux boucliers un poids qui en rend le transport et le placement très-difficiles. Sous ce

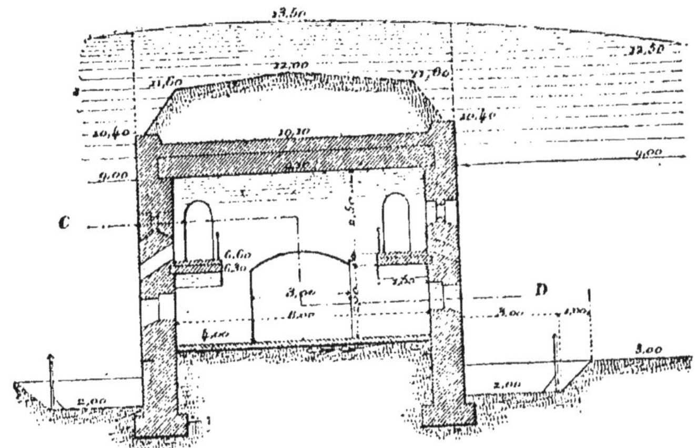

Profil A B (fig. 13).

rapport l'acier durci de Henning offre une incontestable supériorité sur la fonte durcie de Grüson, laquelle marque déjà un progrès important dans la métallurgie, appliquée aux usages de la guerre. Si l'essai réussit, le problème du cuirassement des batteries pourra être considéré comme définitivement résolu.

Sauf le cas indiqué ci-dessus, nous préférons aux caponnières minima à 2 canons, celles qui sont pourvues de tous les accessoires nécessaires : magasins,

logements, laboratoires, etc., à condition, bien en-
tendu, que l'on bouche la trouée du fossé par laquelle
les coups plongeants pourraient détruire une partie de
l'escarpe.

Pour atteindre ce but, nous avons fait usage dans
nos projets, de masques terminés en glacis (voir pl. II)
qui, tout en défilant l'escarpe, permettent au corps de
place de flanquer directement le fossé de la caponnière. Ces masques ont, toutefois, l'inconvénient de
faciliter l'accès audit fossé; mais l'on peut y parer
en établissant dans les places d'armes rentrantes
des débouchés sûrs, offrant aux sorties le moyen
d'agir offensivement contre les troupes ennemies
qui descendraient par le glacis. Il serait d'ailleurs
facile d'interdire cet accès à l'aide de palissades ou
de grilles en fer, contournant les places d'armes
rentrantes.

Si l'on tenait moins à l'avantage du flanquement
direct, à ciel ouvert, qu'à la complète sécurité du
fossé, on pourrrait supprimer le glacis du masque et
pratiquer dans celui-ci des embrasures-tunnels, par
lesquelles tireraient des pièces logées derrière l'escarpe du front (voir pl. XVII, fig. 1, et pl. VII, fig. 1,
de l'atlas de notre *Fortification à fossés secs*).

Dans les forts importants on organisera, indépendamment du flanquement direct, un flanquement
indirect ou de revers, en créant une galerie crénelée de contrescarpe [1] communiquant avec les *cours*

____

1. Cette galerie crénelée devra avoir des amorces d'écoutes,

extérieures de la caponnière, par des galeries construites sous le masque couvrant (voir pl. II).

Les demi-caponnières flanquées directement, ont
l'inconvénient d'allonger beaucoup le front de tête du
fort; mais les parties de terrassement qui s'étendent
au-dessus de ces demi-caponnières ne sont pas perdues
pour la défense, puisqu'on peut y creuser, pendant
le siège, des tranchées *g h* dans lesquelles on établira,
suivant les besoins, quelques tireurs de précision ou
un rang de fusiliers.

Quand les caponnières ne sont pas flanquées *directement* par le corps de place, elles ne peuvent l'être
qu'*indirectement* ou *à revers* par une galerie ou par
des coffres de contrescarpe.

En Angleterre et en Autriche, il existe des caponnières de ce type.

Celles que l'on construit en ce moment en Allemagne et en France, n'ont ni flanquement direct, ni flanquement de revers. La galerie de contrescarpe qui
enveloppe la tête des caponnières des forts de Strasbourg, sert uniquement à la guerre souterraine, et
l'on y arrive par des portes s'ouvrant sur le fossé. Il
en est de même aux nouveaux forts de Paris.

Les ingénieurs prussiens et les français ont renoncé
à l'emploi des galeries crénelées des contrescarpes, à
cause de la nécessité de mettre ces galeries en communication avec les caponnières ou avec le corps de

et de petits magasins à poudre, pour faciliter la guerre des
mines.

place par des galeries passant sous le fossé. Sans ces galeries on ne tiendrait pas les défenseurs dans les locaux de la contrescarpe, pendant que l'ennemi tenterait l'escalade de la caponnière, et on les déterminerait moins encore à défendre ces locaux pied à pied après que l'assiégeant y aurait pénétré par la

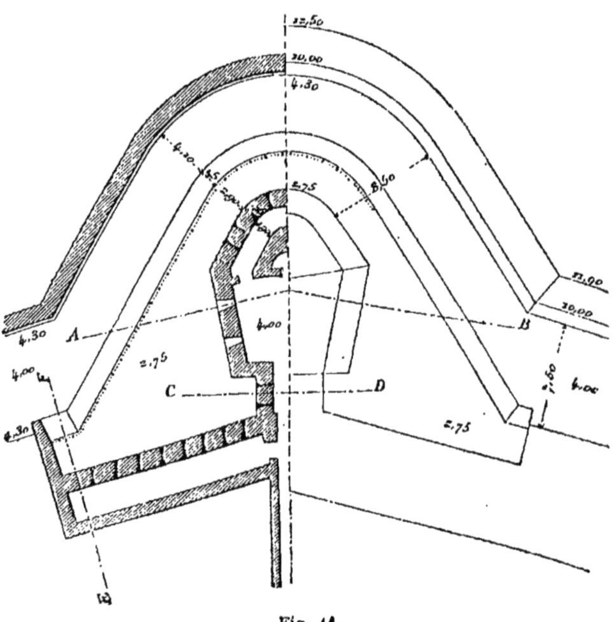

Fig. 14.

mine ou par une descente de fossé. La crainte d'être acculés dans une impasse sans issue, les paralyserait, et les déciderait, sans doute, à battre en retraite prématurément.

Nous avons tourné cette difficulté, dans notre type de fort détaché (pl. II), en assurant les communications avec les locaux de la contrescarpe, au moyen

de poternes construites sous les masques qui ferment
les trouées du fossé de la caponnière, et en plaçant

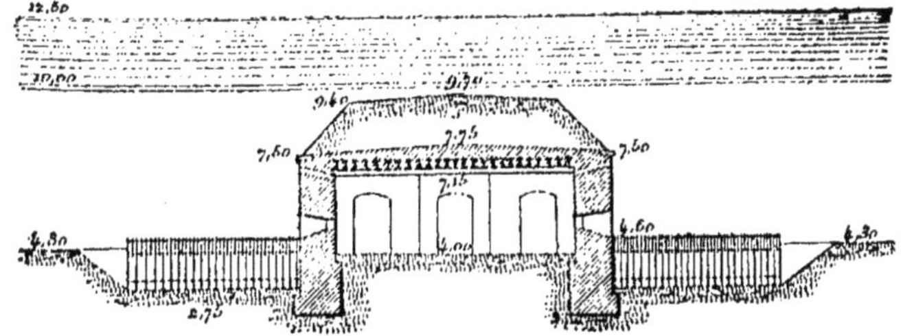

Profil A B (fig. 14).

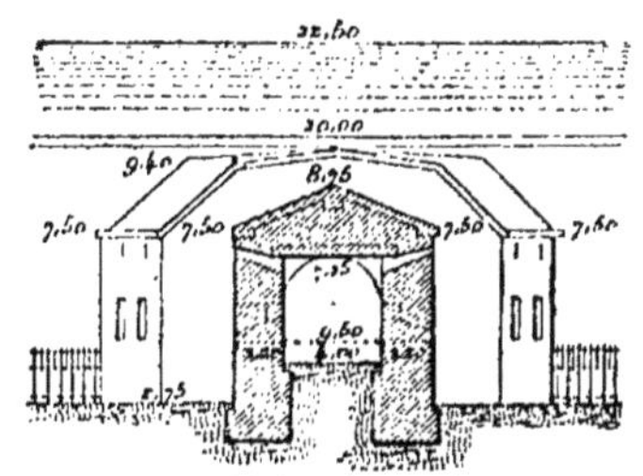

Profil C D (fig. 14).

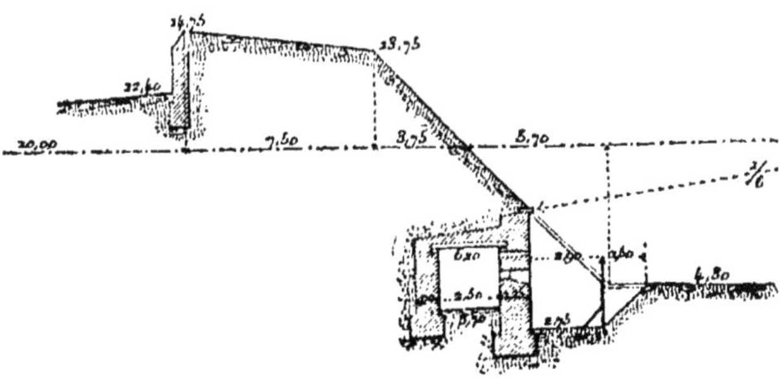

Profil E F (fig. 14).

les entrées de ces poternes dans les *cours extérieures.*

Ces cours, parfaitement surveillées et battues, nous ont permis de résoudre un autre problème également difficile et important, à savoir : *donner aux masques des fossés, un glacis en pente douce, battu du corps de place, sans favoriser l'escalade de la caponnière.*

Pour remédier à l'absence de flanquement direct, par le rempart capital, et de flanquement de revers, par une galerie de contrescarpe, les ingénieurs allemands percent des créneaux droits dans le mur de masque des locaux de la tête de la caponnière, et des créneaux obliques, dans le mur détaché ou dans la culée extérieure des bouts de galerie d'escarpe qui se trouvent sur les côtes de la caponnière (voir fig. 14 et 15).

Les créneaux droits constituent une défense insuffisante du fossé, et les créneaux obliques ne peuvent protéger la tête de la caponnière que lorsque celle-ci est terminée en pointe, disposition qui offre l'inconvénient d'ouvrir deux trouées par lesquelles on peut faire brèche à la partie du mur détaché ou de la galerie d'escarpe dans laquelle sont percés les créneaux.

Les ingénieurs français, pour défendre le fossé de la tête de la caponnière, ont recours aux mâchicoulis (voir les fig. 16 et 17, qui représentent une caponnière et une demi-caponnière des nouveaux forts de Paris). Ces larges créneaux ont l'inconvénient d'affaiblir une partie de l'escarpe, de livrer passage aux éclats des projectiles qui tombent dans le fossé, et de permettre à l'assiégeant d'asphyxier les défenseurs en lançant contre le pied de l'escarpe des matières produisant une fumée suffoquante.

Nous préférons à ces mâchicoulis, les gaînes inclinées que nous avons indiquées dans notre fort type

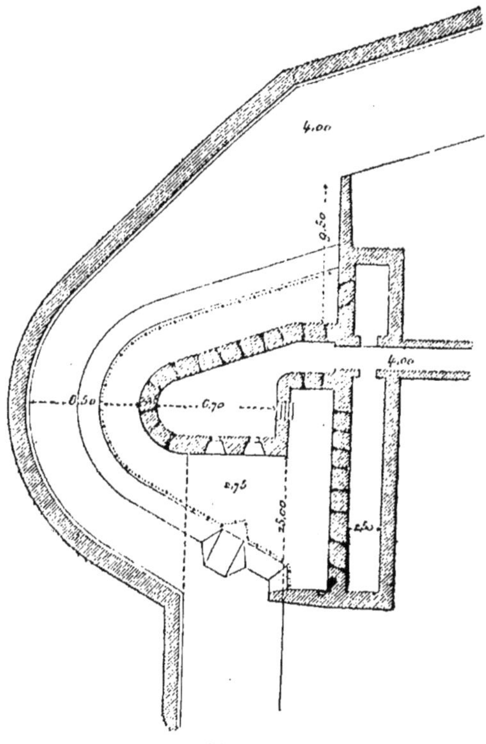

Fig. 15.

(pl. II, coupe C D) et dans notre *caponnière minimum* en maçonnerie (profil A B, fig. 13).

Il n'est pas toujours possible de tracer les fronts et d'établir les caponnières de telle sorte que les flancs soient soustraits aux coups des batteries éloignées de

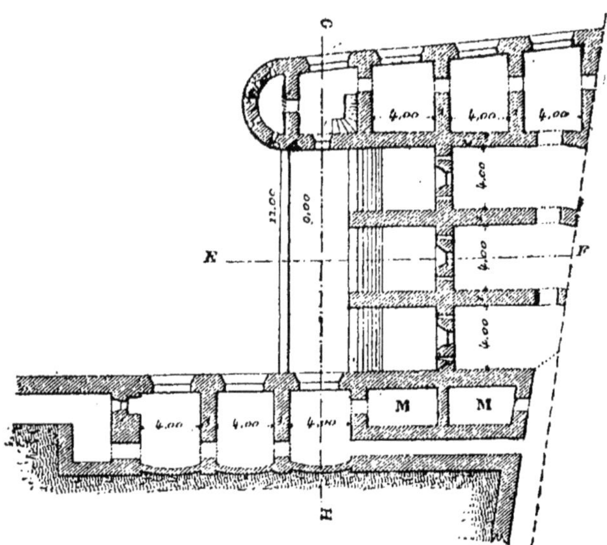

Fig. 16.

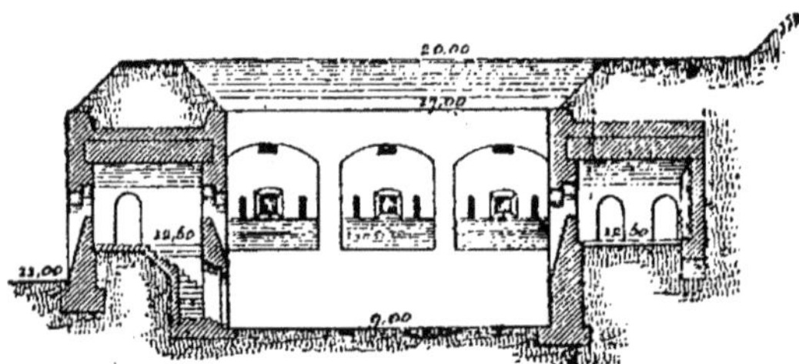

Profil G H (fig. 16).

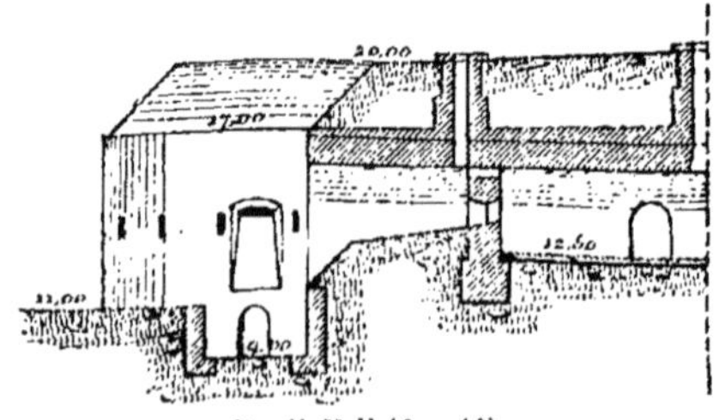

Profil E F (fig. 16).

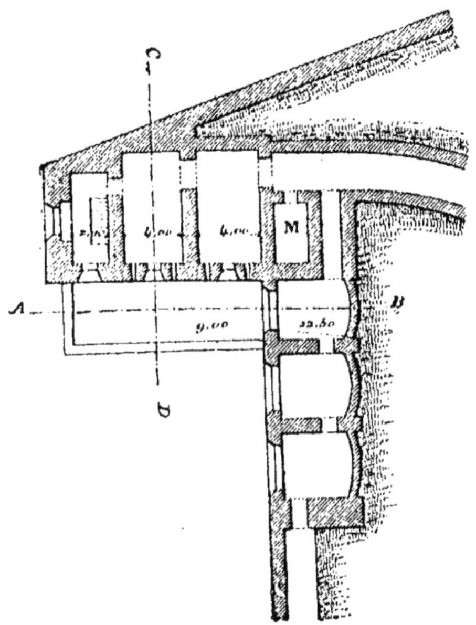

Fig 17.

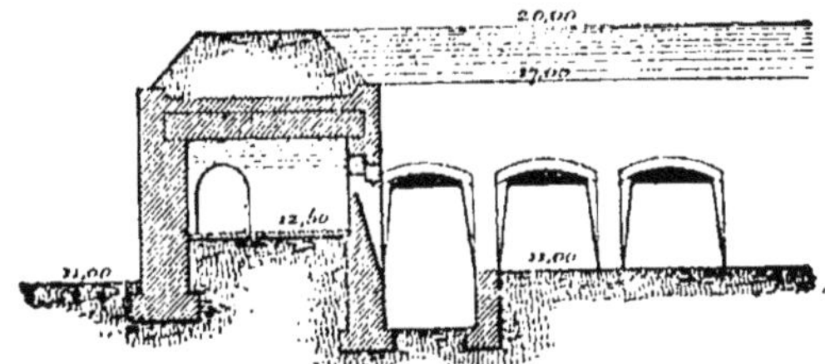

Profil A B (fig. 17).

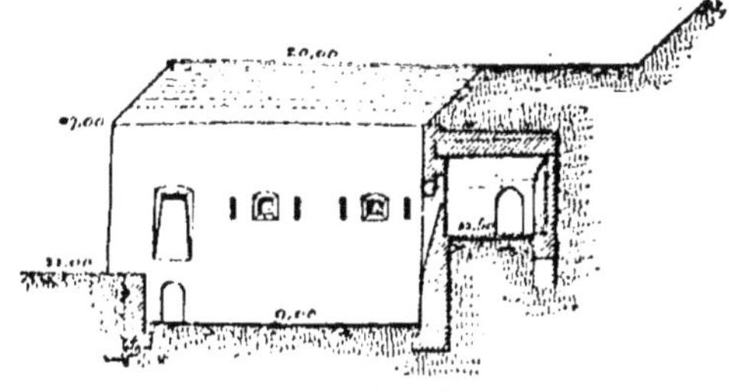

Profil C D (fig. 17).

l'attaque. Dans ce cas il faut, ou bien cuirasser les flancs, ou bien les couvrir de masques à tunnels (coupe G H, pl. II) ou de masques à la Chasseloup (profil n° 2, même pl.).

Les cuirassements ou les masques d'embrasures sont encore nécessaires, quand les forts ont une grande importance et qu'ils peuvent être attaqués pied à pied.

Il y a lieu d'examiner si, dans le cas où la batterie flanquante est protégée par un masque à tunnels, ou à la Chasseloup, il faut donner aux flancs des vues sur le couronnement du glacis, au droit du fossé, ou s'il faut tracer le masque de manière que les batteries du couronnement ne puissent pas atteindre les pièces flanquantes. Comme cette dernière condition ne peut être remplie qu'en donnant aux voûtes du masque une grande longueur, et que, d'un autre côté, il est utile d'opposer le plus de feux possible à l'exécution de la contre-batterie, nous sommes d'avis que les flancs de la caponnière doivent battre non-seulement le fossé, mais encore la crête du glacis.

On prendra des précautions particulières pour renforcer les extrémités des voûtes des masques et pour empêcher que les parties éboulées de ces voûtes n'obstruent les embrasures. (Voir coupe G H, pl. II.)

Dans les caponnières françaises (fig. 16 et 17) on s'est plus attaché à remplir la dernière de ces conditions que la première. Les voûtes des masques ont, en effet, la même épaisseur à l'extrémité, où la terre fait défaut, qu'à l'origine où elles sont couvertes d'une couche assez épaise pour les mettre à l'abri des coups plongeants. En revanche les batteries sont précédées de larges fossés diamants, destinés à recevoir les décombres et les terres que les projectiles ennemis pourraient détacher des masques. Les caponnières ont, en outre, des orillons, d'où l'on peut déboucher par une porte dans le fossé diamant. Cette porte a été jugée utile pour déblayer les décombres, pour faire des sorties dans le fossé et pour assurer la rentrée des mineurs, après l'abandon de la galerie de contrescarpe.

Pour opposer une résistance efficace à l'attaque pied à pied et augmenter les difficultés de l'attaque d'emblée, les caponnières doivent avoir (dans les grands forts) un second étage de feux, sinon d'artillerie au moins de mousqueterie.

Celles qui n'ont que des feux rasants produisent peu d'effet contre les batteries du couronnement, et peuvent être masquées par des sacs à terre, des fascines ou des gabions, jetés dans le fossé, près de la caponnière. C'est pourquoi nous n'approuvons pas les ingénieurs qui descendent le sol des caponnières au dessous ou au niveau du plafond du fossé. Nous proposons, au contraire, de l'élever à 1^m ou 1^m 50 au-dessus de ce niveau.

Il nous semble également désirable que, dans les forts les plus importants, ou les plus exposés, la caponnière du front de tête soit séparée du corps de place par une coupure de 6 à 7 mètres de largeur. Cette caponnière étant en effet le principal objectif de l'attaque, il importe que l'ennemi, lorsqu'il s'en est emparé pied à pied ou par escalade, ne puisse pas pénétrer immédiatement dans le fort. Cela est surtout nécessaire quand il n'y a pas de réduit et qu'on n'a pris aucune disposition pour favoriser le retour offensif des troupes campées.

La coupure a, d'ailleurs, l'avantage de rendre plus facile l'éclairage et la ventilation des batteries flanquantes.

Pour que l'ennemi ne puisse pas interrompre la communication entre la caponnière et le fort, quand le fossé est plein d'eau, il convient qu'elle soit assurée au moyen d'une arche à l'épreuve de la bombe (fig. 18) et que le pont mobile se trouve dans la poterne qui conduit à la caponnière. La partie comprise entre ce pont-levis et la sortie de la poterne, sera battue par des créneaux percés dans les pieds-droits du passage, pieds-droits auxquels, d'ordinaire, on adossera des corps de garde, dont l'entrée se trouvera en deçà du pont mobile [1]. Il faut que ce pont soit *roulant* ou *tombant*, pour que l'on puisse, en cas d'attaque, établir une pièce de canon ou une mitrailleuse sous

---

1. Nous avons proposé une disposition analogue dès 1863. Voir la pl. XXXII, fig. 12, de l'atlas de nos *Études sur la défense des États*, etc.

Voir aussi pl. XI, fig. 3, de l'atlas de notre *Traité de fortification polygonale*, qui a paru en 1872.

la poterne, ce qui est le plus sûr moyen d'empêcher
l'ennemi de pénétrer dans le fort, après la prise de la

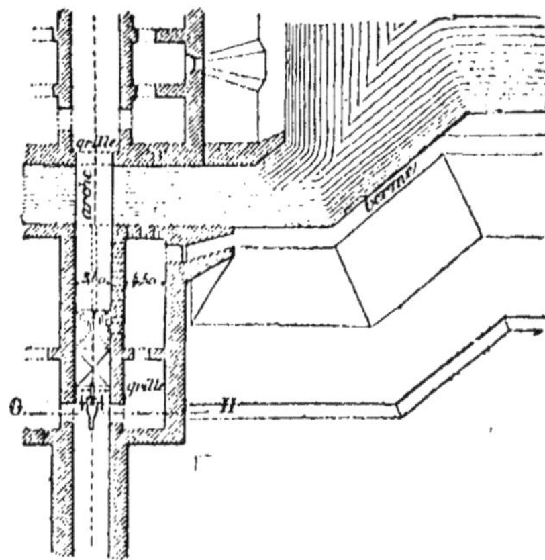

Fig. 18.

caponnière. Les ponts-levis ou à bascule ont le défaut
de boucher le passage, et de former un écran derrière

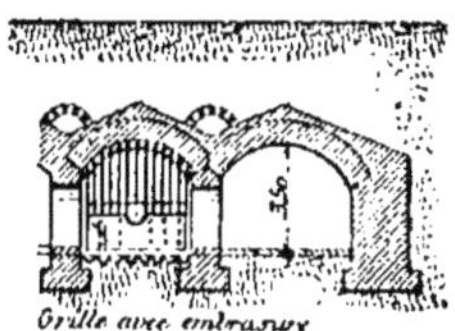

Coupe G H (fig. 18).

lequel l'assiégeant peut, en sûreté, prendre ses dispositions pour franchir la coupure et abattre ensuite
l'obstacle qui l'arrête.

CHAPITRE X

RÉDUITS : LEUR UTILITÉ, LEUR ORGANISATION.

La question de savoir si les forts doivent avoir des réduits, a donné lieu à de longues controverses. Après 1815, la plupart des ingénieurs résolurent cette question affirmativement. On a construit des forts avec réduits à Coblentz, à Ulm, à Vérone (1re ligne de forts), à Rastadt et plus récemment à Cracovie, Cologne, Vérone (2e ligne de forts), Pastrengo, Borgoforte, Ancône, Alexandrie, Portsmouth, Plymouth, Anvers, etc.

Seuls les ingénieurs français se sont prononcés, en majorité, contre les réduits. Sur ce point ils ont répudié leurs anciens maîtres et les principes de leur école. Les forts de Paris, commencés en 1840, ceux du Havre, construits après cette date (1860-1861), et ceux de Metz, entamés en 1868, n'ont pas de réduits. En revanche les forts de Lyon et l'un des nouveaux forts de Langres en sont pourvus, ce qui révèle une certaine hésitation de la part du Comité du génie, chargé de l'examen des projets.

Cette hésitation se ne comprend guère. Vauban a insisté, en effet, dans plusieurs de ses mémoires sur la nécessité, pour obtenir une défense énergique des brèches, de donner des réduits aux demi-lunes, des retranchements aux bastions, et des citadelles aux places fortes : comment croire dès lors qu'un fort n'ait pas besoin d'un point d'appui du même genre ? Sans aucun doute, si l'illustre ingénieur avait eu à construire les forts de Paris, il les eût pourvus de réduits. Les généraux d'Arçon, Bousmard et Chasseloup avaient à cet égard les mêmes idées [1]. Quant à Napoléon il se montra si convaincu de la nécessité des réduits, qu'il voulait en donner aux plus petits forts et à toutes les batteries de côte. Le tome XVII de sa correspondance renferme un écrit qu'il adressa, en 1808, au vice-roi d'Italie, et qui, a pour titre : *Deuxième note sur un projet de fort en terre avec réduit.* Ce fort devait servir à la défense de la Piave, dont l'empereur voulait faire une barrière contre l'Autriche. Le réduit était central, de forme carrée, avec des bâtiments voûtés tout autour, et surmonté d'une plate-forme, armée de dix à douze bouches à feu. « S'il était possible, disait-il, « que le canon du réduit pût, par-dessus l'ouvrage en

---

1. Le premier a donné à la lunette qui porte son nom, un *réduit de sûreté*; le second, dans son *Essai général*, a proposé des lunettes détachées avec réduits maçonnés et casematés, et le troisième, dans ses *Mémoires sur la fortification*, a préconisé un ouvrage détaché analogue, mais plus grand et plus complet.

« terre, labourer les glacis de son chemin couvert, on
« sent que ce serait un grand avantage. »

Dans l'opinion de Napoléon le réduit était nécessaire pour mettre le fort à l'abri d'un coup de main
et pour décider la garnison à se défendre jusqu'à la
dernière extrémité. Il était nécessaire encore pour
justifier la suppression des revêtements en maçonnerie. « Un des avantages de l'escarpe et de la con-
« trescarpe, faisait observer l'empereur, est de per-
« mettre qu'on réduise la garnison du fort; or cet
« avantage est rempli par le réduit (qui préserve l'ou-
« vrage de l'attaque de vive force). »

C'est en vertu de ce même principe que Napoléon
prit, en 1810, la résolution d'assurer la défense extérieure d'Anvers et de mettre cette ville à l'abri du
bombardement, au moyen de forts pentagonaux ou
carrés « construits à la manière de ceux de Bou-
logne, » c'est-à-dire ayant des fossés pleins d'eau, des
réduits avec escarpes et contrescarpes en maçonnerie
et des abris voûtés pour 240 à 300 hommes.

Faute de réduits, un grand nombre de forts détachés ont été pris d'emblée et leurs garnisons passées
au fil de l'épée : témoin les forts de Mahon (1756), les
ouvrages détachés de Cassel (1761), ceux de Schweidnitz, forcés par le maréchal Laudon, pendant la guerre
de Sept ans, les fortins et les lunettes de Varsovie
(1831), et les ouvrages détachés de Sébastopol (1854-
1855).

Les réduits sont utiles non-seulement parce qu'ils

doublent la force morale de la garnison, mais encore parce qu'ils permettent de prendre moins de précautions contre l'attaque d'emblée, et, par conséquent, de réduire notablement les frais de construction du fort. Ils permettent également de diminuer, sans danger, l'effectif de la garnison, avantage auquel Napoléon attachait une très-grande importance. On lit, en effet, dans sa note citée plus haut : « Bien qu'exigeant « pour leur défense 900 hommes, les forts n'auraient « rien à craindre s'ils n'avaient que 300 hommes, « dont 200 dans le fort et 100 en réserve dans le « réduit, et ils n'auraient rien à craindre encore, s'il « n'y avait personne dans le fort et que le réduit eût « seulement 25 hommes et quelques pièces de canon, « mais à condition que le réduit fût situé sur un « mamelon et pût labourer le glacis du fort avec de « la mitraille. »

Les réduits ont encore l'avantage de fournir aux défenseurs, des logements où ils sont moins incommodés par le bruit du tir et moins dérangés par le service, que dans les abris construits sous les remparts du fort. Ils permettent ainsi d'assurer quelques nuits de repos aux troupes harassées de fatigue et de conserver « fraîches » celles que l'on tient en réserve pour un coup de vigueur. En général cependant, il sera préférable d'établir ces dernières, et même toute l'infanterie, à portée du fort, dans des abris spéciaux ou dans des baraques soustraites au feu de l'ennemi par des obstacles naturels ou artificiels.

Les réduits ont, enfin, une propriété éminemment utile pour les forts d'un camp retranché, dont la défense repose principalement sur des opérations actives, c'est de rendre possibles les retours offensifs contre l'assaillant au moment où celui-ci vient de pénétrer dans le fort. Nous croyons avoir le premier signalé cette propriété et indiqué le moyen d'en tirer parti [1]. Dans un ouvrage sans réduit, aussitôt que l'assaillant a forcé la garnison à se retirer ou à déposer les armes, il s'empresse de détruire le pont du front de gorge et de garnir de pièces légères le rempart de ce front. Dès lors toute tentative pour reprendre le fort doit nécessairement échouer. Il n'en est plus de même lorsque le fort a un réduit inattaquable de vive force, dont l'artillerie peut enfiler le terre-plein, battre les abords et flanquer les fossés du front de gorge; alors l'assaillant est obligé de se loger dans les talus extérieurs ou dans les terre-pleins du front de tête et des fronts latéraux, pour échapper aux feux du réduit, et il ne peut plus songer à garnir de fusiliers et de pièces légères le parapet de la gorge. Ce front devenant ainsi inoffensif ou inerte, les troupes de sortie en approcheront sans difficulté, rétabliront, sous la protection du réduit, les communications détruites, pénétreront dans le fort et attaqueront vigoureusement l'ennemi, dont la situation sera d'autant plus critique qu'il ne se trouvera plus en ordre

1. *Études sur la défense des États*, etc. 1863.

de combat, et qu'il n'aura pour toute ligne de retraite que l'étroit défilé de la brèche et du passage du fossé.

On peut même, lorsqu'il y a un bon réduit, laisser une partie de la gorge ouverte, pour faciliter les retours offensifs (voir le type de fort que représente la moitié gauche de la planche II). Il n'est pas à craindre, en effet, que l'ennemi pénètre par les larges passages Z, le réduit commandant ces passages et battant, en outre, tout l'intérieur du fort. Soumis à ces feux et attaqué vigoureusement en flanc et de front par des colonnes de troupes débouchant du camp retranché, l'assaillant serait inévitablement perdu et obligé de déposer les armes, n'ayant aucun moyen de retraite. Pour la même raison on pourrait, le réduit étant encore occupé, retirer momentanément, sans danger, la garnison du fort proprement dit, à l'exception des troupes d'artillerie nécessaires au service des pièces flanquantes.

Ce sont là de très-grands et précieux avantages dont ne tiennent pas compte les partisans des forts à simple enveloppe, forts qui tombent et restent définitivement au pouvoir de l'ennemi dès qu'un seul point en est occupé.

Pour que le réduit puisse jouer un rôle important il faut :

1° Qu'il soit à l'abri de l'attaque de vive force ;

2° Qu'il déborde le front de gorge à l'intérieur et à l'extérieur ;

3° Que l'artillerie de sa plate-forme batte les remparts et la cour intérieure du fort ;

4° Que les feux plongeants des batteries éloignées de l'attaque ne puissent pas faire brèche au réduit ni détruire son armement ;

5° Que le front de gorge ait de larges poternes, ou mieux encore, de larges rampes, par lesquelles les colonnes chargées de faire des retours offensifs puissent se jeter rapidement dans le fort.

Quand l'artillerie de la plate-forme est casematée ou protégée par des coupoles, il n'est pas nécessaire que le réduit ait un commandement sur le front de tête. Dans le cas contraire, il suffit que la plate-forme soit défilée des coups partant de l'enveloppe. Lorsque cette condition est remplie, l'artillerie de la plate-forme sera généralement soustraite aux vues de l'ennemi. Elle pourra dès lors, en tirant au-dessus du front de tête et des fronts latéraux, produire de grands effets contre les batteries éloignées de l'attaque, dont les feux seront peu redoutables, à cause de la difficulté qu'elles auront à régler et à rectifier leur tir, ne pouvant en apprécier exactement les effets. Cette propriété est d'autant plus importante que les feux directs du front de tête et les feux d'écharpe des fronts latéraux peuvent être éteints par le tir à démonter et le tir d'enfilade.

Pour augmenter encore l'importance des feux indirects, on réunira la tête du réduit aux fronts latéraux par un retranchement *ab*, *ab* (fig. 9), qui devra être armé de gros canons. Ce retranchement couvrira le débouché des poternes du front de gorge, assurera la retraite des défenseurs de la brèche, et facilitera les retours offensifs.

Quatre objections ont été faites contre les réduits, à savoir :

1° Les réduits augmentent considérablement les frais d'établissement des forts ;

2° Ils absorbent presque tout l'espace intérieur ;

3° A cause de leurs dimensions on ne peut les construire que dans de grands ouvrages ;

4° Pendant le siége du fort, les projectiles les dégradent au point qu'il est presque toujours possible de s'en emparer le jour même où tombe l'ouvrage principal.

Aucune de ces objections n'est fondée. En effet :

1° Les réduits n'augmentent pas les frais de construction des forts, puisqu'ils renferment des logements, des magasins et des dépendances qui, sans cela, devraient être construits sous les remparts du fort ou derrière de hautes traverses, dans la cour intérieure. On peut même dire que les réduits diminuent la dépense générale, si l'on tient compte de ce fait, qu'un bon réduit permet de simplifier le front de gorge du fort, de supprimer dans certains cas les revêtements d'escarpe et de contrescarpe, et, dans d'autres, de réduire la hauteur de ces revêtements (avantage signalé par Napoléon).

2° Il n'y a aucun inconvénient à ce que les réduits absorbent presque tout l'espace intérieur des forts, l'expérience du siége de Paris ayant prouvé que cet espace ne convient pas pour les bâtiments militaires et qu'il est plus dangereux d'y circuler que sur le terre-plein du rempart.

3° Il n'est nullement impossible de donner aux réduits des dimensions qui permettent de les construire dans de petits forts. Il suffit pour cela de composer la batterie de la tête du réduit d'une simple coupole armée de deux canons (voir pl. II).

4° Si le réduit est constitué de telle sorte que son escarpe soit à l'abri des coups plongeants, tirés sous l'inclinaison du quart ou du sixième, et que l'artillerie de sa plate-forme ne puisse pas être détruite de loin (parce qu'elle est abritée derrière des boucliers, dans des coupoles ou sous des traverses casematées), il faudra que l'ennemi se décide à faire un second siége, après qu'il se sera emparé de l'enveloppe, et ce siége présentera de grandes difficultés, surtout lorsqu'on aura pris les dispositions nécessaires pour faciliter les retours offensifs.

L'opposition que font encore un grand nombre d'ingénieurs à l'établissement des réduits, provient sans doute de ce que tous les ouvrages de ce genre, construits jusqu'à présent, sont défectueux. Les seuls qui satisfassent à peu près aux conditions voulues, sont les réduits des forts d'Anvers, projetés en 1859. Nous en avons proposé, depuis, d'autres (voir *La fortification à fossés secs*) qui répondent mieux aux besoins de l'artillerie nouvelle, dont les propriétés n'étaient pas encore bien connues, lorsque les forts d'Anvers furent construits.

En résumé le réduit est un ouvrage indispensable à tout fort important, isolé ou placé en saillie; on ne peut le supprimer, sans inconvénient, que dans les petits forts, protégés efficacement par de grands forts voisins, ou situés, soit sur des points secondaires, soit dans des rentrants.

CHAPITRE XI

DIMENSIONS, PROFILS, ORGANISATION DES REMPARTS, ARMEMENT
ET GARNISONS DES FORTS.

Le front de tête des forts les plus importants aura une longueur de 380 à 400^m; c'est celle du front de tête des forts d'Anvers [1].

L'armement d'un fort de cette dimension sera d'environ 100 bouches à feu, savoir :

> 20 canons de 12 centimètres, sur affût de casemate, pour le flanquement (8 pour la caponnière centrale et 3 pour chacune des autres batteries flanquantes).
>
> 40 canons de 15 centimètres, sur affût de siége exhaussé, pour l'armement du front de tête, des fronts latéraux et de la tête du réduit.

---

60   à reporter.

1. Dimension qui permet d'avoir des embrasures de réserve,

Report 60

____

> 14 canons de 12 centimètres, sur affût de siége
> exhaussé, pour l'armement du front de
> gorge et de la queue du réduit.
>
> 14 canons de 9 centimètres, sur affût de siége
> ordinaire, pour l'armement des barbettes
> (ces pièces ne doivent être mises en bat-
> terie qu'au moment où l'ennemi s'ap-
> prête à faire une attaque de vive force) [1].
>
> Indépendamment de ces bouches à feu, il
> faut :
>
> 6 mortiers rayés de 21 centimètres, et
>
> 6 canons de même calibre, pour détruire les
> abris et les magasins de l'assiégeant, et
> pour obliger celui-ci à donner une plus
> grande épaisseur à ses épaulements et à
> ses parapets de tranchées.

____

Total 100 bouches à feu [2].

très-utiles, non-seulement pour pouvoir changer de place les
pièces quand le tir de l'assiégeant devient trop précis, mais
encore pour pouvoir amener, dans un moment donné, les
pièces des autres fronts sur le front de tête.

1. Les barbettes peuvent servir à la mousqueterie, bien que
les tireurs y soient plus exposés que derrière des parapets
ayant la hauteur ordinaire de 1 m. 30. Pour les hommes de
petite taille, cette dernière hauteur est trop grande. On a
reconnu à Sébastopol que l'infanterie tire avec plus de jus-
tesse lorsque la masse couvrante ne s'élève qu'à 0 m. 90 ou
1 m. au-dessus de la banquette. On peut, du reste, si l'on juge
nécessaire de mieux couvrir les hommes, creuser une petite
rigole de 30 centimètres de profondeur, au pied du talus intérieur de la barbette.

2. Ces bouches à feu ne seront pas toutes en batterie; on en
tiendra 1/5 en réserve, pour remplacer les pièces hors de service ou démontées.

Cet armement exige 700 servants et auxiliaires, plus une réserve de 1/10. En Allemagne — et c'est un grand progrès réalisé — tous ces hommes sont fournis par l'artillerie, et armés de fusils.

Un fort de 100 canons devra donc avoir 770 artilleurs, tirés de l'armée active et de la réserve (Landwehr ou Armée territoriale).

L'effectif des troupes du génie ne peut pas être déterminé avec la même précision; il dépend non-seulement de la grandeur du fort, mais encore de son importance et du développement probable des travaux de mine de l'assiégeant. Jusqu'au moment où un grand fort sera attaqué pied à pied il suffira que sa garnison comprenne 1/4 de compagnie ou 50 soldats du génie pour diriger les travaux de mise en état de défense ; un petit fort n'exigera que 25 hommes.

Pour renforcer, selon les besoins variables de la défense, les troupes du génie des forts attaqués pied à pied, on retirera les détachements de ces troupes des forts non attaqués, où leur présence ne sera plus nécessaire; et en cas d'insuffisance, on puisera dans la *réserve*[1].

Quant à la garnison en infanterie, on pourra la fixer à 125 hommes pour un petit fort, et à 250 (une compagnie) pour un grand fort. Au moment où l'ou-

---

1. Pour l'artillerie de place, comme pour le génie, il doit y avoir dans chaque camp retranché une *réserve*, que l'on peut évaluer au dixième des troupes de ces deux armes qui font partie des garnisons de sûreté des forts et des batteries permanentes.

vrage sera attaqué pied à pied on triplera ces nombres [1].

Le complément de troupes nécessaire pour repousser un assaut ou faire une sortie contre les travaux d'approche, sera tiré de l'armée campée, et tenu à proximité du fort, dans un pli de terrain ou derrière un masque naturel ou artificiel.

Le 1er tiers de la garnison d'artillerie sera de service aux pièces et de garde sur les remparts; il aura pour abris les traverses casematées; le 2e tiers sera employé dans les laboratoires, les magasins, à la réparation des ouvrages et des batteries; il passera la nuit dans les bâtiments à l'épreuve de la bombe, construits sous les remparts ou sous le glacis du réduit; le 3e tiers sera au repos; il couchera dans les mêmes bâtiments.

Le réduit sera occupé par l'infanterie et par le détachement d'artillerie nécessaire pour le service des bouches à feu de son armement. Ce détachement qui n'aura presque rien à faire, sera remplacé tous les 4 jours, par un détachement tiré du fort et composé d'hommes ayant besoin de repos.

Le front de tête des petits forts ne doit pas avoir moins de 180 à 200 mètres de longueur. Ces forts (voir fig. 5) exigent un armement de 30 à 40 bouches à feu avec une garnison composée de 231 à 308 artil-

1. Le service de l'infanterie dans un fort assiégé, consistera surtout à établir un cordon de surveillance le plus près possible de l'ennemi. Les troupes chargées de ce service se tiendront en général dans des trous de loups ou dans des embuscades, d'où elles chercheront, par un feu bien dirigé, à mettre hors de combat les servants des batteries de l'attaque.

leurs et de 1/2 compagnie d'infanterie. Si l'on juge inutile de leur donner un réduit, on suppléera au tir indirect que cet ouvrage permet de diriger sur les travaux éloignés de l'attaque, en construisant dans le fort, près du front de gorge, un *retranchement* défilé des vues de l'ennemi et soustrait autant que possible à l'enfilade. (Deux des forts d'Anvers, sur la rive gauche de l'Escaut, ont des retranchements de ce genre.) Lorsque le fort aura peu de profondeur, on atteindra le même but en donnant au front de gorge un parapet intérieur, qui servira en même temps de parados au terre-plein de circulation du parapet extérieur (voir la fig. 18 bis, représentant le profil

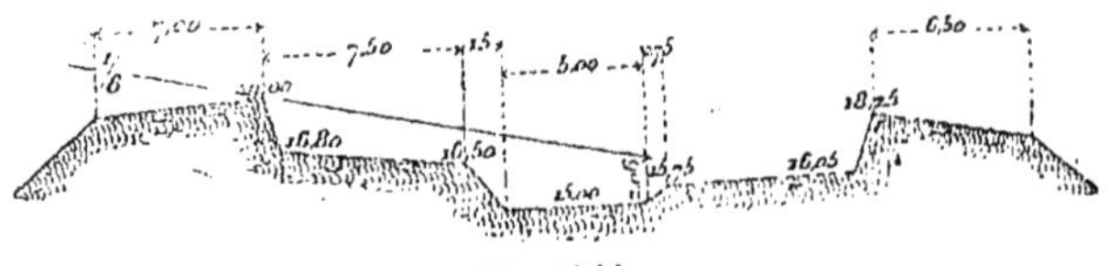

Fig. 18 bis.

de la gorge d'un fort dont la ligne de feu du front de tête est à la cote 20.00).

Le profil des forts doit satisfaire aux conditions suivantes :

1° Avoir un relief[1] suffisant pour battre efficacement le terrain dans la zone des attaques.

---

1. Nous appelons *relief*, la hauteur de la ligne de feu au-dessus du terrain naturel, expression que beaucoup d'ingénieurs appliquent à la hauteur de la ligne de feu au-dessus du fond du fossé. Le mot *relief* remplace donc l'expression : *commandement sur le terrain naturel*, qui est trop longue et moins précise.

2° Avoir un parapet qui résiste aux projectiles des plus forts calibres de l'attaque (une épaisseur de 6^m de terre sablonneuse offre, sous ce rapport, autant de garanties qu'une épaisseur de 10^m de terre forte).

3° Avoir un *terre-plein de défense* de 7^m 50 de largeur, situé à 2^m 20 — 2^m 50 sous la ligne de feu, et *un terre-plein de circulation*, de 3^m de largeur minimum et de 5^m de largeur maximum, incliné au douzième et situé à un niveau tel que les projectiles rasant la crête du parapet sous l'inclinaison de 1/6, passent à 2^m au-dessus de l'arête supérieure du talus intérieur (voir fig. 19). Ce terre-plein sera à 4^m sous la ligne

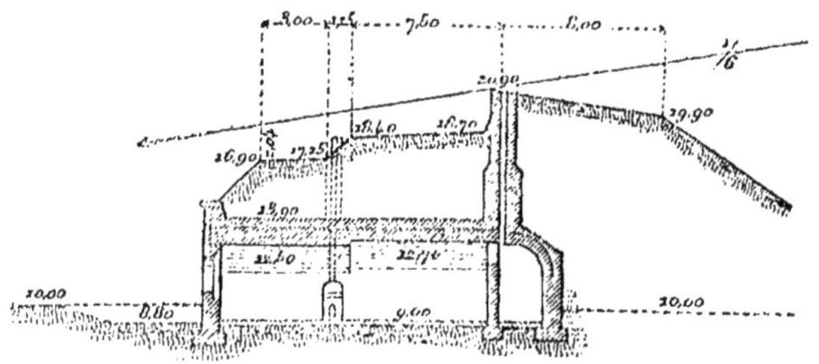

Fig. 19.

de feu, dans le cas où il aura 3^m de largeur (voir fig. 19) et à 4^m 40, dans le cas où il aura 5^m de largeur (voir fig. 20).

4° Mettre le fort à l'abri de l'attaque d'emblée, préparée par des feux d'artillerie, exécutés aux grandes distances.

Le *relief* minimum sera déterminé par la condition de pouvoir établir, sous le rempart, des logements à l'épreuve de la bombe.

Supposons que le sol de ces logements ne puisse pas être descendu au-dessous de la cote 9,00 (celle

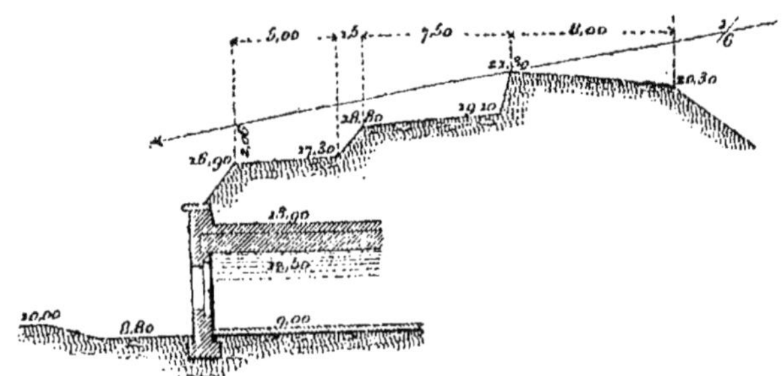

Fig. 20.

du terrain naturel étant 10,00) sans que les locaux deviennent humides ou insalubres [1].

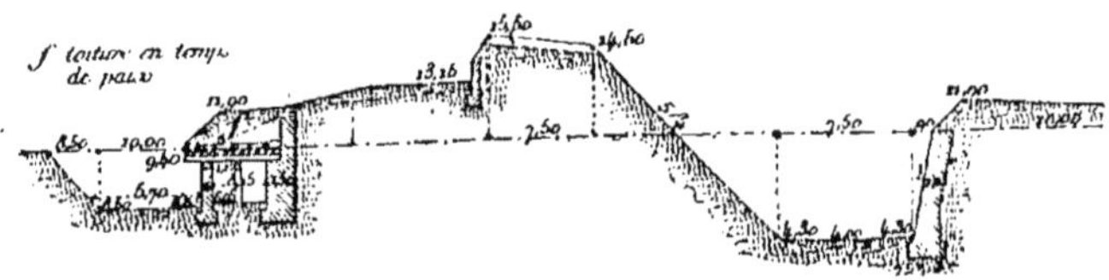

Fig. 20 bis.

Comme les voûtes doivent avoir au moins 3ᵐ 50 sous clé (pour constituer de bons logements), que l'arête supérieure de la chape doit s'élever à 1ᵐ 40 [2] au-dessus

1. Dans certaines places, à Anvers par exemple, on ne peut pas descendre le sol des bâtiments d'habitation à plus de 0m. 50 sous le terrain naturel, à cause du voisinage de la nappe d'eau. Lorsque le site ne présente pas cet inconvénient, on descendra les locaux à plus de 1 m. sous le terrain naturel, mais à condition de créer devant la façade une espèce de cour pour favoriser l'aérage et l'éclairage, ce qui n'est pas toujours possible ou avantageux. (Voir fig. 20 bis représentant le profil d'un fort projeté par le colonel autrichien Tunkler.)

2. Dont 1 m. pour l'épaisseur de la voûte (les locaux sont supposés avoir 6 m. de largeur).

de l'intrados, et que la couche de terre doit dépasser cette arête de 1^m 50 quand la terre est sablonneuse, et de 3^m quand elle est argileuse [1], il en résulte que la cote du terre-plein de circulation sera 15,40 ou 16,90 suivant la nature des terres qui recouvriront les voûtes. À ces cotes il faut ajouter 4^m ou 4^m 40 (suivant que le terre-plein de circulation aura 3^m ou 5^m de largeur), pour obtenir la cote de la crête du parapet.

Par conséquent, la ligne de feu du corps de place aura, dans le cas d'un terre-plein de circulation de 5^m de largeur, la cote 19,80, si la terre est légère, et 21,30, si elle est compacte.

Cette dernière cote, qui dans les terrains aquatiques devra être portée à 21,80 (parce qu'on ne pourra pas descendre les locaux à plus de 0^m 50 sous le sol), sera généralement plus élevée qu'il n'est nécessaire pour bien découvrir le terrain environnant. Elle augmentera donc inutilement le prix des terrassements. On pourrait, selon nous, la réduire de 1^m dans le cas du terrain sablonneux, et de 2^m 50 dans le cas du terrain argileux, en remplaçant le recouvrement des voûtes par un pavement en porphyre ou en granit de 0^m 40 à 0^m 50 d'épaisseur, posé sur un lit de sable comme l'indiquent le profil fig. 21 et la fig. 22.

Les bombes et les obus à parois minces, lancés par les mortiers rayés, se briseraient sur ce pavement

---

1. Cela résulte d'expériences faites dans les polygones prussiens et de résultats constatés pendant le siége de Paris.

avant d'éclater et causeraient ainsi peu de dommages. Les résultats constatés dans plusieurs circonstances où des projectiles creux ont atteint des pavements en grès dur ou des voûtes non recouvertes de terre, nous

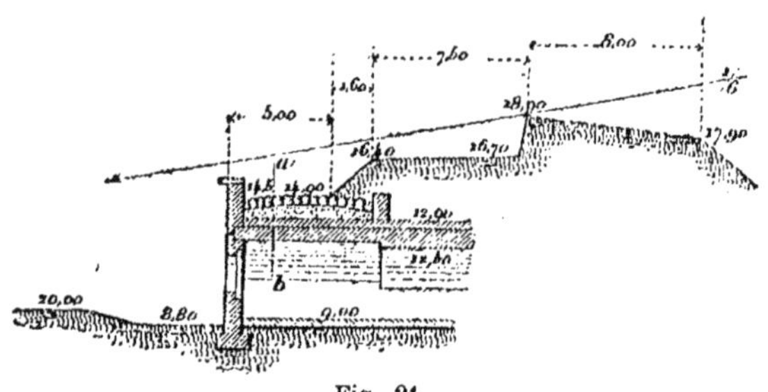

Fig. 21.

portent à croire que ce moyen de préservation des abris serait d'une efficacité réelle. Il permettrait de réduire l'épaisseur des voûtes et dans certains cas de supprimer les chapes. Une importante économie résulterait de ces modifications, et surtout de la dimi-

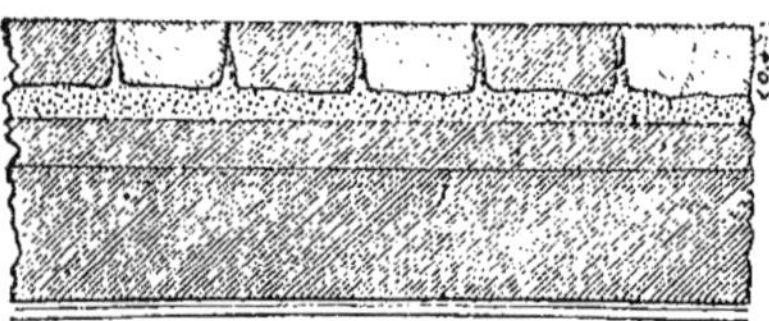

Fig. 22.

nution du relief du fort. En outre, comme il ne se produirait plus d'entonnoirs au-dessus des voûtes, la circulation en arrière du terre-plein de défense n'éprouverait aucune entrave pendant toute la durée du siége, ce qui serait éminemment utile.

La condition imposée au profil de mettre le fort à l'abri de l'attaque d'emblée, préparée par un tir éloigné, exige ou bien un large fossé plein d'eau ou bien une escarpe et une contrescarpe revêtues.

Dans certains cas on revêtira seulement la contrescarpe, dans d'autres l'escarpe.

Le profil le plus fort comportera une contrescarpe de 5 à 7 mètres de hauteur et une escarpe détachée ou en décharge de 5 à 6 mètres.

Il semble résulter de plusieurs faits observés pendant les dernières guerres, que l'on a beaucoup exagéré jusqu'ici la hauteur d'escarpe nécessaire pour mettre un ouvrage à l'abri de l'attaque d'emblée. D'excellents observateurs sont d'avis que 5^m suffisent dans la plupart des cas, et qu'il est rarement utile de dépasser 7^m.

Que l'escarpe soit détachée ou composée de voûtes en décharge, il est indispensable qu'on la défile des coups plongeants, tirés sous l'inclinaison de 1/4.

En arrière du mur détaché devra se trouver un large couloir, battu par l'artillerie flanquante. Le talus extérieur aura, suivant la nature des terres, une inclinaison de 5 de base sur 3 1/2 ou 3 de hauteur, pour que les obus n'y produisent pas de trop grands dégâts ; on l'interrompra par 2 ou 3 bermes qui recevront une partie des terres éboulées et faciliteront ainsi la réparation du talus (laquelle se fera d'ordinaire la nuit).

Dans les forts les moins importants on pourra remplacer le mur d'escarpe par une palissade, par une grille en fer, ou par un mur de 3 mètres de hauteur et de 0^m 90 d'épaisseur.

Pour l'organisation intérieure des forts on se conformera aux indications suivantes.

a. Protéger tous les bâtiments contre les feux plongeants de l'attaque, et les mettre à l'abri du bombardement, supposé exécuté aux grandes distances, avec des mortiers rayés de 21 et de 28 centimètres.

b. Couvrir le débouché de l'entrée du fort; mettre cette entrée en communication avec une galerie voûtée, longeant le talus intérieur et donnant accès aux locaux construits sous le rempart.

c. Faire communiquer avec cette galerie des escaliers et des ascenseurs pour canons, débouchant sur le terre-plein de circulation.

d. Construire sur les remparts, des traverses creuses pour abriter les servants et les hommes de garde, pendant les heures où le tir est suspendu ou ralenti, et pour remiser les pièces mobiles, jusqu'au moment où elles doivent entrer en action. Il suffira, en général, qu'il y ait une traverse de cette espèce pour 3 ou 4 bouches à feu. Quelques-unes seront pourvues de *monte-charges* et de *monte-projectiles*, correspondant à de petits magasins à poudre et à des laboratoires construits sous le rempart (voir fig. 23, 24 et 25). Grâce à ces dispositions, le service des munitions et les communications entre l'intérieur du fort et le

terre-plein de circulation, seront parfaitement as-
surés.

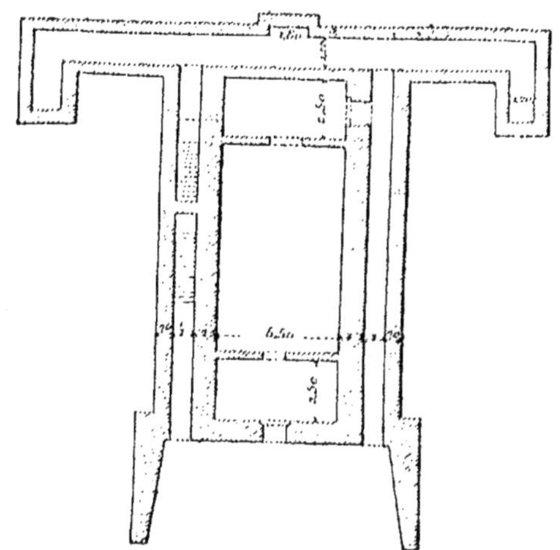

Fig. 23 (plan du rez-de-chaussée).

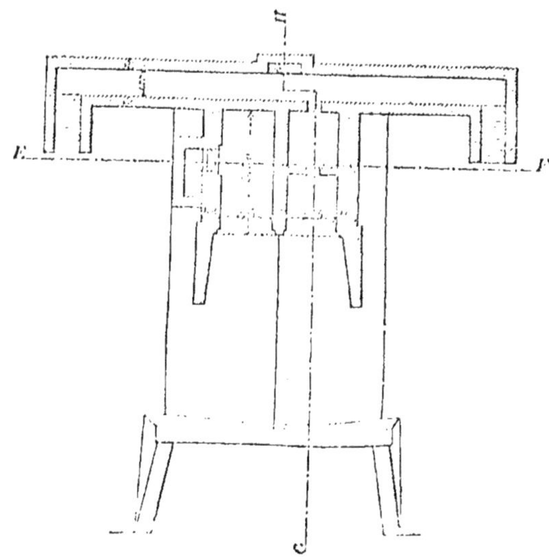

Fig. 23 (plan de l'étage).

Indépendamment des traverses casematées, il y aura

des traverses ordinaires, de 2 en 2 pièces, sur les fronts non ricochés, et de pièce en pièce sur les autres fronts.

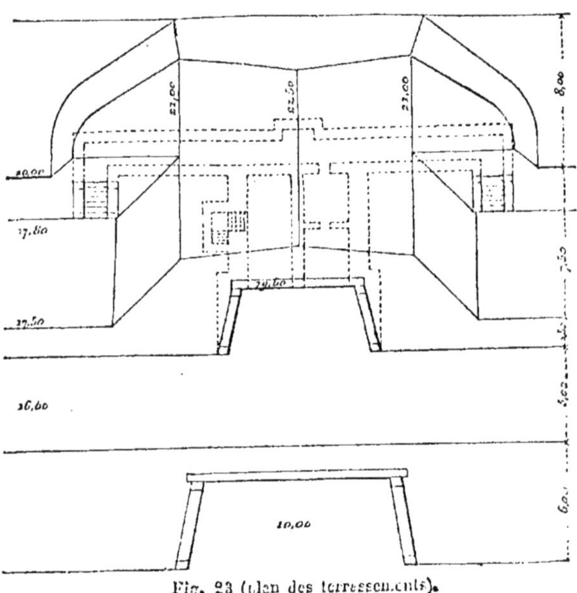

Fig. 23 (plan des terrassements).

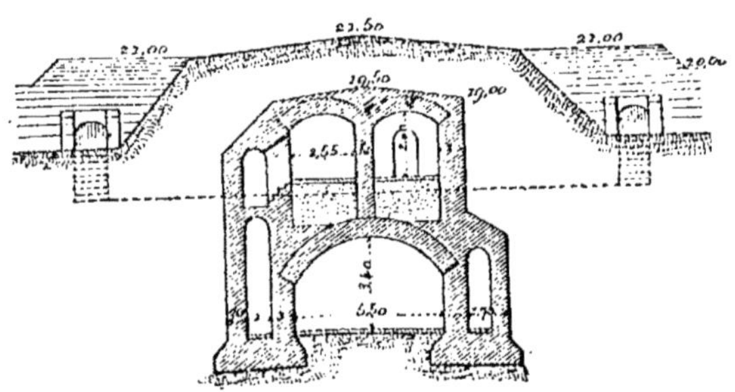

Profil E F (fig. 23).

Lorsque ces derniers fronts pourront être pris d'écharpe ou à revers, comme c'est le cas pour les fronts latéraux des forts, on devra combiner les traverses avec

des parados, ou avoir des traverses assez longues pour
intercepter les coups dangereux [1].

Un inconvénient des traverses, et surtout des traverses-abris qui s'élèvent à 1^m 50 ou 2^m au-dessus
de la ligne de feu, est d'indiquer à l'ennemi les parties

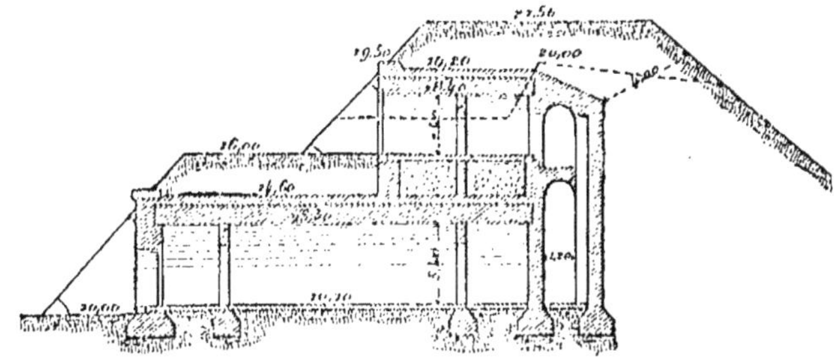

Profil G H. (fig. 23)

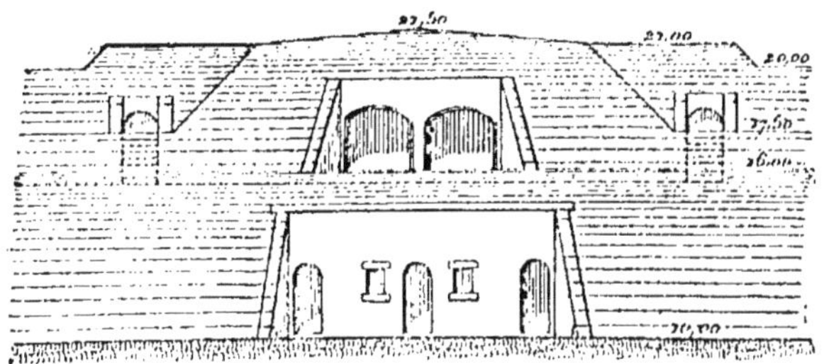

Élévation (fig. 23).

de parapet derrière lesquelles se trouvent les canons.
Pour remédier à cet inconvénient, nous avons proposé
de planter sur la berme un rideau de charmille ou de

1. Le dernier moyen est seul à conseiller lorsque le fort a un
réduit. Dans ce cas, en effet, les parados auraient l'inconvénient d'offrir à l'ennemi, après la prise du fort, non-seulement
un couvert contre les feux du réduit, mais encore un épaulement derrière lequel il pourrait établir des pièces pour contrebattre cet ouvrage.

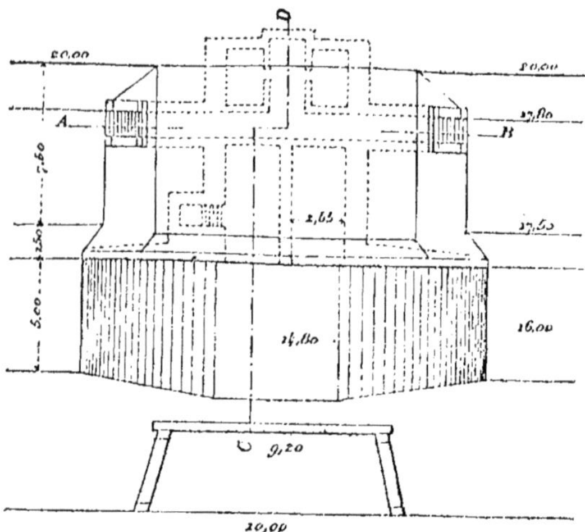

Fig. 24.

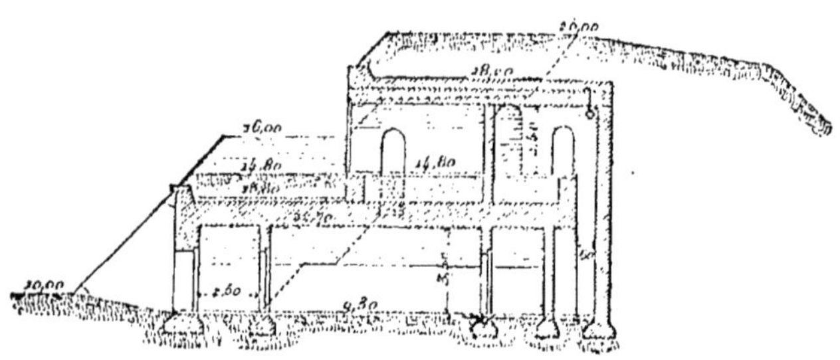

Profil C D (fig. 24).

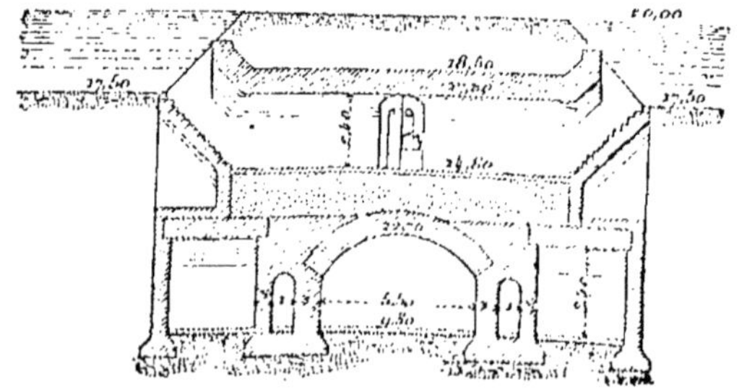

Profil A B (fig. 24).

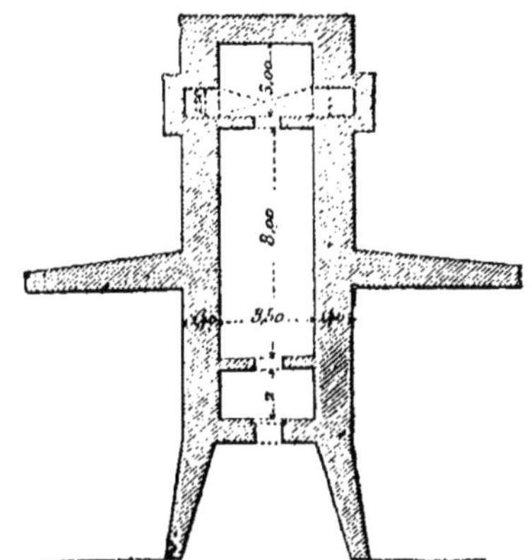

Fig. 25 (plan du rez-de-chaussée).

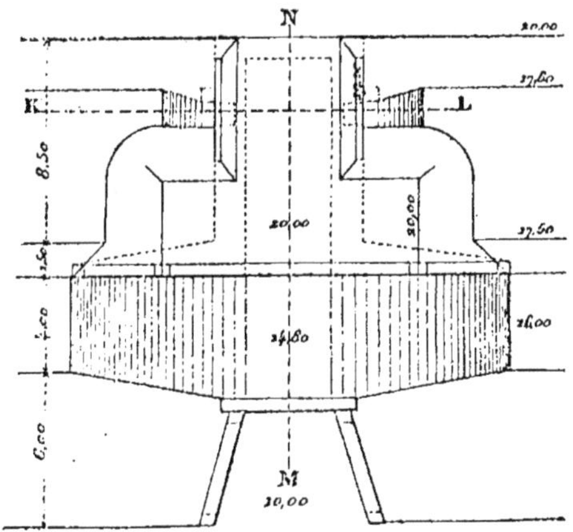

Fig. 25 (plan des terrassements).

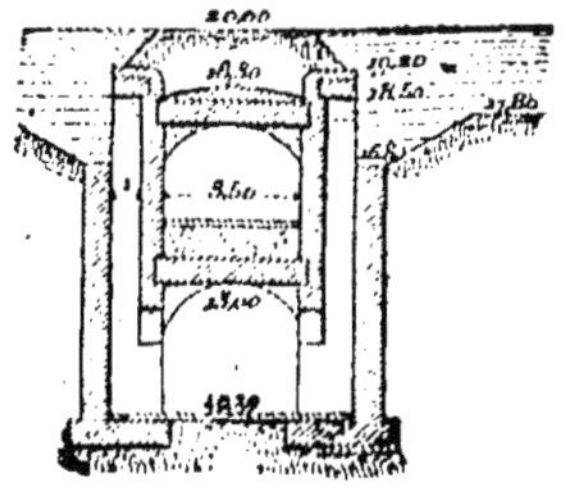

Profil M N (fig. 25).

genêts qui empêche de voir les traverses de l'extérieur, sans gêner ni le pointage, ni le tir des bouches
à feu de la défense.

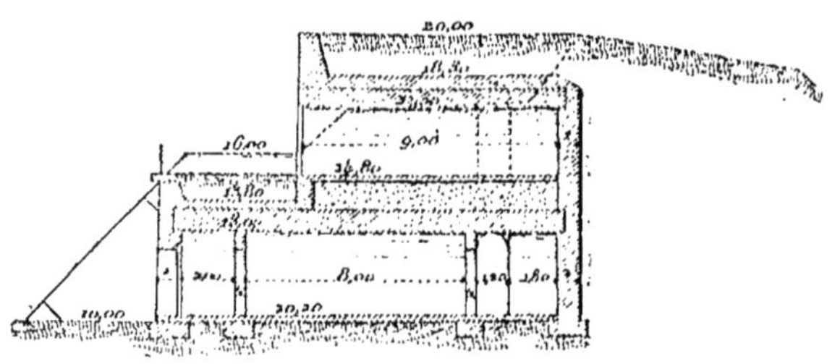

Profil K L (fig. 25).

On peut aussi, lorsque le rempart n'est pas rico-
chable, descendre le terre-plein de défense à une profondeur assez grande sous la ligne de feu (fig. 24 et 25)

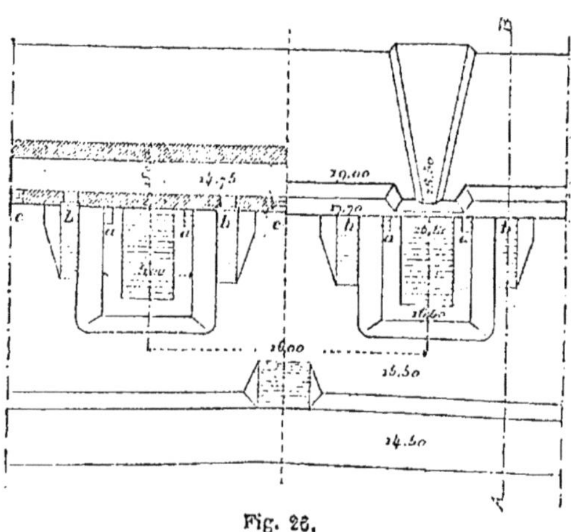

Fig. 25.

pour qu'il ne soit pas nécessaire d'élever les traverses-
abris au-dessus de la plongée.

Ce dispositif a été préconisé par le général Totleben et appliqué partiellement à la place de Kertch. Il rend facile l'établissement, sous le parapet, de galeries permanentes ou provisoires, pour la protection des servants et des tirailleurs du rempart (fig. 26). Son seul inconvénient est d'augmenter, par l'exhaussement des plates-formes, les intervalles des bouches à feu ; mais cet inconvénient est compensé par la possibilité de

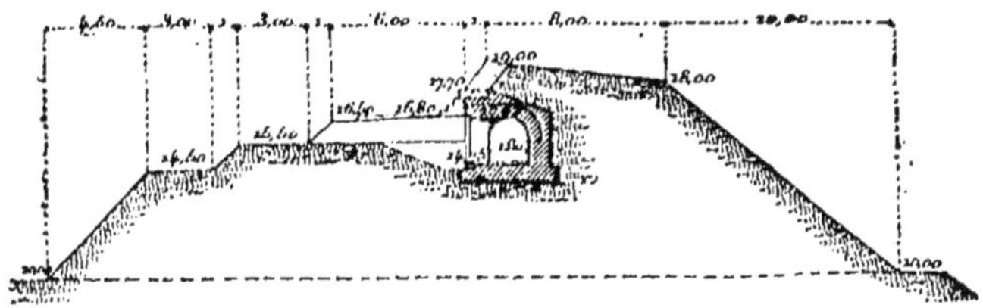

Prof.l A B (fig. 26).

mettre une plus grande étendue de ligne de feu à la disposition de l'infanterie.

L'action de cette dernière arme s'étant considérablement accrue, depuis l'introduction des fusils à longue portée et à chargement rapide, il sera nécessaire d'organiser les remparts de manière à lui permettre de jouer un rôle plus important. On atteindra ce but :

1° En donnant au front de tête des forts, une longueur supérieure à celle qu'exige la mise en batterie de l'armement de ce front ;

2° En disposant les parties excédantes, pour la mousqueterie et l'artillerie mobile tirant à barbette ;

3° En construisant des banquettes entre les pièces ;

Et, 4° en creusant des tranchées-abris dans le massif des grandes traverses.

Ces moyens sont plus simples et plus efficaces que celui auquel ont eu recours les ingénieurs français dans la construction de certains forts de Metz et de Paris, et qui consiste à entourer les batteries (exclusivement occupées par l'artillerie et formant cavalier) d'une enceinte basse (avec caponnières et escarpes détachées ou en décharge), spécialement organisée pour l'infanterie.

Cette enceinte basse, servant d'enveloppe au cavalier, est d'autant plus inutile, que bientôt l'on reconnaîtra dans tous les pays, la nécessité d'armer les artilleurs de place d'un fusil à longue portée, afin de leur permettre de faire alternativement, et selon les besoins de la défense, le service de canonniers et celui de tirailleurs. La véritable place de l'infanterie est dans les contre-approches et dans les tranchées que l'on exécute, pendant le siége, sur les côtes et dans les intervalles des forts. En avant du talus extérieur d'un cavalier dans lequel les projectiles ennemis produiront des éclats et des éboulements dangereux, son moral sera moins fort et sa sécurité moins grande.

Les canons de 12 et de 15 centimètres doivent tirer par de petites embrasures n'ayant que 30 à 40 centimètres de profondeur; on les placera donc sur des affûts exhaussés, qui élèvent l'axe des tourillons à 1 mètres 80 au-dessus de la plate-forme. Un grand progrès sera réalisé le jour où l'on aura trouvé un *affût à éclipse*, simple et peu coûteux, permettant de tirer au-dessus d'un parapet de 3 mètres environ de hauteur.

Quant aux pièces de 24 centimètres — au nombre de 6 dans les grands forts, et de 3 dans les petits — elles sont trop précieuses pour qu'on ne cherche pas à les protéger par des boucliers en fer. Lorsqu'on ne voudra pas faire la dépense de ces boucliers, on placera les pièces sur le *retranchement*, ou dans la cour intérieure du fort, d'où elles pourront atteindre, par un tir indirect, les travaux éloignés de l'attaque. Il n'y aura pas un très-grand inconvénient à restreindre de la sorte leur mode d'action, puisqu'elles ne seront vraiment utiles qu'au début du siége, pour forcer l'ennemi à éloigner ses camps, ses parcs, ses magasins et ses batteries de bombardement.

CHAPITRE XII

La dernière question à examiner est celle de la disposition des ouvrages ou de la forme des camps retranchés.

L'application des principes exposés plus haut, conduit à des camps retranchés de forme circulaire ou s'en rapprochant autant que possible. Tels sont les camps retranchés de Paris (1840), de Vérone, de Cracovie, de Metz, de Portsmouth et d'Anvers, et tels seront également ceux de Strasbourg et de Cologne que les Allemands construisent en ce moment.

Les écrits publiés récemment en France et en Angleterre, sur la défense de Paris et de Londres, sont à peu près tous conçus dans le même ordre d'idées. Témoin le projet du commandant Ferron [1], qui propose d'entourer Paris d'une ceinture de 37 forts (plus un certain

1. *Considérations sur le système défensif de Paris. 1873.*

nombre de batteries isolées, occupant une étendue d'environ 32 lieues) ; témoin le projet du général Tripier[1], qui propose, pour la même capitale, une *ligne de défense tactique* (ceinture de forts destinée à mettre la capitale à l'abri du bombardement) et *une ligne de défense stratégique*, base d'opération de l'armée défensive, lorsqu'elle devra se porter au-delà du camp retranché proprement dit (ligne de 30 lieues de développement) ; témoin encore le projet du colonel Jervois[2] pour la défense de Londres (40 forts occupant une circonférence de 4 lieues de rayon), et celui du major Palisser, pour la défense de cette même capitale (31 forts occupant un ceinture elliptique dont le grand axe a 20 lieues et le petit axe 10 lieues de longueur).

Les auteurs de ces projets ont éloigné les forts plus qu'il n'est nécessaire pour mettre l'enceinte à l'abri du bombardement. On ne peut qu'approuver cette disposition. Lorsqu'il s'agit de la défense d'un grand pivot stratégique (capitale politique ou capitale militaire), dont la prise marque la fin de la résistance nationale, on ne saurait prendre trop de précautions pour retarder sa chute ou pour en rendre l'attaque impossible. Or les événements de la dernière guerre ont prouvé que le principal, sinon l'unique danger, auquel sont exposées les places à camps retranchés, est le blocus, opération dont les difficultés sont proportion-

---

1. *Notes sur l'organisation du système défensif de Paris.* 1873.
2. *Revue scientifique*, 1874.

nelles à l'étendue de la zone d'investissement. Pour défendre avec succès une ligne de blocus, contre les sorties d'une garnison vigoureuse il faut, en moyenne, 4 hommes par mètre courant.

Le développement des lignes prussiennes devant Paris était de 83 kilomètres, et la force de l'armée de blocus ne dépassa point 236,000 hommes, soit 2,8 hommes par mètre courant. A Metz la ligne d'investissement avait environ 50 kilomètres d'étendue, et l'effectif de l'armée assiégeante s'éleva à 200,000 hommes, soit 4 hommes par mètre courant.

Sans doute l'accroissement du périmètre du camp retranché a pour conséquence d'augmenter le nombre des forts (par conséquent, le chiffre de la dépense et l'effectif des troupes immobilisées), mais ces deux inconvénients sont largement compensés par l'obligation où se trouve l'ennemi d'augmenter l'effectif de son armée de 4,000 hommes pour chaque kilomètre dont s'accroît la ligne d'investissement.

Admettant la grande profondeur des camps retranchés comme une nécessité de premier ordre, et acceptant comme un effet de cette nécessité, l'obligation d'espacer les forts de 4 à 5 kilomètres, nous nous sommes demandé s'il ne serait pas avantageux de disposer les forts autrement que sur une ligne convexe enveloppant la capitale. Cette disposition a l'inconvénient d'ouvrir à l'ennemi une large trouée, dès qu'il s'est emparé d'un ou de deux forts. Pour y remédier

nous avons proposé, dès 1863 [1], de construire en arrière
de quelques forts des lignes de défense transversales,

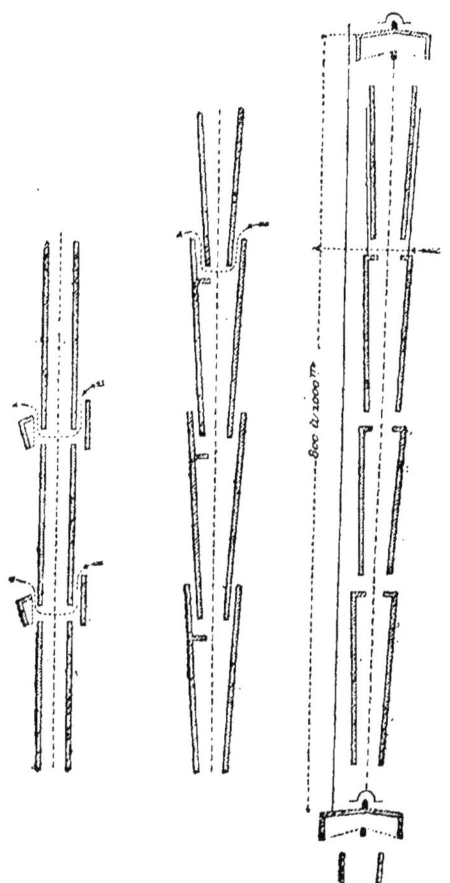

Fig. 27.

divisant le camp retranché en plusieurs *quartiers* ou
secteurs. Ces lignes étaient composées « d'un double

1. *Études sur la défense des États*, etc. T. I, p. 110 et suivantes.

« épaulement formant une espèce de caponnière, dont
« l'extrémité antérieure était couverte par un fort, et
« dont l'autre extrémité se trouvait à une portée de
« fusil de l'enceinte. Pour que cette ligne, disions-
« nous, qui dans certains cas aura 3000 à 4000 mètres
« de longueur, puisse être défendue pied à pied, on
« l'interrompra de distance en distance par des re-
« doutes, destinées à servir de traverses à la capon-
« nière double et à flanquer les épaulements qui la
« constituent. »

La fig. 27 représente divers types de ces lignes à
double défense; mais à l'époque où nous les propo-
sâmes, il était de règle de ne pas éloigner les forts à
plus de 3 ou 4 mille mètres de l'enceinte. Aujourd'hui
que l'on admet, pour les camps retranchés, des profon-
deurs doubles, triples et même quadruples, il ne peut
plus être question de recourir à un palliatif de ce
genre. C'est pourquoi, généralisant l'idée que nous
émîmes en 1859 [1] de défendre Londres au moyen
d'un camp retranché, établi à Croydon, et de trois
têtes de pont doubles, construites sur la Tamise, à
Gravesend, Woolwich et Kingston, nous avons proposé
en 1873 [2] de fortifier les grandes capitales au moyen
de deux ou trois camps retranchés, disposés comme
l'indique la fig. 28 (en tenant compte toutefois de la
nature du terrain, qui doit nécessairement influer sur
la forme et l'emplacement des camps).

1. Voir le T. XVII du *Journal de l'armée belge.*
2. *Étude sur la fortification des capitales.*

Les trois camps seraient établis à peu près symétriquement, à une distance telle, qu'entre les forts intérieurs et la ville, il y eût une zone de 8 à 9 mille mètres de largeur, portée extrême des canons de place et de siége.

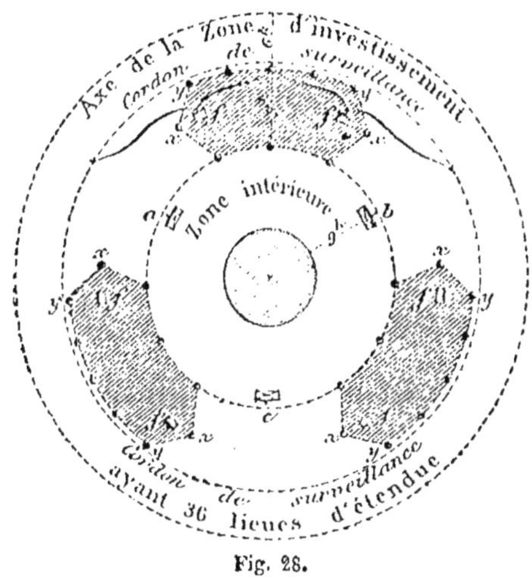

Fig. 28.

Supposons les troupes mobiles divisées en trois armées de deux ou trois corps chacune. On cantonnerait ou camperait ces troupes dans la zone en arrière des camps, de préférence dans les intervalles de ceux-ci, en *a*, *b* et *c*. Une triple voie ferrée et deux ou trois larges routes pavées relieraient entre eux les différents corps.

Grâce à ces dispositions, une des trois fractions de l'armée défensive pourrait, dans l'espace d'une nuit, être rejointe par les deux autres, alors même qu'on n'emploierait pas le chemin de fer de ceinture.

La forme des camps retranchés, le nombre, l'emplacement et la nature des forts, seraient réglés d'après les indications suivantes :

A. Les camps auraient 4 côtés. Le plus important, dirigé vers l'ennemi, s'appellerait *côté extérieur*, le côté opposé, dirigé vers la ville, porterait le nom de *gorge*, et les deux autres, dirigés vers les intervalles des camps, seraient désignés sous le nom de *côtés latéraux*.

B. Le côté extérieur aurait plus de longueur que les autres, et les forts qui l'occuperaient seraient plus importants. On espacerait ces forts d'environ 5000 mètres. Si des raisons locales obligeaient à les écarter davantage, on établirait dans leurs intervalles une ou deux batteries permanentes, à l'abri de l'attaque de vive force.

C. Indépendamment de ces *batteries intermédiaires* il y aurait, dans tous les intervalles menacés, des épaulements pour pièces de position et pour pièces légères, que l'on construirait au moment de la mise en état de défense. Nous recommandons aussi l'emploi de *batteries annexes*, établies à droite et à gauche des forts, à l'extrémité du glacis des fronts latéraux, et dans le prolongement des fronts de gorge [1].

D. Les forts de la gorge seraient organisés de manière à servir de dépôts de vivres, d'armes, de muni-

---

1. Nous avons proposé pour la première fois l'emploi de ces batteries, dans nos *Études sur la défense des États*, etc., en 1863. (Voir planches X, XI et XXXV).

tions, d'objets d'habillement et d'équipement. A cause de cette destination, et pour qu'il y eût dans chaque camp une zone soustraite, par son éloignement, aux feux de l'attaque, les forts dont il s'agit se trouveraient à plus d'une portée de canon des forts extérieurs.

Les forts de gorge n'auraient que le degré de résistance nécessaire pour être à l'abri d'un coup de main. On pourrait les établir à 7 ou 8 kilomètres l'un de l'autre.

Supposons que la capitale ait 5 kilomètres de rayon et la que zone centrale ait 9 kilomètres de profondeur. La circonférence à laquelle s'appuieront les *gorges* des camps aura, dans ce cas, une étendue de 88 kilomètres. En donnant à ces gorges une longueur de 14 kilomètres, occupée par 3 forts, et aux *côtés extérieurs* une longueur de 20 kilomètres, occupée par 5 forts, et en supposant que la distance moyenne entre les deux côtés soit de 9 kilomètres, on obtiendra le dispositif représenté par la fig. 28.

Les *côtés latéraux* ont été brisés en dehors, pour que les forts x, x, avancent dans les intervalles, et soutiennent mieux les forts voisins y, y.

Les troupes de la défense seraient divisées en trois armées de deux ou trois corps chacune.

L'un des corps de chaque armée formerait à tour de rôle le cordon de surveillance de la position. Le restant serait établi dans des cantonnements serrés, ou dans des baraques, occupant les intervalles des camps (Voir a, b et c, fig. 28).

E. Si la zone d'investissement a 7,000 mètres de profondeur, et si sa première ligne est tracée à 2,500 mètres des forts, l'axe de cette zone aura environ 36 lieues de développement. Il serait donc impossible à la plus grande armée du monde, et même à plusieurs armées coalisées, de bloquer une place de l'étendue de Paris, de Londres, de Berlin ou de Vienne, à laquelle on appliquerait le plan type dont il s'agit.

Nous entendons parler ici du *blocus hermétique*, qui empêche tout ravitaillement, toute arrivée de secours. Mais ce blocus n'est pas le seul qui soit à craindre pour les grands pivots stratégiques. Quelque vaste que soit le périmètre d'un camp retranché, l'ennemi pourra toujours, en lançant de grandes masses de cavalerie dans le pays, intercepter la plupart des convois que formeront les habitants et les garnisons des places non investies. Or, pour amener la reddition par la famine, il suffit que l'assiégeant parvienne à restreindre les arrivages au point que la moyenne des vivres introduits chaque jour dans le camp, soit inférieure à la consommation quotidienne de la garnison et des habitants. C'est pourquoi nous assignons une si grande importance aux camps retranchés qui peuvent conserver des communications libres avec la mer, après que l'ennemi s'est établi devant leurs murs. Anvers, Gênes et Portsmouth se trouvent dans ces conditions. Il en serait de même de Lisbonne et de Copenhague, si ces capitales étaient entourées d'une ligne de forts. Pour bloquer des positions de l'espèce, il ne suffit pas que l'assiégeant ait une grande supériorité sur l'assiégé, il faut encore qu'il soit maître de la mer, et en état de maintenir le blocus de ce côté, ce qui n'est pas une condition facile à remplir.

Notre plan type exigeant un plus grand nombre d'ouvrages qu'un camp retranché unique composé d'une ceinture de forts, les frais de construction, l'armement et l'effectif des troupes de garnison seraient plus considérables; mais il offrirait aussi plus de garanties à la défense.

En effet l'assiégeant, après avoir emporté d'assaut 2 ou 3 forts du camp unique, pourrait écraser l'armée dans ce camp, cheminer vers l'enceinte de sûreté, ou, si elle n'existait pas, se jeter dans la ville. Ces opérations seraient au contraire impossibles dans l'hypothèse d'un triple camp retranché, car si l'ennemi, après avoir pris 2 ou 3 forts extérieurs, cherchait à pénétrer dans l'un des camps, il serait menacé en flanc par les forts des *côtés latéraux* de ce camp, et arrêté de front par les forts de la *gorge*. L'armée défensive pourrait refuser le combat en se retirant dans les autres camps, et rien dès lors ne serait compromis. L'assiégeant devrait s'emparer des forts latéraux et des forts de gorge, pour être maître du camp évacué, puis recommencer les mêmes opérations contre les deux autres camps; or, cette succession d'efforts et de sacrifices épuiserait indubitablement l'armée la plus résolue et la plus nombreuse.

Pour obtenir le même résultat avec un camp retranché formé d'une ceinture d'ouvrages, il faudrait : 1° donner à la capitale une enceinte de sûreté ; 2° construire entre cette enceinte et les forts, plusieurs *lignes rayonnantes*, permettant à l'armée défensive de continuer la lutte en se retirant latéralement. Or ces lignes, divisant le camp unique en plusieurs camps accolés, réaliseraient l'idée mère de notre plan type, mais incomplétement et dans des conditions peu favorables. Notre plan, en effet, a l'avantage de ne pas exiger une enceinte de sûreté, difficile à rendre inattaquable de vive force, lorsqu'on la construit au moment de la guerre, et nuisible au développement des capitales lorsqu'on l'établit d'avance, en fortification permanente. Pour quelques capitales ce développement est si rapide, qu'il n'est pas possible d'en tenir compte, dans le tracé de l'enceinte et dans l'emplacement des forts, sans aboutir à des dépenses inacceptables. Ainsi Londres qui, en 1801, n'avait que 864,000 habitants, en avait en 1821, 1,225,000; en 1851, 2,362,000, et en 1871, 3,883,000.

Si donc l'on avait construit au commencement du siècle un camp retranché ordinaire autour de cette place, on eût été obligé de le démolir 30 ou 40 ans après.

La même remarque s'applique à Paris, dont la population était, sous Louis XIV, de 492,000 âmes, en 1771, de 610,000, en 1827, de 890,000 et en 1872, de 1,852,000; à Vienne, dont la population a

plus que doublé depuis 50 ans (elle est aujourd'hui de
674,000 âmes), et à Berlin qui avait en 1818, 192,000
habitants, et en compte actuellement 909,000.

Un autre avantage du dispositif à camps séparés
est de soustraire l'armée défensive aux pernicieuses
influences de la population, et de rendre son sort
indépendant des séditions qui pourraient éclater dans
la ville, avant ou pendant le siége. En effet, lorsqu'il y
a trois camps retranchés, la capitale ne se trouve dans
aucun de ces camps, et lorsqu'il n'y en a qu'un seul,
elle en occupe nécessairement le centre.

Dans le dispositif composé d'une ceinture de forts,
sans enceinte de sûreté, les grands dépôts d'armes, de
munitions, de vivres, d'objets d'équipement et d'habillement, sont exposés aux coups de main de l'ennemi, dès que la ligne est percée par la prise de deux
ou trois forts, et aux entreprises de la population, dès
que celle-ci est résolue à hâter la reddition en entra-
vant la défense. Ce dernier danger n'est pas évité par
la construction d'une enceinte, lorsque les magasins
et les grands dépôts se trouvent à l'intérieur.

Dans le dispositif composé de trois camps séparés,
rien de pareil n'est à craindre, parce que les dépôts,
occupant les forts de gorge de ces camps, sont à l'abri
de tout coup de main, tenté soit par l'ennemi soit par
la population.

Aussi longtemps que les armées tiendront la campagne, la garnison du pivot central se composera des
troupes nécessaires à la garde des ouvrages, et d'une

réserve forte de trois divisions. Ces divisions s'éta-
bliront dans les intervalles des camps retranchés, en
a b c (Voir fig. 28), de manière à pouvoir se réunir
promptement et repousser un corps ennemi qui tenterait de pénétrer dans la capitale, pour y lever des
impôts ou frapper les esprits par un coup d'audace.

La possibilité d'envahir la ville, lorsque la réserve
centrale est battue, semble un argument sans réplique,
en faveur de l'établissement d'une enceinte de sûreté;
mais, d'une part, cette entreprise offre tant de chances
défavorables, et, d'autre part, son influence, en cas de
succès, est si peu décisive, qu'il n'y a pas lieu de s'en
préoccuper beaucoup. On pourra, du reste, créer au
moment de la guerre, sur les points les plus exposés
du périmètre de la capitale, des retranchements provisoires, qui tiendront lieu de l'enceinte de sûreté, sans
en offrir les inconvénients.

APPENDICE

Description de la planche II.

Cette planche représente deux types de forts pour camps retranchés.

Le premier (voir la partie gauche du plan) pourra être appliqué dans la plupart des cas; le second (voir la partie droite) sera préférable pour les forts qui, par suite de leur isolement ou d'autres circonstances locales, sont exposés à une attaque pied à pied, continuée jusqu'au couronnement du chemin couvert.

Premier Type.

Nos deux types de forts ont le même profil.

Nous avons donné la préférence à l'escarpe détachée :

1º Parce qu'elle coûte moins qu'une escarpe terrassée ou une escarpe en décharge, et qu'à hauteur égale, elle oppose plus de difficulté à l'escalade, l'ennemi devant non seulement atteindre le haut du mur, mais encore descendre de l'autre côté, dans un couloir battu par l'artillerie flanquante;

2º Parce qu'elle permet d'élargir le fossé, sans augmenter les difficultés du défilement de l'escarpe, celle-ci pouvant être avancée autant qu'on le désire vers la contrescarpe. Cette propriété a une grande importance, l'ennemi ayant intérêt à combler les fossés étroits par la mine ou par d'autres moyens (sacs à terre, amas de fascines et de gabions, bottes de fumier et de foin mouillé, etc.);

3º Parce que l'escarpe détachée se prête mieux à une exécution rapide, cette escarpe ne devant pas être terminée, comme l'escarpe terrassée ou en décharge, avant de mettre le rempart sous profil, et pouvant, en cas de nécessité, être remplacée par une palissade ou une grille en fer.

4° Parce que le couloir en arrière de l'escarpe détachée, permet d'attaquer en flanc les colonnes d'assaut, et fournit à la garde du fort le moyen de surveiller de près le fossé capital pendant la nuit. Il suffit pour cela de pratiquer dans l'escarpe des ouvertures par lesquelles les sentinelles et les hommes de ronde puissent passer la tête. Nous ne sommes pas d'avis de créneler le mur détaché : non-seulement les fusiliers placés derrière ce mur, recevraient dans le dos les éclats des projectiles et les terres enlevées par les obus au talus extérieur du rempart, ce qui rendrait leur position fort critique, mais ils empêcheraient encore l'artillerie flanquante d'agir dans le couloir, au moment opportun, c'est-à-dire quand les défenseurs du mur crenelé seraient obligés de battre en retraite devant l'agresseur franchissant le mur directement ou par une brèche.

Le talus extérieur du rempart est interrompu par une berme de 1 à 2ᵐ de largeur, nécessaire pour faciliter la réparation des dégâts que les projectiles de l'assiégeant produisent dans ce talus.

Les caponnières sont semblables à celles que représente la fig. 13 (p. 162).

La partie droite de cette figure (qui donne le plan du rez-de-chaussée), montre de quelle manière est assurée la communication du fort avec le couloir en arrière de l'escarpe détachée. Pour flanquer la porte donnant accès sur ce couloir, il serait peut-être utile de créneler le local contigu au corps de garde, local que nous avons rempli de terre, afin d'empêcher que l'ennemi, trouant le mur de masque de ce local, par le tir indirect, ne pénètre par là dans le corps de garde et dans la poterne qui conduit à la caponnière.

La grille en fer qui contourne la caponnière, n'est utile que lorsque celle-ci, ayant seulement un étage et pouvant être escaladée facilement, il importe d'en rendre l'accès aussi difficile que possible.

Les traverses-abris du front de tête seront conformes à la fig. 23 (p. 197) si ce front peut être ricoché (auquel cas ces traverses doivent s'élever au-dessus de la ligne de feu). Dans le cas contraire, on appliquera les types fig. 24 et 25 qui représentent des traverses-abris, n'ayant que la hauteur du parapet.

Dans l'un et l'autre cas — mais plus facilement dans le dernier — on construira, entre les pièces, de petites banquettes pour la mousqueterie (voir fig. 26) et, sous le parapet, une galerie pour les servants et les tirailleurs au repos.

Indépendamment de ces banquettes, on construira des tranchées pour fusiliers, autour des traverses, dans le parapet, ou sur les traverses mêmes, dans le prolongement de la ligne de feu. On établira en outre, au centre du front, une barbette pour pièces mobiles, organisée de manière à pouvoir être occupée au besoin par l'infanterie.

Enfin, lorsque le fort sera pourvu de grandes caponnières (voir la moitié droite du plan) on creusera dans le prolongement du front de tête, au-dessus des demi-caponnières, des tranchées *g h*, pouvant servir d'abri à 25 ou 30 fusiliers.

Les traverses casematées *v, v*, qui se trouvent à l'extrémité antérieure des fronts latéraux sont pourvues d'un ascenseur pour canons et d'un escalier communiquant avec la galerie de circulation qui longe le talus intérieur du fort.

Bien que nos dessins représentent des traverses à vives arêtes de terrassements, on doit avoir soin, dans la pratique, d'arrondir ces arêtes, pour que l'ennemi n'en puisse prendre les prolongements. Il sera plus utile encore de cacher entièrement les traverses, surtout celles qui doivent s'élever au dessus du parapet, en plantant des genêts ou des broussailles sur la plongée, moyen très-simple et très-efficace, que nous avons recommandé aux ingénieurs dès 1863.

Les rampes du front de tête sont tracées et disposées de manière que l'infanterie puisse se porter en ordre de combat, sur le terre-plein de ce front, au moment où l'ennemi débouchera par la brèche et se répandra dans l'intérieur de l'ouvrage.

Le fossé du front de gorge est flanqué par l'artillerie à ciel ouvert de la queue du réduit (voir le profil nº 2).

Pour faciliter les retours offensifs on a ménagé dans ce front de larges passages *z*.

Sur le côté extérieur de ces passages, se trouve une rampe, soumise aux feux du réduit, et permettant à la réserve d'infanterie du fort ou à des troupes fraîches, tirées au dernier moment du camp retranché, de déboucher dans le fossé, pour attaquer en flanc les assaillants, soit qu'ils tentent l'escalade, soit qu'ils montent à l'assaut par la brèche.

Les voitures entrent dans le fort par une poterne dont le débouché intérieur est protégé contre les feux plongeants de l'attaque, par une haute traverse, renfermant des logements pour officiers.

Un escalier conduit de cette poterne au terre-plein du retranchement; la partie supérieure en est battue par la coupole du réduit.

Dans le glacis de la gorge, en capitale du fort, se trouve une tranchée à ciel ouvert, en forme de demi-hexagone, conduisant à la poterne du réduit. Les détails de cette entrée sont indiqués sur la planche XV de l'atlas de notre *Fortification à fossés secs*.

La porte du réduit (voir le plan de cet ouvrage, à l'échelle de 1/1000) est protégée par un tambour extérieur, composé de deux batardeaux pleins. Ces batardeaux sont précédés d'un fossé diamant, que l'on traverse sur un pont-levis (voir la partie droite du plan du réduit). On peut aussi disputer l'entrée du réduit au moyen de deux batardeaux creux (espèce de caponnières pour mousqueterie), communiquant avec des corps-de-garde intérieurs *b*. Ces batardeaux (voir la partie gauche du même plan) forment un tambour extérieur, d'où l'on débouche dans le fossé par deux passages, longeant la contrescarpe et qui sont fermés au moyen de fortes grilles *a*.

Pour augmenter les garanties contre une attaque de la queue du réduit, tentée, soit par des troupes qui déboucheraient de la poterne du glacis de la gorge, soit par des troupes qui s'introduiraient dans le fossé du réduit, on fermera l'entrée de celui-ci par une grille en fer *a*, on pratiquera des créneaux dans les pieds-droits des corps de garde *b*, de manière à créer un tambour intérieur *c*, et l'on établira à l'extrémité *d* de ce tambour, une porte en tôle, avec embrasure pour canon. Une pièce légère, placée derrière cette porte, et tirant à mitraille dans l'axe du passage, empêchera vraisemblablement l'ennemi de pénétrer par cette voie dans le réduit. On ne saurait prendre trop de précautions pour déjouer une pareille attaque, dont le succès entraînerait la perte du fort.

Le tambour extérieur de la queue du réduit donne accès, par les portes des batardeaux pleins ou par les grilles *a* placées aux extrémités des batardeaux creux (voir le plan à 1/1000), à de petites poternes *a* (voir le plan d'ensemble) débouchant derrière le mur détaché de la gorge. Ces poternes sont enfilées par une pièce légère, ou par une mitrailleuse établie au rez-de-chaussée du réduit; leur communication avec le fort est interrompue par des coupures que l'on franchit sur des ponts roulants. Entre ces coupures et le fossé du réduit se trouvent les portes d'entrée de la galerie de contrescarpe de la tête du réduit. Ces entrées sont suffisamment sûres; cependant les défenseurs de la galerie se trouveraient dans de meilleures conditions morales, s'ils pouvaient communiquer directement avec le réduit par une poterne passant sous le plafond du fossé.

La galerie de contrescarpe de la queue du réduit est séparée de celle de la tête, pour que l'ennemi, maître de celle-ci, ne puisse pas s'étendre jusqu'à la gorge et intercepter les communications du réduit avec l'intérieur du camp retranché. A cause de cette grande importance de la galerie de contrescarpe de la queue, il faut qu'on puisse la défendre pied à pied. Sa sécurité serait plus complète encore (en cas d'attaque par la gorge surtout), si elle ne communiquait pas avec la poterne d'entrée, et si ses défenseurs pouvaient se retirer dans le réduit par une galerie passant sous le fossé. Le plan à l'échelle de 1/1000 fait connaître les principales dispositions du réduit. Une porte, soustraite aux vues et aux coups de l'ennemi, débouche sur la plate forme de la *queue*, dans l'axe de l'ouvrage ; une autre, située à l'une des extrémités du chemin de ronde de la *tête*, donne accès sur ce chemin aux hommes chargés de réparer le talus extérieur, ou de défendre le haut de l'escarpe. (Ces portes sont indiquées sur le plan d'ensemble du fort, au moyen de flèches.)

Deuxième Type.

Les caponnières de ce type sont tracées et combinées de manière que leur fossé soit battu par l'artillerie du corps de place.

Pour obtenir ce résultat, il était nécessaire de fermer les trouées du fossé au moyen de masques terminés en glacis. Or ces masques ont le grave inconvénient de faciliter l'escalade de la caponnière, en réduisant la hauteur de son escarpe vers les épaules. Nous avons fait disparaître cet inconvénient en brisant les faces de la caponnière, de façon à créer, entre ces faces et le glacis du masque, une coupure Y, formant le prolongement du fossé diamant de la caponnière. Cette coupure, que nous appellerons *cour extérieure*, est battue par les créneaux de la caponnière, surveillée par la garnison de cet ouvrage, et placée sous l'action directe des défenseurs du corps de place, lesquels peuvent s'y rendre facilement et promptement, par les portes des batardeaux qui relient les masques à la caponnière (voir pl. II, coupes E F et G H).

Ces batardeaux sont nécessaires pour qu'il n'y ait pas d'interruption dans la masse couvrante servant à défiler l'escarpe du front de tête. Ils empêchent que l'ennemi tirant à feux plongeants dans la direction des fossés diamants de la caponnière, ne détruise la partie de l'escarpe qui se trouve au droit de ce fossé (voir la coupe E F).

La caponnière du front de tête est séparée du corps de

place par une coupure communiquant avec le couloir en arrière de l'escarpe détachée.

Pour donner à cette caponnière le maximum de valeur défensive, nous avons assuré à son fossé, indépendamment d'un flanquement direct d'artillerie, un flanquement à revers de mousqueterie, en crénelant la contrescarpe (voir la coupe C D).

Les entrées de cette galerie se trouvent en Y, dans les cours extérieures de la caponnière, sous l'œil et sous la main des défenseurs de cet ouvrage.

Nous avons cherché en outre à procurer à la garnison le moyen de faire sans difficulté et sans danger des sorties contre les troupes qui tenteraient l'escalade de la caponnière. Nous y sommes parvenus en construisant, sous le glacis des places d'armes rentrantes, des blockhaus X en maçonnerie, soustraits aux vues et aux coups de l'ennemi. On communique avec ces blockhaus par des poternes, dont les entrées se trouvent en Y, à côté de celles des poternes conduisant à la galerie de contrescarpe.

Par cette disposition, la surveillance des communications devient très-facile, et l'on évite tout danger qui pourrait résulter d'une vive poursuite des défenseurs à travers les dites poternes.

Un fossé avec pont-levis de 4 m. de largeur établit une séparation entre les blockhaus et le terre-plein des places d'armes rentrantes.

Afin de rendre encore plus difficile à l'ennemi l'accès de ces blockhaus, on établit une forte grille au pied du talus de banquette des places d'armes rentrantes, et l'on prolonge cette grille sur le bord de la contrescarpe du fossé de la caponnière (pour que l'assaillant ne puisse pas pénétrer dans ce fossé, en sautant sur le glacis des masques).

La coupe C D montre que la galerie d'escarpe de la caponnière du front de tête est organisée de manière que de cette galerie, on puisse non-seulement battre le fossé de feux directs de mousqueterie, mais encore faire rouler dans ce fossé des obus et des bombes par des gaînes inclinées, ce qui constitue un moyen de défense très-simple, et, vraisemblablement, très-efficace.

La caponnière du front de tête, devant pouvoir résister au tir des batteries d'enfilade, comme au tir des batteries du couronnement, il sera nécessaire de protéger ses pièces par des *embrasures tunnels*, appelées aussi *visières d'embrasures* [1] (voir coupe G H).

1. C'est le nom qu'on leur donne généralement en France.

Dans le but d'augmenter l'efficacité du flanquement, nous avons donné à la caponnière de tête une plate-forme pour fusiliers, sur laquelle on pourrait également installer quelques pièces légères.

Les demi-caponnières sont organisées comme la caponnière principale, avec cette différence qu'elles n'ont pas de plate-forme pour mousqueterie, ni de galerie crénelée de contrescarpe, et qu'elles ne sont pas protégées extérieurement par une place d'armes rentrante avec blockhaus casematé, pour les sorties.

A l'extrémité de chaque demi-caponnière se trouve une porte donnant sur le couloir en arrière de l'escarpe détachée du front qu'elle flanque.

Dans la plupart des cas, il sera inutile de protéger les batteries flanquantes des demi-caponnières au moyen d'embrasures-tunnels, l'ennemi pouvant difficilement établir une contre-batterie au droit du fossé des fronts latéraux et, plus difficilement encore, élever dans l'intérieur du camp des batteries à tir indirect pour éteindre le feu des demi-caponnières.

Le fossé de la gorge du fort est flanqué par l'artillerie casematée de la queue du réduit, tirant à travers des masques à la Chasseloup, dont le profil n° 2 fait connaître les principales dimensions.

Les traverses-abris sont disposées et organisées comme celles du 1er type de fort.

Il en est de même de la galerie, longeant le talus intérieur, et servant à assurer les communications, lorsque la cour du fort est rendue inhabitable par le feu des batteries de l'attaque.

L'une des extrémités de cette galerie se trouve au débouché de la poterne d'entrée du fort (voir le 1er type) et l'autre, dans la traverse casematée w du retranchement (on pourrait, à la rigueur, supprimer la partie comprise entre cette traverse et la poterne conduisant à la demi-caponnière).

L'entrée pour voitures est semblable à celle du 1er type.

Le demi-front contigu à celui où se trouve cette entrée, a les éléments nécessaires pour qu'on y établisse rapidement sous la protection des feux du réduit, un large pont provisoire, permettant de lancer de fortes colonnes dans le fort, au moment où l'ennemi y pénètrera. Les culées, les piles et les rampes d'accès de ce pont seront seules construites d'avance. Les longerons et les madriers, préparés et tenus en magasin, seront posés en quelques minutes, pendant que l'artillerie du réduit tiendra l'ennemi éloigné du front de gorge, d'où il pourrait contrarier le travail.

BRIALMONT.   15

Indépendamment de ces deux ponts, il existe d'autres voies pour pénétrer dans le fort, quand le moment sera venu de tenter un vigoureux coup de main contre l'assaillant, maître de l'enveloppe.

En effet, une rampe, en capitale du redan de la gorge, conduit au tambour qui couvre l'entrée de la poterne par laquelle on arrive au fossé du réduit. Dans cette poterne débouchent deux escaliers, conduisant sur le terre-plein du redan, d'où l'on peut gagner ensuite l'intérieur du fort, en passant au-dessus des masques à la Chasseloup. (Voir les flèches.)

On peut encore pénétrer dans le fort d'une autre manière, en débouchant du tambour qui protége la porte d'entrée du réduit, et en se rendant de là dans le couloir du front de gorge, par deux poternes traversant le masque à la Chasseloup.

Ces poternes, battues par l'artillerie du rez-de-chaussée du réduit, sont interrompues par des coupures analogues à celles qui interrompent les poternes *a* du 1er type. Entre ces coupures et le fossé du réduit, se trouvent les portes d'entrée de la galerie de contrescarpe de la tête du réduit.

La galerie de contrescarpe de la queue du réduit est analogue à celle du 1er type.

Pour rendre plus difficile une attaque faite dans le but d'envahir le fossé du réduit, par la poterne en capitale du redan, il y a lieu de construire dans cette poterne une coupure avec pont-roulant, défendue par un tambour intérieur, analogue à celui de la fig. 18 (représentant une interception de poterne dans un fort à fossés pleins d'eau).

Remarque.

Le front de tête du 2e type de fort, décrit plus haut, remplit toutes les conditions voulues pour résister à une attaque pied-à-pied. On pourrait donc l'appliquer utilement à la défense des accès principaux d'une place ordinaire.

Le front de tête du 1er type conviendrait pour les accès les moins exposés.

L'un et l'autre sont plus simples, occupent moins de terrain, exigent moins de dépense et offrent plus de garanties que n'en pourraient offrir des fronts bastionnés, pourvus des mêmes éléments de défense (flancs casematés, traverses-abris, galeries de circulation, etc., etc.).

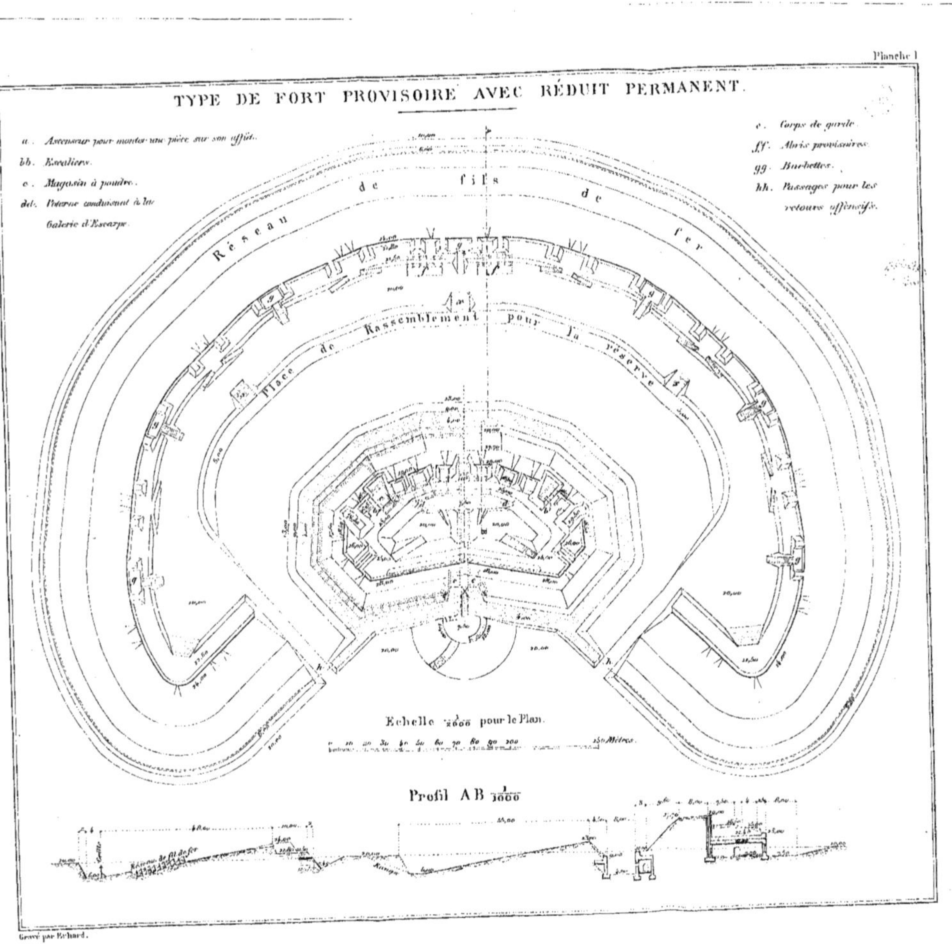

TYPE DE FORT PROVISOIRE AVEC RÉDUIT PERMANENT.
a . Ascenseur pour monter une pièce sur son affût.
bb. Escaliers.
c . Magasin à poudre.
dd. Poterne conduisant à la Galerie d'Escarpe.
e . Corps de garde.
ff. Abris provisoires.
gg. Buchettes.
hh. Passages pour les retours offensifs.
Réseau de fils de fer
Place de Rassemblement pour la réserve
Echelle 1/2000 pour le Plan.
150 Mètres.
Profil AB 1/1000
Gravé par Erhard.

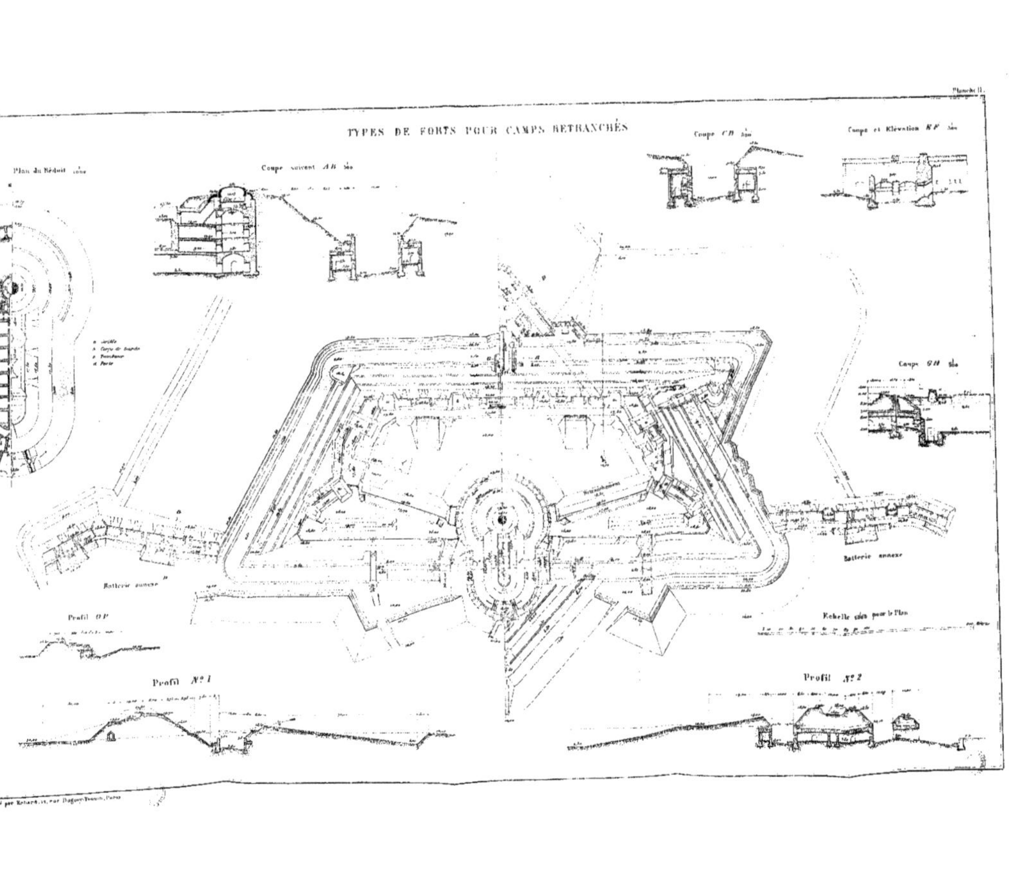

Planche II.
TYPES DE FORTS POUR CAMPS RETRANCHÉS
Plan du Réduit
Coupe suivant AB
Coupe CD
Coupe et Élévation EF
Coupe GH
a Grille
b Corps de garde
c Tranchée
d Porte
Batterie annexe
Batterie annexe
Echelle pour le Plan
Profil OP
Profil N° 1
Profil N° 2

TABLE DES MATIÈRES

FIN DE LA TABLE DES MATIÈRES.

Coulommiers. — Typ. PAUL BRODARD et Cⁱᵉ.

ANCIENNE LIBRAIRIE GERMER-BAILLIÈRE ET Cie
FÉLIX ALCAN, ÉDITEUR

CATALOGUE

DES

LIVRES DE FONDS

(PHILOSOPHIE — HISTOIRE)

TABLE DES MATIÈRES

On peut se procurer tous les ouvrages qui se trouvent dans ce Catalogue par l'intermédiaire des libraires de France et de l'Étranger.

On peut également les recevoir *franco* par la poste, sans augmentation des prix désignés, en joignant à la demande des TIMBRES-POSTE FRANÇAIS ou un MANDAT sur Paris.

PARIS

108, BOULEVARD SAINT-GERMAIN, 108

Au coin de la rue Hautefeuille.

OCTOBRE 1888

Les titres précédés d'un *astérisque* sont recommandés par le Ministère de l'Instruction publique pour les Bibliothèques et pour les distributions de prix des lycées et des collèges. — Les lettres V. P. indiquent les volumes adoptés pour les distributions de prix et les Bibliothèques de la Ville de Paris.

BIBLIOTHÈQUE DE PHILOSOPHIE CONTEMPORAINE

Volumes in-12 brochés à 2 fr. 50.

Cartonnés toile. 3 francs. — En demi-reliure, plats papier. 4 francs.

Quelques-uns de ces volumes sont épuisés, et il n'en reste que peu d'exemplaires imprimés sur papier vélin ; ces volumes sont annoncés au prix de 5 francs.

ALAUX, professeur à la Faculté des lettres d'Alger. **Philosophie de M. Cousin.**

AUBER (Ed.). **Philosophie de la médecine.**

BALLET (G.), professeur agrégé à la Faculté de médecine. **Le Langage intérieur et les diverses formes de l'aphasie, avec figures dans le texte.** 2ᵉ édit. 1888.

* BARTHÉLEMY SAINT-HILAIRE, de l'Institut. **De la Métaphysique.**

* BEAUSSIRE, de l'Institut. **Antécédents de l'hégélianisme dans la philosophie française.**

* BERSOT (Ernest), de l'Institut. **Libre Philosophie.** (V. P.)

* BERTAULD, de l'Institut. **L'Ordre social et l'Ordre moral.**

— **De la Philosophie sociale.**

BINET (A.). **La Psychologie du raisonnement,** expériences par l'hypnotisme.

BOST. **Le Protestantisme libéral.**

BOUILLIER. **Plaisir et Douleur.** Papier vélin.   5 fr.

* BOUTMY (E.), de l'Institut. **Philosophie de l'architecture en Grèce.** (V. P.)

* CHALLEMEL-LACOUR. **La Philosophie individualiste,** étude sur G. de Humboldt. (V. P.)

COIGNET (Mᵐᵉ C.). **La Morale indépendante.**

COQUEREL Fils (Ath.). **Transformations historiques du christianisme.**

— **La Conscience et la Foi.**

— **Histoire du Credo.**

COSTE (Ad.). **Les Conditions sociales du bonheur et de la force.** (V. P.)

DELBŒUF (J.). **La Matière brute et la Matière vivante.** Étude sur l'origine de la vie et de la mort.

ESPINAS (A.), doyen de la Faculté des lettres de Bordeaux. **La Philosophie expérimentale en Italie.**

FAIVRE (E.), professeur à la Faculté des sciences de Lyon. **De la Variabilité des espèces.**

FÉRÉ (Ch.). **Sensation et Mouvement.** Étude de psycho-mécanique, avec figures.

— **Dégénérescence et Criminalité,** avec figures. 1888.

FONTANÈS. **Le Christianisme moderne.**

FONVIELLE (W. de). **L'Astronomie moderne.**

* FRANCK (Ad.), de l'Institut. **Philosophie du droit pénal.** 3ᵉ édit.

— **Des Rapports de la religion et de l'Etat.** 2ᵉ édit.

— **La Philosophie mystique en France au XVIIIᵉ siècle.**

* GARNIER. **De la Morale dans l'antiquité.** Papier vélin.   5 fr.

GAUCKLER. **Le Beau et son histoire.**

HAECKEL, prof. à l'Université d'Iéna. **Les Preuves du transformisme.** 2ᵉ édit.

HARTMANN (E. de). **La Religion de l'avenir.** 2ᵉ édit.

— **Le Darwinisme, ce qu'il y a de vrai et de faux dans cette doctrine.** 3ᵉ édit.

* HERBERT SPENCER. **Classification des sciences,** trad. de M. Cazelles. 4ᵉ édit.

— **L'Individu contre l'État,** traduit par M. Gerschel. 2ᵉ édit.

Suite de la *Bibliothèque de philosophie contemporaine*, format in-12
à 2 fr. 50 le volume.

* JANET (Paul), de l'Institut. **Le Matérialisme contemporain.** 4e édit.
— * **La Crise philosophique.** Taine, Renan, Vacherot, Littré.
— * **Philosophie de la Révolution française.** 4e édit. (V. P.)
— * **Saint-Simon et le Saint-Simonisme.**
— **Les Origines du socialisme contemporain.**
* LAUGEL (Auguste). **L'Optique et les Arts.** (V. P.)
— * **Les Problèmes de la nature.**
— * **Les Problèmes de la vie.**
— * **Les Problèmes de l'âme.**
— * **La Voix, l'Oreille et la Musique.** Papier vélin.   5 fr.
LEBLAIS. **Matérialisme et Spiritualisme.**
* LEMOINE (Albert), maître de conférences à l'École normale. **Le Vitalisme et l'Animisme.**
— * **De la Physionomie et de la Parole.**
LEOPARDI. **Opuscules et Pensées,** traduit par M. Aug. Dapples.
LEVALLOIS (Jules). **Déisme et Christianisme.**
* LÉVÊQUE (Charles), de l'Institut. **Le Spiritualisme dans l'art.**
— * **La Science de l'invisible.**
LÉVY (Antoine). **Morceaux choisis des philosophes allemands.**
* LIARD, directeur de l'Enseignement supérieur. **Les Logiciens anglais contemporains.** 2e édit.
— * **Des définitions géométriques et des définitions empiriques.** 2e édit.
MARIANO. **La Philosophie contemporaine en Italie.**
* MARION, professeur à la Faculté des lettres de Paris. **J. Locke, sa vie, son œuvre.**
* MILSAND. **L'Esthétique anglaise,** étude sur John Ruskin.
MOSSO. **La Peur.** Étude psycho-physiologique, trad. de l'italien par F. Hément (avec figures).
ODYSSE BAROT. **Philosophie de l'histoire.**
PAULHAN. **Les Phénomènes affectifs et les lois de leur apparition.** Essai de psychologie générale.
PI Y MARGALL. **Les Nationalités,** traduit par M. L. X. de Ricard.
* RÉMUSAT (Charles de), de l'Académie française. **Philosophie religieuse.**
RÉVILLE (A.), professeur au Collège de France. **Histoire du dogme de la divinité de Jésus-Christ.** Papier vélin.   5 fr.
RIBOT (Th.), directeur de la *Revue philos.* **La Philosophie de Schopenhauer.** 3e édition.
— * **Les Maladies de la mémoire.** 5e édit.
— **Les Maladies de la volonté.** 5e édit.
— **Les Maladies de la personnalité.** 2e édit.
— **La Psychologie de l'attention.** 1888.
RICHET (Ch.), professeur à la Faculté de médecine. **Essai de psychologie générale** (avec figures).
ROISEL. **De la Substance.**
SAIGEY. **La Physique moderne.** 2e tirage. (V. P.)
* SAISSET (Émile), de l'Institut. **L'Âme et la Vie.**
— * **Critique et Histoire de la philosophie** (fragm. e disc.).
SCHMIDT (O.). **Les Sciences naturelles et la Philosophie de l'inconscient.**
SCHŒBEL. **Philosophie de la raison pure.**

Suite de la *Bibliothèque de philosophie contemporaine*, format in-12,
à 2 fr. 50 le volume.

* SCHOPENHAUER. **Le Libre arbitre,** traduit par M. Salomon Reinach. 3° édit.
— * **Le Fondement de la morale,** traduit par M. A. Burdeau. 3° édit.
— **Pensées et Fragments,** avec intr. par M. J. Bourdeau. 9° édit.
SELDEN (Camille). **La Musique en Allemagne,** étude sur Mendelssohn. (V. P.)
SICILIANI (P.). **La Psychogénie moderne.**
STRICKER. **Le Langage et la Musique,** traduit par M. Schwiedland.
* STUART MILL. **Auguste Comte et la Philosophie positive,** traduit par M. Clé-
menceau. 2° édit. (V. P.)
— **L'Utilitarisme,** traduit par M. Le Monnier.
TAINE (H.), de l'Académie française. **L'Idéalisme anglais,** étude sur Carlyle.
— * **Philosophie de l'art dans les Pays-Bas.** 2° édit. (V. P.)
— * **Philosophie de l'art en Grèce.** 2° édit. (V. P.)
— * **Philosophie de l'art en Italie.** Papier vélin.   5 fr.
TARDE. **La Criminalité comparée.**
TISSANDIER. **Des Sciences occultes et du Spiritisme.** Pap. vélin.   5 fr.
* VACHEROT (Et.), de l'Institut. **La Science et la Conscience.**
VÉRA (A.), professeur à l'Université de Naples. **Philosophie hégélienne.**
VIANNA DE LIMA. **L'Homme selon le transformisme.** 1888.
ZELLER. **Christian Baur et l'École de Tubingue,** traduit par M. Ritter.

BIBLIOTHÈQUE DE PHILOSOPHIE CONTEMPORAINE

Volumes in-8.

Brochés à 5 fr., 7 fr. 50 et 10 fr. — Cart. anglais, 1 fr. en plus par volume.
Demi-reliure........................ 2 francs.

* AGASSIZ. **De l'Espèce et des Classifications.** 1 vol.   5 fr.
* BAIN (Alex.). **La Logique inductive et déductive.** Traduit de l'anglais par
M. G. Compayré, 2 vol. 2° édit.   20 fr.
— * **Les Sens et l'Intelligence.** 1 vol. Traduit par M. Cazelles. 2° édit.   10 fr.
— * **L'Esprit et le Corps.** 1 vol. 4° édit.   6 fr.
— **La Science de l'Éducation.** 1 vol. 6° édit.   6 fr.
— **Les Émotions et la Volonté.** Trad. par M. Le Monnier. 1 vol.   10 fr.
* BARDOUX, sénateur. **Les Légistes, leur influence sur la société française.**
1 vol.   5 fr.
* BARNI (Jules). **La Morale dans la démocratie.** 1 vol. 2° édit. précédée d'une
préface de M. D. NOLEN, recteur de l'académie de Douai. (V. P.)   5 fr.
BEAUSSIRE (Émile), de l'Institut. **Les Principes de la morale.** 1 vol.   5 fr.
— **Les Principes du droit.** 1 vol. in-8. 1888.   7 fr. 50
BERTRAND (A.), professeur à la Faculté des lettres de Lyon. **L'Aperception du
corps humain par la conscience.** 1 vol. Cart.   6 fr.
BÜCHNER. **Nature et Science.** 1 vol. 2° édit. Traduit par M. Lauth.   7 fr. 50
CARRAU (Ludovic), professeur à la Faculté des lettres de Paris. **La Philosophie
religieuse en Angleterre,** depuis Locke jusqu'à nos jours. 1 vol. 1888. 5 fr.
CLAY (R.). **L'Alternative, contribution à la psychologie.** 1 vol. Traduit de
l'anglais par M. A. Burdeau, député, ancien prof. au lycée Louis-le-Grand. 10 fr.
EGGER (V.), professeur à la Faculté des lettres de Nancy. **La Parole intérieure.**
1 vol.   5 fr.
ESPINAS (Alf.), doyen de la Faculté des lettres de Bordeaux. **Des Sociétés ani-
males.** 1 vol. 2° édit.   7 fr. 50
FERRI (Louis), correspondant de l'Institut. **La Psychologie de l'association,**
depuis Hobbes jusqu'à nos jours. 1 vol.   7 fr. 50

Suite de la *Bibliothèque de philosophie contemporaine*, format in-8.

* FLINT, professeur à l'Université d'Edimbourg. **La Philosophie de l'histoire en France**. Traduit de l'anglais par M. Ludovic Carrau, professeur à la Faculté des lettres de Paris. 1 vol. — 7 fr. 50

— * **La Philosophie de l'histoire en Allemagne**. Trad. de l'angl. par M. Ludovic Carrau. 1 vol. — 7 fr. 50

FONSEGRIVES. **Essai sur le libre arbitre**. Sa théorie, son histoire. 1 vol. 1887. 10 fr.

* FOUILLÉE (Alf.), ancien maître de conférences à l'École normale supérieure. **La Liberté et le Déterminisme**. 1 vol. 2e édit. — 7 fr. 50

— **Critique des systèmes de morale contemporains**. 1 vol. 2e édit. — 7 fr. 50

L'Avenir de la Morale, de l'Art et de la Religion, d'après M. Guyau. 1 vol. (*Sous presse.*)

FRANCK (A.), de l'Institut. **Philosophie du droit civil**. 1 vol. — 5 fr.

GAROFALO, agrégé de l'Université de Naples. **La Criminologie**. 1 vol. — 7 fr. 50

* GUYAU. **La Morale anglaise contemporaine**. 1 vol. 2e édit. — 7 fr. 50

— **Les Problèmes de l'esthétique contemporaine**. 1 vol. — 5 fr.

— **Esquisse d'une morale sans obligation ni sanction**. 1 vol. — 5 fr.

— **L'Irréligion de l'avenir**, étude de sociologie. 1 vol. 2e édit. — 7 fr. 50

— **L'Art au point de vue sociologique**. (*Sous presse.*)

— **Hérédité et éducation**, étude sociologique. (*Sous presse.*)

HERBERT SPENCER *. **Les Premiers Principes**. Traduit par M. Cazelles. 1 fort volume. — 10 fr.

— **Principes de biologie**. Traduit par M. Cazelles. 2 vol. — 20 fr.

— * **Principes de psychologie**. Trad. par MM. Ribot et Espinas. 2 vol. — 20 fr.

— * **Principes de sociologie** :

Tome I. Traduit par M. Cazelles. 1 vol. — 10 fr.
Tome II. Traduit par MM. Cazelles et Gerschel. 1 vol. — 7 fr. 50
Tome III. Traduit par M. Cazelles. 1 vol. — 15 fr.
Tome IV. Traduit par M. Cazelles. 1 vol. — 3 fr. 75

— * **Essais sur le progrès**. Traduit par M. A. Burdeau. 1 vol. 2e édit. — 7 fr. 50

— **Essais de politique**. Traduit par M. A. Burdeau. 1 vol. 2e édit. — 7 fr. 50

— **Essais scientifiques**. Traduit par M. A. Burdeau. 1 vol. 2e édit. — 7 fr. 50

* **De l'Éducation physique, intellectuelle et morale**. 1 vol. 5e édit. — 5 fr.

— * **Introduction à la science sociale**. 1 vol. 9e édit. — 6 fr.

— **Les Bases de la morale évolutionniste**. 1 vol. 4e édit. — 6 fr.

— * **Classification des sciences**. 1 vol. in-18. 4e édit. — 2 fr. 50

— **L'Individu contre l'État**. Traduit par M. Gerschel. 1 vol. in-18. 2e édit. 2 fr. 50

— **Descriptive Sociology**, or Groups of sociological facts. French compiled by James Collier. 1 vol. in-folio. — 50 fr.

* HUXLEY, de la Société royale de Londres. **Hume, sa vie, sa philosophie**. Traduit de l'anglais et précédé d'une Introduction par G. Compayré. 1 vol. — 5 fr.

* JANET (Paul), de l'Institut. **Les Causes finales**. 1 vol. 2e édit. — 10 fr.

— * **Histoire de la science politique dans ses rapports avec la morale**. 2 forts vol. in-8. 3e édit., revue, remaniée et considérablement augmentée. — 20 fr.

* LAUGEL (Auguste). **Les Problèmes** (Problèmes de la nature, problèmes de la vie, problèmes de l'âme). 1 vol. — 7 fr. 50

* LAVELEYE (de), correspondant de l'Institut. **De la Propriété et de ses formes primitives**. 1 vol. 4e édit. (*Sous presse.*)

— **Le Gouvernement de la démocratie**. 1 vol. (*Sous presse.*)

* LIARD, directeur de l'enseignement supérieur. **La Science positive et la Métaphysique**. 1 vol. 2e édit. — 7 fr. 50

— **Descartes**. 1 vol. — 5 fr.

LYON (Georges), professeur au lycée Henri IV. **L'Idéalisme en Angleterre au XVIII° siècle**. 1 vol. in-8. 1888. — 7 fr. 50

LOMBROSO. **L'Homme criminel** (criminel-né, fou-moral, épileptique). Étude anthropologique et médico-légale, précédée d'une préface de M. le docteur Letourneau. 1 vol. in-8. — 10 fr.

— **Atlas** de 40 planches, contenant de nombreux portraits, fac-similé d'écritures et de dessins, tableaux et courbes statistiques pour accompagner ledit ouvrage. 2e édition. — 12 fr.

Suite de la *Bibliothèque de philosophie contemporaine*, format in-8.

MARION (H.), professeur à la Faculté des lettres de Paris. **De la Solidarité morale.** Essai de psychologie appliquée. 1 vol. 2ᵉ édit. (V. P.)   5 fr.

MATTHEW ARNOLD. **La Crise religieuse.** 1 vol.   7 fr. 50

MAUDSLEY. **La Pathologie de l'esprit.** 1 vol. Trad. par M. Germont.   10 fr.

* NAVILLE (E.), correspond. de l'Institut. **La Logique de l'hypothèse.** 1 vol.   5 fr.

PÉREZ (Bernard). **Les trois premières années de l'enfant.** 1 vol. 3ᵉ édit.   5 fr.

— **L'Enfant de trois à sept ans.** 1 vol.   5 fr.

— **L'Éducation morale dès le berceau.** 1 vol. 2ᵉ édit. 1888.   5 fr.

— **L'Art et la Poésie chez l'enfant.** 1 vol. 1888.   5 fr.

PIDERIT. **La Mimique et la Physiognomonie.** Trad. de l'allemand par M. Girot. 1 vol. avec 95 figures dans le texte. 1888.   5 fr.

PREYER, professeur à la Faculté d'Iéna. **Éléments de physiologie.** Traduit de l'allemand par M. J. Soury. 1 vol.   5 fr.

— **L'Ame de l'enfant.** Observations sur le développement psychique des premières années. 1 vol., traduit de l'allemand par M. H. C. de Varigny. 1887.   10 fr.

* QUATREFAGES (De), de l'Institut. **Ch. Darwin et ses précurseurs français.** 1 vol.   5 fr.

RIBOT (Th.), directeur de la *Revue philosophique*. **L'Hérédité psychologique.** 1 vol. 3ᵉ édit.   7 fr. 50

— * **La Psychologie anglaise contemporaine.** 1 vol. 3ᵉ édit.   7 fr. 50

— * **La Psychologie allemande contemporaine.** 1 vol. 2ᵉ édit.   7 fr. 50

RICHET (Ch.), professeur à la Faculté de médecine de Paris. **L'Homme et l'Intelligence.** Fragments de psychologie et de physiologie. 1 vol. 2ᵉ édit.   10 fr.

ROBERTY (E. de). **L'Ancienne et la Nouvelle philosophie.** 1 vol.   7 fr. 50

SAIGEY (Émile). **Les Sciences au XVIIIᵉ siècle.** La physique de Voltaire. 1 vol.   5 fr.

SCHOPENHAUER. **Aphorismes sur la sagesse dans la vie.** 3ᵉ édit. Traduit par M. Cantacuzène. 1 vol.   5 fr.

— **De la quadruple racine du principe de la raison suffisante,** suivi d'une *Histoire de la doctrine de l'idéal et du réel.* Trad. par M. Cantacuzène. 1 vol.   5 fr.

— **Le monde comme volonté et représentation.** Traduit de l'allemand par M. A. Burdeau. 3 vol. Tome I, 1 vol.   7 fr. 50

Tome II, 1 vol.   7 fr. 50

Le tome III paraîtra au commencement de l'année 1889.

SÉAILLES, maître de conférences à la Faculté des lettres de Paris. **Essai sur le génie dans l'art.** 1 vol.   5 fr.

SERGI, professeur à l'Université de Rome. **La Psychologie physiologique,** traduite de l'italien par M. Mouton. 1 vol. avec figures. 1888.   7 fr. 50

* STUART MILL. **La Philosophie de Hamilton.** 1 vol.   10 fr.

— * **Mes Mémoires.** Histoire de ma vie et de mes idées. Traduit de l'anglais par M. E. Cazelles. 1 vol.   5 fr.

— * **Système de logique déductive et inductive.** Trad. de l'anglais par M. Louis Peisse. 3ᵉ édit. 2 vol.   20 fr.

— * **Essais sur la religion.** 2ᵉ édit. 1 vol.   5 fr.

SULLY (James). **Le Pessimisme.** Trad. par MM. Bertrand et Gérard. 1 vol.   7 fr. 50

VACHEROT (Et.), de l'Institut. **Essais de philosophie critique.** 1 vol.   7 fr. 50

— **La Religion.** 1 vol.   7 fr. 50

WUNDT. **Éléments de psychologie physiologique.** 2 vol. avec figures, trad. de l'allem. par le Dʳ Élie Rouvier, et précédés d'une préface de M. D. Nolen.   20 fr.

ÉDITIONS ÉTRANGÈRES

Éditions anglaises.

AUGUSTE LAUGEL. The United States during the war. In-8.   7 sh. 6 p.

ALBERT RÉVILLE. History of the doctrine of the deity of Jesus-Christ.   3 sh. 6 p.

H. TAINE. Italy (Naples et Rome).   7 sh. 6 p.

H. TAINE. The philosophy of Art.   3 sh.

PAUL JANET. The Materialism of present day. 1 vol. in-18, rel.   3 sh.

Éditions allemandes.

JULES BARNI. Napoléon Iᵉʳ. In-18.   3 m.

PAUL JANET. Der Materialismus unsere Zeit. 1 vol. in-18.   3 m.

H. TAINE. Philosophie der Kunst. 1 volume in-18.   3 m.

COLLECTION HISTORIQUE DES GRANDS PHILOSOPHES

PHILOSOPHIE ANCIENNE

ARISTOTE (Œuvres d'), traduction de M. Barthélemy Saint-Hilaire.

— **Psychologie** (Opuscules), avec notes. 1 vol. in-8 .... 10 fr.

— **Rhétorique**, avec notes. 1870. 2 vol. in-8 .... 16 fr.

— **Politique**, 1868, 1 v. in-8. 10 fr.

— **Traité du ciel**, 1866. 1 fort vol. grand in-8 .... 10 fr.

— **La Métaphysique d'Aristote.** 3 vol. in-8, 1879 .... 30 fr.

— **Traité de la production et de la destruction des choses**, avec notes. 1866. 1 v. gr. in-8 .... 10 fr.

— **De la Logique d'Aristote**, par M. Barthélemy Saint-Hilaire. 2 vol. in-8 .... 10 fr.

* SOCRATE. **La Philosophie de Socrate**, par M. Alf. Fouillée. 2 vol. in-8 .... 16 fr.

* PLATON. **La Philosophie de Platon**, par M. Alfred Fouillée. 2 vol. in-8 .... 16 fr.

— **Études sur la Dialectique dans Platon et dans Hegel**, par M. Paul Janet. 1 vol. in-8. 6 fr.

— **Platon et Aristote**, par Van der Rest. 1 vol. in-8 .... 10 fr.

* ÉPICURE. **La Morale d'Épicure** et ses rapports avec les doctrines contemporaines, par M. Guyau. 1 vol. in-8. 3e édit.... 7 fr. 50

* ÉCOLE D'ALEXANDRIE. **Histoire de l'École d'Alexandrie**, par M. Barthélemy Saint-Hilaire. 1 v. in-8 .... 6 fr.

MARC-AURÈLE. **Pensées de Marc-Aurèle**, traduites et annotées par M. Barthélemy Saint-Hilaire. 1 vol. in-18 .... 4 fr. 50

BÉNARD. **La Philosophie ancienne**, histoire de ses systèmes. Première partie : *La Philosophie et la Sagesse orientales.* — *La Philosophie grecque avant Socrate.* — *Socrate et les socratiques.* — *Études sur les sophistes grecs.* 1 vol. in-8. 1885........ 9 fr.

BROCHARD (V.). **Les Sceptiques grecs** (couronné par l'Académie des sciences morales et politiques). 1 vol. in-8. 1887........ 8 fr.

* FABRE (Joseph). **Histoire de la philosophie, antiquité et moyen âge.** 1 vol. in-18. .... 3 fr. 50

OGEREAU. **Essai sur le système philosophique des stoïciens.** 1 vol. in-8. 1885........ 5 fr.

FAVRE (Mme Jules), née Velten. **La Morale des stoïciens.** 1 volume in-18. 1887........ 3 fr. 50

— **La Morale de Socrate.** 1 vol. in-18. 1888........ 3 fr. 50

TANNERY (Paul). **Pour l'histoire de la science hellène** (de Thalès à Empédocle). 1 v. in-8. 1887. 7 fr. 50

PHILOSOPHIE MODERNE

* LEIBNIZ. **Œuvres philosophiques**, avec introduction et notes par M. Paul Janet. 2 vol. in-8. 16 fr.

— **Leibniz et Pierre le Grand**, par Foucher de Careil. 1 v. in-8. 2 fr.

— **Leibniz et les deux Sophie**, par Foucher de Careil. In-8. 2 fr.

DESCARTES, par Louis Liard. 1 vol. in-8.................... 5 fr.

— **Essai sur l'Esthétique de Descartes**, par Krantz. 1 v. in-8. 6 fr.

* SPINOZA. **Dieu, l'homme et la béatitude**, trad. et précédé d'une introd. de P. Janet. In-18. 2 fr. 50

— **Benedicti de Spinoza opera quotquot reperta sunt**, recognoverunt J. Van Vloten et J.-P.-N. Land. 2 forts vol. in-8 sur papier de Hollande .... 45 fr.

* LOCKE. **Sa vie et ses œuvres**, par M. Marion. 1 vol. in-18. 2 fr. 50

* MALEBRANCHE. **La Philosophie de Malebranche**, par M. Ollé-Laprune. 2 vol. in-8...... 16 fr.

PASCAL. **Études sur le scepticisme de Pascal**, par M. Droz, 1 vol. in-8.............. 6 fr.

* VOLTAIRE. **Les Sciences au XVIIIe siècle.** Voltaire physicien, par M. Em. Saigey. 1 vol. in-8. 5 fr.

FRANCK (Ad.). **La Philosophie mystique en France au XVIIIe siècle.** 1 vol. in-18... 2 fr. 50

* DAMIRON. **Mémoires pour servir à l'histoire de la philosophie au XVIIIe siècle.** 3 vol. in-8. 15 fr.

PHILOSOPHIE ECOSSAISE

* DUGALD STEWART. **Éléments de la philosophie de l'esprit humain**, traduits de l'anglais par L. PEISSE. 3 vol. in-12... 9 fr.
* HAMILTON. **La Philosophie de Hamilton**, par J. STUART MILL, 1 vol. in-8............. 10 fr.
* HUME. **Sa vie et sa philosophie**, par Th. HUXLEY, trad. de l'angl. par M. G. COMPAYRÉ. 1 vol. in-8. 5 fr.

PHILOSOPHIE ALLEMANDE

KANT. **La Critique de la raison pratique**, traduction nouvelle avec introduction et notes, par M. PICAVET. 1 vol. in-8. 1888... 6 fr.

— **Critique de la raison pure**, trad. par M. TISSOT. 2 v. in-8. 16 fr.

— Même ouvrage, traduction par M. Jules BARNI. 2 vol. in-8.. 16 fr.

* — **Éclaircissements sur la Critique de la raison pure**, trad. par M. J. TISSOT. 1 vol. in-8... 6 fr.

— **Principes métaphysiques de la morale**, augmentés des *Fondements de la métaphysique des mœurs*, traduct. par M. TISSOT. 1 v. in-8. 8 fr.

— Même ouvrage, traduction par M. Jules BARNI. 1 vol. in-8... 8 fr.

* — **La Logique**, traduction par M. TISSOT. 1 vol. in-8..... 4 fr.

* — **Mélanges de logique**, traduction par M. TISSOT. 1 v. in-8. 6 fr.

* — **Prolégomènes à toute métaphysique future** qui se présentera comme science, traduction de M. TISSOT. 1 vol. in-8... 6 fr.

* — **Anthropologie**, suivie de divers fragments relatifs aux rapports du physique et du moral de l'homme, et du commerce des esprits d'un monde à l'autre, traduction par M. TISSOT. 1 vol. in-8..... 6 fr.

— **Traité de pédagogie**, trad. J. BARNI; préface et notes par M. Raymond THAMIN. 1 vol. in-12. 2 fr.

* FICHTE. **Méthode pour arriver à la vie bienheureuse**, trad. par M. Fr. BOUILLIER. 1 vol. in-8. 8 fr.

— **Destination du savant et de l'homme de lettres**, traduit par M. NICOLAS. 1 vol. in-8. 3 fr.

* — **Doctrines de la science**. 1 vol. in-8............. 9 fr.

SCHELLING. **Bruno**, ou du principe divin. 1 vol. in-8...... 3 fr. 50

SCHELLING. **Écrits philosophiques** et morceaux propres à donner une idée de son système, traduit par M. Ch. BÉNARD. 1 vol. in-8. 9 fr.

HEGEL. * **Logique**. 2e édit. 2 vol. in-8............... 14 fr.

* — **Philosophie de la nature**. 3 vol. in-8............ 25 fr.

* — **Philosophie de l'esprit**. 2 vol. in-8............ 18 fr.

* — **Philosophie de la religion**. 2 vol. in-8.......... 20 fr.

— **Essais de philosophie hégélienne**, par A. VÉRA. 1 vol. 2 fr. 50

— **La Poétique**, trad. par M. Ch. BÉNARD. Extraits de Schiller, Gœthe, Jean, Paul, etc., et sur divers sujets relatifs à la poésie. 2 v. in-8. 12 fr.

— **Esthétique**. 2 vol. in-8, traduit par M. BÉNARD....... 16 fr.

— — **Antécédents de l'hégélianisme dans la philosophie française**, par M. BEAUSSIRE. 1 vol. in-18.......... 2 fr. 50

* — **La Dialectique dans Hegel et dans Platon**, par M. Paul JANET. 1 vol. in-8........... 6 fr.

— — **Introduction à la philosophie de Hegel**, par VÉRA. 1 vol. in-8. 2e édit............. 6 fr. 50

HUMBOLDT (G. de). **Essai sur les limites de l'action de l'État**. 1 vol. in-18......... 3 fr. 50

— * **La Philosophie individualiste**, étude sur G. de HUMBOLDT, par M. CHALLEMEL-LACOUR. 1 v. in-18. 2 fr. 50

* STAHL. **Le Vitalisme et l'Animisme de Stahl**, par M. Albert LEMOINE. 1 vol. in-18.... 2 fr. 50

LESSING. **Le Christianisme moderne**. Étude sur Lessing, par M. FONTANÈS. 1 vol. in-18. 2 fr. 50

PHILOSOPHIE ALLEMANDE CONTEMPORAINE

BUCHNER (L.). **Nature et Science.** 1 vol. in-8. 2ᵉ édit...... 7 fr. 50

— * **Le Matérialisme contemporain**, par M. P. JANET. 4ᵉ édit. 1 vol. in-18........ 2 fr. 50

CHRISTIAN BAUR et l'École de Tubingue, par M. Ed. ZELLER. 1 vol. in-18.......... 2 fr. 50

HARTMANN (E. de). **La Religion de l'avenir.** 1 vol. in-18.. 2 fr. 50

— **Le Darwinisme**, ce qu'il y a de vrai et de faux dans cette doctrine. 1 vol. in-18. 3ᵒ édition.. 2 fr. 50

HAECKEL. **Les Preuves du transformisme.** 1 vol. in-18. 2 fr. 50

O. SCHMIDT. **Les Sciences naturelles et la Philosophie de l'inconscient.** 1 v. in-18. 2 fr. 50

PIDERIT. **La Mimique et la Physiognomonie.** 1 v. in-8. 5 fr.

PREYER. **Éléments de physiologie.** 1 vol. in-8........ 5 fr.

— **L'Ame de l'enfant.** Observations sur le développement psychique des premières années. 1 vol. in-8. 10 fr.

SCHŒBEL. **Philosophie de la raison pure.** 1 vol. in-18. 2 fr. 50

SCHOPENHAUER. **Essai sur le libre arbitre.** 1 vol. in-18. 3ᵉ éd. 2 fr. 50

— **Le Fondement de la morale.** 1 vol. in-18.......... 2 fr. 50

— **Essais et fragments**, traduit et précédé d'une Vie de Schopenhauer, par M. BOURDEAU. 1 vol. in-18. 6ᵉ édit........ 2 fr. 50

— **Aphorismes sur la sagesse dans la vie.** 1 vol. in-8. 3ᵉ éd. 5 fr.

— **De la quadruple racine du principe de la raison suffisante.** 1 vol. in-8....... 5 fr.

— **Le Monde comme volonté et représentation.** Tome premier. 1 vol. in-8.......... 7 fr. 50

— **Schopenhauer et les origines de sa métaphysique**, par M. L. DUCROS. 1 vol. in-8..... 3 fr. 50

— **La Philosophie de Schopenhauer**, par M. Th. RIBOT. 1 vol. in-18. 3ᵒ édit.......... 2 fr. 50

RIBOT (Th.). **La Psychologie allemande contemporaine.** 1 vol. in-8. 2ᵉ édit........ 7 fr. 50

STRICKER. **Le Langage et la Musique.** 1 vol. in-18....... 2 fr. 50

WUNDT. **Psychologie physiologique.** 2 vol. in-8 avec fig. 20 fr.

PHILOSOPHIE ANGLAISE CONTEMPORAINE

STUART MILL *. **La Philosophie de Hamilton.** 1 fort vol. in-8. 10 fr.

— * **Mes Mémoires.** Histoire de ma vie et de mes idées. 1 v. in-8. 5 fr.

— * **Système de logique déductive et inductive.** 2 v. in-8. 20 fr.

— * **Auguste Comte** et la philosophie positive. 1 vol. in-18. 2 fr. 50

— **L'Utilitarisme.** 1 v. in-18. 2 fr. 50

— **Essais sur la Religion.** 1 vol. in-8. 2ᵉ édit.......... 5 fr.

— **La République de 1848 et ses détracteurs**, trad. et préface de M. SADI CARNOT. 1 v. in-18. 1 fr.

— **La Philosophie de Stuart Mill**, par H. LAURET. 1 v. in-8. 6 fr.

HERBERT SPENCER *. **Les Premiers Principes.** 1 fort volume in-8.............. 10 fr.

HERBERT SPENCER *. **Principes de biologie.** 2 forts vol. in-8. 20 fr.

— * **Principes de psychologie.** 2 vol. in-8............ 20 fr.

— * **Introduction à la science sociale.** 1 v. in-8 cart. 6ᵉ édit. 6 fr.

— * **Principes de sociologie.** 4 vol. in-8.............. 36 fr. 25

— * **Classification des sciences.** 1 vol. in-18. 2ᵉ édition. 2 fr. 50

— * **De l'éducation intellectuelle, morale et physique.** 1 vol. in-8. 5ᵉ édit............. 5 fr.

— * **Essais sur le progrès.** 1 vol. in-8. 2ᵉ édit......... 7 fr. 50

— **Essais de politique.** 1 vol. in-8. 2ᵉ édit......... 7 fr. 50

— **Essais scientifiques.** 1 vol. in-8............... 7 fr. 50

HERBERT SPENCER *. **Les Bases de la morale évolutionniste.** 1 vol. in-8, 3e édit. . . . . 6 fr.

— **L'Individu contre l'État.** 1 vol. in-18. 2e édit. . . . . 2 fr. 50

BAIN *. **Des sens et de l'intelligence.** 1 vol. in-8. . . . 10 fr.

— **Les Émotions et la Volonté.** 1 vol. in-8. . . . . 10 fr.

— * **La Logique inductive et déductive.** 2 vol. in-8. 2e édit. 20 fr.

— * **L'Esprit et le Corps.** 1 vol. in-8, cartonné, 4e édit . . . . 6 fr.

— * **La Science de l'éducation.** 1 vol. in-8, cartonné. 6e édit. 6 fr.

DARWIN *. **Ch. Darwin et ses précurseurs français,** par M. de QUATREFAGES. 1 vol. in-8. . 5 fr.

— * **Descendance et Darwinisme,** par Oscar SCHMIDT. 1 vol. in-8 cart. 5e édit. . . . . 6 fr.

— **Le Darwinisme,** par E. DE HARTMANN. 1 vol. in-18. . 2 fr. 50

FERRIER. Les Fonctions du Cerveau. 1 vol. in-8. . . . . . . 10 fr.

CHARLTON BASTIAN. Le cerveau, organe de la pensée chez l'homme et les animaux. 2 vol. in-8. 12 fr.

CARLYLE. L'idéalisme anglais, étude sur Carlyle, par H. TAINE. 1 vol. in-18. . . . . 2 fr. 50

BAGEHOT *. **Lois scientifiques du développement des nations.** 1 vol. in-8, cart. 4e édit. . . . 6 fr.

DRAPER. Les Conflits de la science et de la religion. 1 volume in-8. 7e édit. . . . . 6 fr.

RUSKIN (JOHN) *. **L'Esthétique anglaise,** étude sur J. Ruskin, par MILSAND. 1 vol. in-18 . . . 2 fr. 50

MATTHEW ARNOLD. La Crise religieuse. 1 vol. in-8. . . . 7 fr. 50

MAUDSLEY *. **Le Crime et la Folie.** 1 vol. in-8. cart. 5e édit. . . 6 fr.

— **La Pathologie de l'esprit.** 1 vol in-8. . . . . 10 fr.

FLINT *. **La Philosophie de l'histoire en France et en Allemagne.** 2 vol in-8. Chacun, séparément . . . . 7 fr. 50

RIBOT (Th.). La Psychologie anglaise contemporaine. 3e édit. 1 vol. in-8. . . . . 7 fr. 50

LIARD *. **Les Logiciens anglais contemporains.** 1 vol. in-18. 2e édit. . . . . 2 fr. 50

GUYAU *. **La Morale anglaise contemporaine.** 1 v. in-8. 2e éd. 7 fr. 50

HUXLEY *. **Hume, sa vie, sa philosophie.** 1 vol. in-8. . . . . . 5 fr.

JAMES SULLY. Le Pessimisme. 1 vol. in-8. . . . . 7 fr. 50

— **Les Illusions des sens et de l'esprit.** 1 vol. in-8, cart. . 6 fr.

CARRAU (L.). La Philosophie religieuse en Angleterre, depuis Locke jusqu'à nos jours. 1 volume in-8. . . . . 5 fr.

LYON (Georges). L'idéalisme en Angleterre au XVIIIe siècle. 1 vol. in-8. . . . . 7 fr. 50

PHILOSOPHIE ITALIENNE CONTEMPORAINE

SICILIANI. La Psychogénie moderne. 1 vol. in-18. . . . . 2 fr. 50

ESPINAS *. **La Philosophie expérimentale en Italie,** origines, état actuel. 1 vol. in-18. 2 fr. 50

MARIANO. La Philosophie contemporaine en Italie, essais de philos. hegelienne. 1 v. in-18. 2 fr. 50

FERRI (Louis). Essai sur l'histoire de la philosophie en Italie au XIXe siècle. 2 vol. in-8. 12 fr.

— **La Philosophie de l'association depuis Hobbes jusqu'à nos jours.** In-8. . . . . 7 fr. 50

MINGHETTI. L'État et l'Église. 1 vol. in-8. . . . . 5 fr.

LEOPARDI. Opuscules et pensées. 1 vol. in-18. . . . . 2 fr. 50

MOSSO. La Peur. 1 vol. in-18. 2 fr. 50

LOMBROSO. L'Homme criminel. 1 vol. in-8. . . . . 10 fr.

— **Atlas** accompagnant l'ouvrage ci-dessus. . . . . 12 fr.

MANTEGAZZA. La Physionomie et l'Expression des sentiments. 1 vol. in-8 cart. . . . . 6 fr.

SERGI. La Psychologie physiologique. 1 vol. in-8. . . 7 fr. 50

GAROFALO. La Criminologie. 1 volume in-8. . . . . 7 fr. 50

OUVRAGES DE PHILOSOPHIE
Prescrits pour l'enseignement des Lycées et des Collèges

COURS ÉLÉMENTAIRE
DE

PHILOSOPHIE
SUIVI

DE NOTIONS D'HISTOIRE DE LA PHILOSOPHIE
ET DE SUJETS DE DISSERTATIONS DONNÉS A LA FACULTÉ DES LETTRES DE PARIS
DE 1866 A 1888

Par Émile BOIRAC
Professeur de philosophie au lycée Condorcet

1 volume in-8° de 582 pages...................... 6 fr. 50

AUTEURS DEVANT ÊTRE EXPLIQUÉS DANS LA CLASSE DE PHILOSOPHIE

AUTEURS FRANÇAIS

CONDILLAC. — **Traité des Sensations**, livre I, avec notes, par Georges LYON, ancien élève de l'École normale supérieure, professeur au lycée Henri IV, docteur ès lettres. 1 vol. in-12... 1 fr. 40

DESCARTES. — **Discours sur la Méthode** et première méditation, avec notes, introduction et commentaires, par V. BROCHARD, maître de conférences à l'École normale supérieure. 1 vol. in-12. 2e édition...................................... 2 fr.

DESCARTES. — **Les Principes de la philosophie**, livre I, avec notes, par LE MÊME. 1 vol. in-12, broché.................................... 1 fr. 25

LEIBNIZ. — **La Monadologie**, avec notes, introduction et commentaires, par D. NOLEN, ancien élève de l'École normale supérieure, recteur de l'Académie de Besançon. 1 vol. in-12. 2e édit.. 2 fr.

LEIBNIZ. — **Nouveaux essais sur l'entendement humain**. Avant-propos et livre I, avec notes, par Paul JANET, professeur à la Faculté des lettres de Paris. 1 vol. in-12....... 1 fr.

MALEBRANCHE. — **De la recherche de la vérité**, livre II (de l'Imagination), avec notes, par Pierre JANET, ancien élève de l'École normale supérieure, professeur agrégé au lycée du Havre. 1 vol. in-12, broché......................... 1 fr. 80

PASCAL. — **De l'autorité en matière de philosophie. — De l'esprit géométrique. — Entretien avec M. de Sacy**, avec notes, par ROBERT, doyen de la Faculté des lettres de Rennes. 1 vol. in-12...................................... 1 fr.

AUTEURS LATINS

CICÉRON. — **De natura Deorum**, livre II, avec notes, par PICAVET, agrégé de l'Université, bibliothécaire des conférences de philosophie à la Faculté des lettres de Paris. 1 vol. in-12. 2 fr.

CICÉRON. — **De Officiis**, livre I, avec notes, par E. BOIRAC, professeur agrégé au lycée Condorcet. 1 vol. in-12.................................... 1 fr. 40

LUCRÈCE. — **De natura rerum**, livre V, avec notes, par G. LYON, ancien élève de l'École normale supérieure, professeur agrégé au lycée Henri IV. 1 vol. in-12......... 1 fr. 50

SÉNÈQUE. — **Lettres à Lucilius** (les 16 premières), avec notes, par DAURIAC, ancien élève de l'École normale supérieure, professeur à la Faculté des lettres de Montpellier. 1 vol. in-12. 1 fr. 25

AUTEURS GRECS

ARISTOTE. — **Morale à Nicomaque**, livre X, avec notes, par L. CARRAU, professeur à la Faculté des lettres de Paris. 1 vol. in-12............................... 1 fr. 25

ÉPICTÈTE. — **Manuel**, avec notes, par MONTARGIS, ancien élève de l'École normale supérieure, agrégé de l'Université. 1 vol. in-12.................................. 1 fr.

PLATON. — **La République**, livre VI, avec notes, par ESPINAS, ancien élève de l'École normale supérieure, doyen de la Faculté des lettres de Bordeaux. 1 vol. in-12............. 2 fr.

XÉNOPHON. — **Mémorables**, livre I, avec notes, par PENJON, ancien élève de l'École normale supérieure, professeur à la Faculté des lettres de Lille. 1 vol. in-12............. 1 fr. 25

CLASSE DE MATHÉMATIQUES ÉLÉMENTAIRES. — **Résumé de philosophie et analyse des auteurs** (logique, morale, auteurs latins, auteurs français, langues vivantes), à l'usage des candidats au baccalauréat ès sciences, par THOMAS, professeur agrégé de philosophie au lycée de Brest, et REYNIER, professeur agrégé au lycée de Toulouse. 1 vol. in-12. 2e éd. 2 fr.

BIBLIOTHÈQUE
D'HISTOIRE CONTEMPORAINE

Volumes in-18 brochés à 3 fr. 50. — Volumes in-8 brochés à 5 et 7 francs.

Cartonnage anglais, 50 cent. par vol. in-18; 1 fr. par vol. in-8.

Demi-reliure, 1 fr. 50 par vol. in-18; 2 fr. par vol. in-8.

EUROPE

* SYBEL (H. de). **Histoire de l'Europe pendant la Révolution française**, traduit de l'allemand par Mlle DOSQUET. Ouvrage complet en 6 vol. in-8.   42 fr.
Chaque volume séparément.   7 fr.

FRANCE

BLANC (Louis). **Histoire de Dix ans.** 5 vol. in-8.   25 fr.
Chaque volume séparément.   5 fr.
— 25 pl. en taille-douce. Illustrations pour l'*Histoire de Dix ans.*   6 fr.
* BOERT. **La Guerre de 1870-1871,** d'après le colonel fédéral suisse Rustow. 1 vol. in-18. (V. P.)   3 fr. 50
CARLYLE. **Histoire de la Révolution française.** Traduit de l'anglais. 3 vol. in-18.
Chaque volume.   3 fr. 50
* CARNOT (H.), sénateur. **La Révolution française,** résumé historique. 1 volume in-18. Nouvelle édit. (V. P.)   3 fr. 50
ÉLIAS REGNAULT. **Histoire de Huit ans** (1840-1848). 3 vol. in-8.   15 fr.
Chaque volume séparément.   5 fr.
— 14 planches en taille-douce, illustrations pour l'*Histoire de Huit ans.*   4 fr.
* GAFFAREL (P.), professeur à la Faculté des lettres de Dijon. **Les Colonies françaises.** 1 vol. in-8. 4e édit. (V. P.)   5 fr.
* LAUGEL (A.). **La France politique et sociale.** 1 vol. in-8.   5 fr.
ROCHAU (de). **Histoire de la Restauration.** 1 vol. in-18.   3 fr. 50
* TAXILE DELORD. **Histoire du second Empire** (1848-1870). 6 vol. in-8.   42 fr.
Chaque volume séparément.   7 fr.
WAHL, professeur au lycée Lakanal. **L'Algérie.** 1 vol. in-8. 2e édit. (V. P.)   5 fr.
LANESSAN (de), député. **L'Expansion coloniale de la France.** Étude économique, politique et géographique sur les établissements français d'outre-mer. 1 fort vol. in-8, avec cartes. 1886.   12 fr.
— **La Tunisie.** 1 vol. in-8 avec une carte en couleurs. 1887.   5 fr.
— **L'Indo-Chine française.** 1 vol. in-8 avec cartes. (*Sous presse.*)

ANGLETERRE

* BAGEHOT (W.). **Lombard-street.** Le Marché financier en Angleterre. 1 vol. in-18.   3 fr. 50
GLADSTONE (E. W.). **Questions constitutionnelles** (1873-1878). — Le prince-époux. — Le droit électoral. Traduit de l'anglais, et précédé d'une Introduction par Albert GIGOT. 1 vol. in-8.   5 fr.
* LAUGEL (Aug.). **Lord Palmerston et lord Russel.** 1 vol. in-18.   3 fr. 50
* SIR CORNEWAL LEWIS. **Histoire gouvernementale de l'Angleterre depuis 1770 jusqu'à 1830.** Traduit de l'anglais. 1 vol. in-8.   7 fr.
* REYNALD (H.), doyen de la Faculté des lettres d'Aix. **Histoire de l'Angleterre** depuis la reine Anne jusqu'à nos jours. 1 vol. in-18. 2e édit. (V. P.)   3 fr. 50
* THACKERAY. **Les Quatre George.** Traduit de l'anglais par LEFOYER. 1 vol. in-18. (V. P.)   3 fr. 50

ALLEMAGNE

* VÉRON (Eug.). **Histoire de la Prusse,** depuis la mort de Frédéric II jusqu'à la bataille de Sadowa. 1 vol. in-18. 4e édit. (V. P.)   3 fr. 50
— * **Histoire de l'Allemagne,** depuis la bataille de Sadowa jusqu'à nos jours. 1 vol. in-18. 2e édit. (V. P.)   3 fr. 50
* BOURLOTON (Ed.). **L'Allemagne contemporaine.** 1 vol. in-18.   3 fr. 50

AUTRICHE-HONGRIE

* ASSELINE (L.). **Histoire de l'Autriche,** depuis la mort de Marie-Thérèse jusqu'à nos jours. 1 vol. in-18. 3e édit. (V. P.)   3 fr. 50
SAYOUS (Ed.), professeur à la Faculté des lettres de Toulouse. **Histoire des Hongrois et de leur littérature politique,** de 1790 à 1815. 1 vol. in-18.   3 fr. 50

ITALIE

SORIN (Élie). **Histoire de l'Italie,** depuis 1815 jusqu'à la mort de Victor-Emma-
nuel. 1 vol. in-18. 1888.   3 fr. 50

ESPAGNE

* REYNALD (H.). **Histoire de l'Espagne** depuis la mort de Charles III jusqu'à
nos jours. 1 vol. in-18. (V. P.)   3 fr. 50

RUSSIE

HERBERT BARRY. **La Russie contemporaine.** Traduit de l'anglais. 1 vol. in-18.
(V. P.)   3 fr. 50
CRÉHANGE (M.). **Histoire contemporaine de la Russie.** 1 vol. in-18. (V. P.) 3 fr. 50

SUISSE

* DAENDLIKER. **Histoire du peuple suisse.** Trad. de l'allem. par Mme Jules FAVRE
et précédé d'une Introduction de M. Jules FAVRE. 1 vol. in-8. (V. P.)   5 fr.
DIXON (H.). **La Suisse contemporaine.** 1 vol. in-18, trad. de l'angl. (V. P.) 3 fr. 50

AMÉRIQUE

DEBERLE (Alf.). **Histoire de l'Amérique du Sud,** depuis sa conquête jusqu'à nos
jours. 1 vol. in-18. 2e édit. (V. P.)   3 fr. 50
* LAUGEL (Aug.). **Les États-Unis pendant la guerre.** 1861-1864. Souvenirs
personnels. 1 vol. in-18.   3 fr. 50

---

* BARNI (Jules). **Histoire des idées morales et politiques en France au
dix-huitième siècle.** 2 vol. in-18. (V. P.) Chaque volume.   3 fr. 50
— * **Les Moralistes français au dix-huitième siècle.** 1 vol. in-18 faisant suite
aux deux précédents. (V. P.)   3 fr. 50
BEAUSSIRE (Émile), de l'Institut. **La Guerre étrangère et la Guerre civile.**
1 vol. in-18.   3 fr. 50
* DESPOIS (Eug.). **Le Vandalisme révolutionnaire.** Fondations littéraires, scien-
tifiques et artistiques de la Convention. 2e édition, précédée d'une notice sur
l'auteur par M. Charles BIGOT. 1 vol. in-18. (V. P.)   3 fr. 50
* CLAMAGERAN (J.), sénateur. **La France républicaine.** 1 vol. in-18. (V. P.) 3 fr. 50
LAVELEYE (E. de), correspondant de l'Institut. **Le Socialisme contemporain.**
1 vol. in-18. 4e édit. augmentée.   3 fr. 50
MARCELLIN PELLET, ancien député. **Variétés révolutionnaires.** 2 vol. in-18,
précédés d'une Préface de A. RANC. Chaque volume séparément.   3 fr. 50
SPULLER (E.), député, ancien ministre de l'Instruction publique. **Figures dispa-
rues,** portraits contemporains, littéraires et politiques. 1 vol. in-18. 2e édit. 3 fr. 50

BIBLIOTHÈQUE INTERNATIONALE
D'HISTOIRE MILITAIRE

25 VOLUMES PETIT IN-8° DE 250 A 400 PAGES

AVEC CROQUIS DANS LE TEXTE

Chaque volume cartonné à l'anglaise............. **5 francs.**

VOLUMES PUBLIÉS :

1. — **Précis des campagnes de Gustave-Adolphe en Allemagne (1630-1632),**
précédé d'une Bibliographie générale de l'histoire militaire des temps
modernes.
2. — **Précis des campagnes de Turenne (1644-1675).**
3. — **Précis de la campagne de 1805 en Allemagne et en Italie.**
4. — **Précis de la campagne de 1815 dans les Pays-Bas.**
5. — **Précis de la campagne de 1859 en Italie.**
6. — **Précis de la guerre de 1866 en Allemagne et en Italie.**

BIBLIOTHÈQUE HISTORIQUE ET POLITIQUE

* ALBANY DE FONBLANQUE. **L'Angleterre, son gouvernement, ses institutions.** Traduit de l'anglais sur la 14e édition par M. F. C. DREYFUS, avec Introduction par M. H. BRISSON. 1 vol. in-8. 5 fr.

BENLOEW. **Les Lois de l'Histoire.** 1 vol. in-8. 5 fr.

* DESCHANEL (E.). **Le Peuple et la Bourgeoisie.** 1 vol. in-8, 2e éd. 5 fr.

DU CASSE. **Les Rois frères de Napoléon Ier.** 1 vol. in-8. 10 fr.

MINGHETTI. **L'État et l'Église.** 1 vol. in-8. 5 fr.

LOUIS BLANC. **Discours politiques** (1848-1881). 1 vol. in-8. 7 fr. 50

PHILIPPSON. **La Contre-révolution religieuse au XVIe siècle.** 1 vol. in-8. 10 fr.

HENRARD (P.). **Henri IV et la princesse de Condé.** 1 vol. in-8. 6 fr.

NOVICOW. **La Politique internationale,** précédé d'une Préface de M. Eugène VÉRON. 1 fort vol. in-8. 7 fr.

DREYFUS (F. C.). **La France, son gouvernement, ses institutions.** 1 vol. (Sous presse.)

PUBLICATIONS HISTORIQUES ILLUSTRÉES

HISTOIRE ILLUSTRÉE DU SECOND EMPIRE, par Taxile DELORD. 6 vol. in-8 colombier avec 500 gravures de FERAT, Fr. REGAMEY, etc. Chaque vol. broché, 8 fr. — Cart. doré, tr. dorées. 11 fr. 50

HISTOIRE POPULAIRE DE LA FRANCE, depuis les origines jusqu'en 1815. — Nouvelle édition. — 4 vol. in-8 colombier avec 1323 gravures sur bois dans le texte. Chaque vol. broché, 7 fr. 50 — Cart. toile, tranches dorées. 11 fr.

RECUEIL DES INSTRUCTIONS

DONNÉES

AUX AMBASSADEURS ET MINISTRES DE FRANCE

DEPUIS LES TRAITÉS DE WESTPHALIE JUSQU'A LA RÉVOLUTION FRANÇAISE

Publié sous les auspices de la Commission des archives diplomatiques au Ministère des affaires étrangères.

Beaux volumes in-8 cavalier, imprimés sur papier de Hollande :

I. — **AUTRICHE,** avec Introduction et notes, par M. Albert SOREL. 20 fr.

II. — **SUÈDE,** avec Introduction et notes, par M. A. GEFFROY, membre de l'Institut. 20 fr.

III. — **PORTUGAL,** avec Introduction et notes, par le vicomte DE CAIX DE SAINT-AYMOUR. 20 fr.

IV et V. — **POLOGNE,** avec Introduction et notes, par M. LOUIS FARGES, 2 vol. 30 fr.

VI. — **ROME,** avec Introduction et notes, par M. G. HANOTAUX, 1 vol. in-8. 20 fr.

La publication se continuera par les volumes suivants :

ANGLETERRE, par M. Jusserand.
PRUSSE, par M. E. Lavisse.
RUSSIE, par M. A. Rambaud.
TURQUIE, par M. Girard de Rialle.
HOLLANDE, par M. H. Maze.
ESPAGNE, par M. Morel Fatio.
DANEMARK, par M. Geffroy.

SAVOIE ET MANTOUE, par M. Armingaud.
BAVIÈRE ET PALATINAT, par M. Lebon.
NAPLES ET PARME, par M. Joseph Reinach.
DIÈTE GERMANIQUE, par M. Chuquet.
VENISE, par M. Jean Kaulek.

INVENTAIRE ANALYTIQUE

DES

ARCHIVES DU MINISTÈRE DES AFFAIRES ÉTRANGÈRES

Publié sous les auspices de la Commission des archives diplomatiques

I. — **Correspondance politique de MM. de CASTILLON et de MARILLAC, ambassadeurs de France en Angleterre (1538-1540)**, par M. JEAN KAULEK, avec la collaboration de MM. Louis Farges et Germain Lefèvre-Pontalis. 1 beau volume in-8 raisin sur papier fort.. 15 francs.

II. — **Papiers de BARTHÉLEMY, ambassadeur de France en Suisse**, de 1792 à 1797 (Année 1792), par M. Jean KAULEK. 1 beau vol. in-8 raisin sur papier fort.......................... 15 fr.

III. — **Papiers de BARTHÉLEMY** (janvier-août 1793), par M. Jean KAULEK. 1 beau vol. in-8 raisin sur papier fort................ 15 fr.

IV. — **Correspondance politique de ODET DE SELVE, ambassadeur de France en Angleterre (1546-1549)**, par M. G. LEFÈVRE-PONTALIS. 1 beau vol. in-8 raisin sur papier fort.............. 15 fr.

V. — **Papiers de BARTHÉLEMY** (Septembre 1793 à mars 1794,) par M. Jean KAULEK. 1 beau vol. in-8 raisin sur papier fort........ 18 fr.

ANTHROPOLOGIE ET ETHNOLOGIE

EVANS (John). **Les Ages de la pierre.** 1 vol. grand in-8, avec 467 figures dans le texte. 15 fr. — En demi-reliure. 18 fr.

EVANS (John). **L'Age du bronze.** 1 vol. grand in-8, avec 540 gravures dans le texte, broché, 15 fr. — En demi-reliure. 18 fr.

GIRARD DE RIALLE. **Les Peuples de l'Afrique et de l'Amérique.** 1 vol. petit in-18. 60 c.

GIRARD DE RIALLE. **Les Peuples de l'Asie et de l'Europe.** 1 vol. petit in-18. 60 c.

HARTMANN (R.). **Les Peuples de l'Afrique.** 1 vol. in-8, avec fig. 6 fr.

HARTMANN (R.). **Les Singes anthropoïdes.** 1 vol. in-8 avec fig. 6 fr.

JOLY (N.). **L'Homme avant les métaux.** 1 vol. in-8 avec 150 gravures dans le texte et un frontispice. 4e édit. 6 fr.

LUBBOCK (Sir John). **Les Origines de la civilisation.** État primitif de l'homme et mœurs des sauvages modernes. 1877. 1 vol. gr. in-8, avec gravures et planches hors texte. Trad. de l'anglais par M. Ed. BARBIER. 2e édit. 15 fr. — Relié en demi-maroquin, avec tranch. dorées. 18 fr.

LUBBOCK (Sir John). **L'Homme préhistorique.** 3e édit., avec gravures dans le texte. 2 vol. in-8. 12 fr.

PIÉTREMENT. **Les Chevaux dans les temps préhistoriques et historiques.** 1 fort vol. gr. in-8. 15 fr.

DE QUATREFAGES. **L'Espèce humaine.** 1 vol. in-8. 6e édit. 6 fr.

WHITNEY. **La Vie du langage.** 1 vol. in-8. 3e édit. 6 fr.

CARETTE (le colonel). **Études sur les temps antéhistoriques.**
Première étude : *Le Langage.* 1 vol. in-8. 1878. 8 fr.
Deuxième étude : *Les Migrations.* 1 vol. in-8. 1888. 7 fr.

REVUE PHILOSOPHIQUE
DE LA FRANCE ET DE L'ÉTRANGER
Dirigée par TH. RIBOT
Professeur au Collège de France.
(14° année, 1889.)

La Revue philosophique paraît tous les mois, par livraisons de 6 ou 7 feuilles grand in-8, et forme ainsi à la fin de chaque année deux forts volumes d'environ 680 pages chacun.

CHAQUE NUMÉRO DE LA *REVUE* CONTIENT :

1° Plusieurs articles de fond; 2° des analyses et comptes rendus des nouveaux ouvrages philosophiques français et étrangers; 3° un compte rendu aussi complet que possible des *publications périodiques* de l'étranger pour tout ce qui concerne la philosophie; 4° des notes, documents, observations, pouvant servir de matériaux ou donner lieu à des vues nouvelles.

Prix d'abonnement :

Un an, pour Paris, 30 fr. — Pour les départements et l'étranger, 33 fr.
La livraison........................ 3 fr.

Les années écoulées se vendent séparément 30 francs, et par livraisons de 3 francs.

Table générale des matières contenues dans les 12 premières années (1876-1887), par M. Bélugoux. 1 vol. in-8.................. 3 fr.

REVUE HISTORIQUE
Dirigée par G. MONOD
Maître de conférences à l'École normale, directeur à l'École des hautes études.
(14° année, 1889.)

La Revue historique paraît tous les deux mois, par livraisons grand in-8 de 15 ou 16 feuilles, de manière à former à la fin de l'année trois beaux volumes de 500 pages chacun.

CHAQUE LIVRAISON CONTIENT :

I. Plusieurs *articles de fond*, comprenant chacun, s'il est possible, un travail complet. — II. Des *Mélanges et Variétés*, composés de documents inédits d'une étendue restreinte et de courtes notices sur des points d'histoire curieux ou mal connus. — III. Un *Bulletin historique* de la France et de l'étranger, fournissant des renseignements aussi complets que possible sur tout ce qui touche aux études historiques. — IV. Une *analyse des publications périodiques* de la France et de l'étranger, au point de vue des études historiques. — V. Des *Comptes rendus critiques* des livres d'histoire nouveaux.

Prix d'abonnement :

Un an, pour Paris, 30 fr. — Pour les départements et l'étranger, 33 fr.
La livraison................... 6 fr.

Les années écoulées se vendent séparément 30 francs, et par fascicules de 6 francs. Les fascicules de la 1re année se vendent 9 francs.

Tables générales des matières contenues dans les cinq premières années de la Revue historique.

I. — Années 1876 à 1880, par M. Charles Bémont.
II. — Années 1881 à 1885, par M. René Couderc.
Chaque Table formant un vol. in-8, 3 francs; 1 fr. 50 pour les abonnés.

ANNALES DE L'ÉCOLE LIBRE

DES

SCIENCES POLITIQUES

RECUEIL TRIMESTRIEL

Publié avec la collaboration des professeurs et des anciens élèves de l'école

QUATRIÈME ANNÉE, 1889

COMITÉ DE RÉDACTION :

M. Émile BOUTMY, de l'Institut, directeur de l'École; M. Léon SAY, de l'Académie française, ancien ministre des Finances; M. ALF. DE FOVILLE, chef du bureau de statistique au ministère des Finances, professeur au Conservatoire des arts et métiers; M. R. STOURM, ancien inspecteur des Finances et administrateur des Contributions indirectes; M. Alexandre RIBOT, député; M. Gabriel ALIX; M. L. RENAULT, professeur à la Faculté de droit; M. André LEBON; M. Albert SOREL; M. PIGEONNEAU, professeur à la Sorbonne; M. A. VANDAL, auditeur de 1re classe au Conseil d'État; Directeurs des groupes de travail, professeurs à l'École.

Secrétaire de la rédaction : M. Aug. ARNAUNÉ, docteur en droit.

Les sujets traités dans ces *Annales* embrassent tout le champ couvert par le programme d'enseignement de l'Ecole : *Economie politique, finances, statistique, histoire constitutionnelle, droit international, public et privé, droit administratif, législations civile et commerciale privées, histoire législative et parlementaire, histoire diplomatique, géographie économique, ethnographie, etc.*

La direction du Recueil ne néglige aucune des questions qui présentent, tant en France qu'à l'étranger, un intérêt pratique et actuel. L'esprit et la méthode en sont strictement scientifiques.

Les *Annales* contiennent en outre des notices bibliographiques et des correspondances de l'étranger.

Cette publication présente donc un intérêt considérable pour toutes les personnes qui s'adonnent à l'étude des sciences politiques. Sa place est marquée dans toutes les Bibliothèques des Facultés, des Universités et des grands corps délibérants.

MODE DE PUBLICATION ET CONDITIONS D'ABONNEMENT

Les *Annales de l'École libre des sciences politiques* paraissent tous les trois mois (15 janvier, 15 avril, 15 juillet et 15 octobre), par fascicules gr. in-8, de 186 pages chacun.

Les conditions d'abonnement sont ainsi modifiées à partir du 1er janvier 1889 et chaque numéro est augmenté de 52 pages.

Paris	18	francs.
Un an (du 15 janvier) Départements et étranger.	19	—
La livraison	5	—

Les trois premières années (1886–1887–1888) se vendent chacune 16 *francs ou par livraisons de 5 francs.*

BIBLIOTHÈQUE SCIENTIFIQUE

INTERNATIONALE

Publiée sous la direction de M. Émile ALGLAVE

La *Bibliothèque scientifique internationale* est une œuvre dirigée par les auteurs mêmes, en vue des intérêts de la science, pour la populariser sous toutes ses formes, et faire connaître immédiatement dans le monde entier les idées originales, les directions nouvelles, les découvertes importantes qui se font chaque jour dans tous les pays. Chaque savant expose les idées qu'il a introduites dans la science et condense pour ainsi dire ses doctrines les plus originales.

On peut ainsi, sans quitter la France, assister et participer au mouvement des esprits en Angleterre, en Allemagne, en Amérique, en Italie, tout aussi bien que les savants mêmes de chacun de ces pays.

La *Bibliothèque scientifique internationale* ne comprend pas seulement des ouvrages consacrés aux sciences physiques et naturelles, elle aborde aussi les sciences morales, comme la philosophie, l'histoire, la politique et l'économie sociale, la haute législation, etc.; mais les livres traitant des sujets de ce genre se rattachent encore aux sciences naturelles, en leur empruntant les méthodes d'observation et d'expérience qui les ont rendues si fécondes depuis deux siècles.

Cette collection paraît à la fois en français, en anglais, en allemand et en italien : à Paris, chez Félix Alcan ; à Londres, chez C. Kegan, Paul et Cⁱᵉ ; à New-York, chez Appleton ; à Leipzig, chez Brockhaus ; et à Milan, chez Dumolard frères.

LISTE DES OUVRAGES PAR ORDRE D'APPARITION

VOLUMES IN-8, CARTONNÉS A L'ANGLAISE, A 6 FRANCS.

Les mêmes en demi-reliure veau, avec coins, tranche supérieure dorée, non rognés......................... 10 francs.

* 1. J. TYNDALL. **Les Glaciers et les Transformations de l'eau**, avec figures. 1 vol. in-8. 5ᵉ édition. 6 fr

* 2. BAGEHOT. **Lois scientifiques du développement des nations** dans leurs rapports avec les principes de la sélection naturelle et de l'hérédité. 1 vol. in-8. 5ᵉ édition. 6 fr.

* 3. MAREY. **La Machine animale**, locomotion terrestre et aérienne, avec de nombreuses fig. 1 vol. in-8. 4ᵉ édit. augmentée. 6 fr.

4. BAIN. **L'Esprit et le Corps.** 1 vol. in-8. 4ᵉ édition. 6 fr.

* 5. PETTIGREW. **La Locomotion chez les animaux**, marche, natation. 1 vol. in-8, avec figures. 2ᵉ édit. 6 fr.

* 6. HERBERT SPENCER. **La Science sociale.** 1 v. in-8. 9ᵉ édit. 6 fr.

* 7. SCHMIDT (O.). **La Descendance de l'homme et le Darwinisme.** 1 vol. in-8, avec fig. 5ᵉ édition. 6 fr.

8. MAUDSLEY. Le Crime et la Folie. 1 vol. in-8. 4e édit.   6 fr.

* 9. VAN BENEDEN. Les Commensaux et les Parasites dans le règne animal. 1 vol. in-8, avec figures. 3e édit.   6 fr.

* 10. BALFOUR STEWART. La Conservation de l'énergie, suivi d'une Étude sur la *nature de la force*, par M. P. DE SAINT-ROBERT, avec figures. 1 vol. in-8. 4e édition.   6 fr.

11. DRAPER. Les Conflits de la science et de la religion. 1 vol. in-8. 8e édition.   6 fr.

12. L. DUMONT. Théorie scientifique de la sensibilité. 1 vol. in-8. 3e édition.   6 fr.

* 13. SCHUTZENBERGER. Les Fermentations. 1 vol. in-8, avec fig. 5e édition.   6 fr.

* 14. WHITNEY. La Vie du langage. 1 vol. in-8. 3e édit.   6 fr.

15. COOKE et BERKELEY. Les Champignons. 1 vol. in-8, avec figures. 4e édition.   6 fr.

16. BERNSTEIN. Les Sens. 1 vol. in-8, avec 91 fig. 4e édit.   6 fr.

* 17. BERTHELOT. La Synthèse chimique. 1 vol. in-8. 6e édit.   6 fr.

* 18. VOGEL. La Photographie et la Chimie de la lumière, avec 95 figures. 1 vol. in-8. 4e édition.   6 fr.

* 19. LUYS. Le Cerveau et ses fonctions, avec figures. 1 vol. in-8. 6e édition.   6 fr.

* 20. STANLEY JEVONS. La Monnaie et le Mécanisme de l'échange. 1 vol. in-8. 4e édition.   6 fr.

21. FUCHS. Les Volcans et les Tremblements de terre. 1 vol. in-8, avec figures et une carte en couleur. 4e édition.   6 fr.

* 22. GÉNÉRAL BRIALMONT. Les Camps retranchés et leur rôle dans la défense des États, avec fig. dans le texte et 2 planches hors texte. 3e édit.   6 fr.

23. DE QUATREFAGES. L'Espèce humaine. 1 vol. in-8. 9e édit.   6 fr.

* 24. BLASERNA et HELMHOLTZ. Le Son et la Musique. 1 vol. in-8, avec figures. 4e édition.   6 fr.

* 25. ROSENTHAL. Les Nerfs et les Muscles. 1 vol. in-8, avec 75 figures. 3e édition.   6 fr.

* 26. BRUCKE et HELMHOLTZ. Principes scientifiques des beaux-arts. 1 vol. in-8, avec 39 figures. 2e édition.   6 fr.

* 27. WURTZ. La Théorie atomique. 1 vol. in-8. 5e édition.   6 fr.

* 28-29. SECCHI (le père). Les Étoiles. 2 vol. in-8, avec 63 figures dans le texte et 17 planches en noir et en couleur hors texte. 2e édit.   12 fr.

30. JOLY. L'Homme avant les métaux. 1 vol. in-8, avec figures. 4e édition.   6 fr.

* 31. A. BAIN. La Science de l'éducation. 1 vol. in-8. 6e édition.   6 fr.

* 32-33. THURSTON (R.). Histoire de la machine à vapeur, précédée d'une Introduction par M. HIRSCH. 2 vol. in-8, avec 140 figures dans le texte et 16 planches hors texte. 3e édition.   12 fr.

34. HARTMANN (R.). Les Peuples de l'Afrique. 1 vol. in-8, avec figures. 2e édition.   6 fr.

* 35. HERBERT SPENCER. Les Bases de la morale évolutionniste. 1 vol. in-8. 4e édition.   6 fr.

36. HUXLEY. L'Écrevisse, Introduction à l'étude de la zoologie. 1 vol. in-8, avec figures.   6 fr.

37. DE ROBERTY. De la Sociologie. 1 vol. in-8. 2e édition.   6 fr.

* 38. ROOD. Théorie scientifique des couleurs. 1 vol. in-8, avec figures et une planche en couleur hors texte.   6 fr.

39. DE SAPORTA et MARION. **L'évolution du règne végétal** (les Crypto-
games). 1 vol. in-8 avec figures. 6 fr.

40-41. CHARLTON BASTIAN. **Le Cerveau, organe de la pensée chez
l'homme et chez les animaux.** 2 vol. in-8, avec figures. 2e éd. 12 fr.

42. JAMES SULLY. **Les Illusions des sens et de l'esprit.** 1 vol. in-8,
avec figures. 2e édit. 6 fr.

43. YOUNG. **Le Soleil.** 1 vol. in-8, avec figures. 6 fr.

44. DE CANDOLLE. **L'Origine des plantes cultivées.** 3e édition. 1 vol.
in-8. 6 fr

45-46. SIR JOHN LUBBOCK. **Fourmis, abeilles et guêpes.** Études
expérimentales sur l'organisation et les mœurs des sociétés d'insectes
hyménoptères. 2 vol. in-8, avec 65 figures dans le texte et 13 planches hors texte, dont 5 coloriées. 12 fr.

47. PERRIER (Edm.). **La Philosophie zoologique avant Darwin.**
1 vol. in-8. 2e édition. 6 fr.

48. STALLO. **La Matière et la Physique moderne.** 1 vol. in-8, précédé d'une Introduction par FRIEDEL. 6 fr.

49. MANTEGAZZA. **La Physionomie et l'Expression des sentiments.**
1 vol. in-8 avec huit planches hors texte. 6 fr.

50. DE MEYER. **Les Organes de la parole et leur emploi pour
la formation des sons du langage.** 1 vol. in-8 avec 51 figures,
traduit de l'allemand et précédé d'une Introduction par M. O. CLA-
VEAU. 6 fr.

51. DE LANESSAN. **Introduction à l'étude de la botanique** (le Sapin).
1 vol. in-8, avec 143 figures dans le texte. 6 fr.

52-53. DE SAPORTA et MARION. **L'évolution du règne végétal** (les
Phanérogames). 2 vol. in-8, avec 136 figures. 12 fr.

54. TROUESSART. **Les Microbes, les Ferments et les Moisissures.**
1 vol. in-8, avec 107 figures dans le texte. 6 fr.

55. HARTMANN (R.). **Les Singes anthropoïdes, et leur organisation
comparée à celle de l'homme.** 1 vol. in-8, avec 63 figures dans
le texte. 6 fr.

56. SCHMIDT (O.). **Les Mammifères dans leurs rapports avec leurs
ancêtres géologiques.** 1 vol. in-8 avec 51 figures. 6 fr.

57. BINET et FÉRÉ. **Le Magnétisme animal.** 1 vol. in-8 avec figures.
2e édit. 6 fr.

58-59. ROMANES. **L'Intelligence des animaux.** 2 vol. in-8. 12 fr.

60. F. LAGRANGE. **Physiologie des exercices du corps.** 1 vol. in-8. 6 fr.

61. DREYFUS (Camille). **La Théorie de l'évolution.** 1 vol. in-8. 6 fr.

62. DAUBRÉE. **Les régions invisibles du globe et des espaces
célestes.** 1 vol. in-8 avec 78 gravures dans le texte. 6 fr.

63-64. SIR JOHN LUBBOCK. **L'homme préhistorique.** 2 vol. in-8,
avec figures dans le texte. 3e édit. 12 fr.

65. RICHET (Ch.). **La chaleur animale.** 1 vol. avec figures. 6 fr.

OUVRAGES SUR LE POINT DE PARAITRE :

FALSAN. **Les périodes glaciaires en France.** 1 vol. avec cartes et figures.

BERTHELOT. **La Philosophie chimique.** 1 vol.

BEAUNIS. **Les Sensations internes.** 1 vol. avec figures.

MORTILLET (de). **L'Origine de l'homme.** 1 vol. avec figures.

PERRIER (E.). **L'Embryogénie générale.** 1 vol. avec figures.

LACASSAGNE. **Les Criminels.** 1 vol. avec figures.

DURAND-CLAYE (A.). **L'hygiène des villes.** 1 vol. avec figures.

CARTAILHAC. **La France préhistorique.** 1 vol. avec figures.

POUCHET (G.). **La forme et la vie.** 1 vol. avec figures.

LISTE DES OUVRAGES

DE LA

BIBLIOTHÈQUE SCIENTIFIQUE INTERNATIONALE

PAR ORDRE DE MATIÈRES.

Chaque volume in-8, cartonné à l'anglaise......... **6 francs.**
En demi-rel. veau avec coins, tranche supérieure dorée, non rognés. **10 fr.**

SCIENCES SOCIALES

* **Introduction à la science sociale**, par HERBERT SPENCER. 1 vol. in-8, 9ᵉ édit. 6 fr.
* **Les Bases de la morale évolutionniste**, par HERBERT SPENCER. 1 vol. in-8, 4ᵉ édit. 6 fr.
Les Conflits de la science et de la religion, par DRAPER, professeur à l'Université de New-York. 1 vol. in-8, 8ᵉ édit. 6 fr.
Le Crime et la Folie, par H. MAUDSLEY, professeur de médecine légale à l'Université de Londres. 1 vol. in-8, 5ᵉ édit. 6 fr.
* **La Défense des États et les Camps retranchés**, par le général A. BRIALMONT, inspecteur général des fortifications et du corps du génie de Belgique. 1 vol. in-8 avec nombreuses figures dans le texte et 2 pl. hors texte, 3ᵉ édit. 6 fr.
* **La Monnaie et le Mécanisme de l'échange**, par W. STANLEY JEVONS, professeur d'économie politique à l'Université de Londres. 1 vol. in-8, 4ᵉ édit. (V. P.) 6 fr.
La Sociologie, par DE ROBERTY. 1 vol. in-8, 2ᵉ édit. (V. P.) 6 fr.
* **La Science de l'éducation**, par Alex. BAIN, professeur à l'Université d'Aberdeen (Écosse). 1 vol. in-8, 6ᵉ édit. (V. P.) 6 fr.
* **Lois scientifiques du développement des nations** dans leurs rapports avec les principes de l'hérédité et de la sélection naturelle, par W. BAGEHOT. 1 vol. in-8, 5ᵉ édit. 6 fr.
* **La Vie du langage**, par D. WHITNEY, professeur de philologie comparée à Yale-College de Boston (États-Unis). 1 vol. in-8, 3ᵉ édit. (V. P.) 6 fr.

PHYSIOLOGIE

Les Illusions des sens et de l'esprit, par James SULLY. 1 vol. in-8. 2ᵉ édit. (V. P.) 6 fr.
* **La Locomotion chez les animaux** (marche, natation et vol), suivie d'une étude sur l'*Histoire de la navigation aérienne*, par J.-B. PETTIGREW, professeur au Collège royal de chirurgie d'Édimbourg (Ecosse). 1 vol. in-8 avec 140 figures dans le texte. 2ᵉ édit. 6 fr.
* **Les Nerfs et les Muscles**, par J. ROSENTHAL, professeur de physiologie à l'Université d'Erlangen (Bavière). 1 vol. in-8 avec 75 figures dans le texte, 3ᵉ édit. (V. P.) 6 fr.
* **La Machine animale**, par E.-J. MAREY, membre de l'Institut, professeur au Collège de France. 1 vol. in-8 avec 117 figures dans le texte, 4ᵉ édit. (V. P.) 6 fr.
* **Les Sens**, par BERNSTEIN, professeur de physiologie à l'Université de Halle (Prusse). 1 vol. in-8 avec 91 figures dans le texte, 4ᵉ édit. (V. P.) 6 fr.
Les Organes de la parole, par H. DE MEYER, professeur à l'Université de Zurich, traduit de l'allemand et précédé d'une introduction sur l'*Enseignement de la parole aux sourds-muets*, par O. CLAVEAU, inspecteur général des établissements de bienfaisance. 1 vol. in-8 avec 51 figures dans le texte. 6 fr.
La Physionomie et l'Expression des sentiments, par P. MANTEGAZZA, professeur au Muséum d'histoire naturelle de Florence. 1 vol. in-8 avec figures et 8 planches hors texte, d'après les dessins originaux d'Edouard Ximenès. 6 fr.
Physiologie des exercices du corps, par le docteur F. LAGRANGE. 1 vol. in-8. 6 fr.
La Chaleur animale, par Ch. RICHET, professeur de physiologie à la Faculté de médecine de Paris. 1 vol. in-8 avec gravures dans le texte. 6 fr

PHILOSOPHIE SCIENTIFIQUE

* **Le Cerveau et ses fonctions,** par J. LUYS, membre de l'Académie de médecine, médecin de la Salpêtrière. 1 vol. in-8 avec fig. 6e édit. (V. P.)   6 fr.

Le Cerveau et la Pensée chez l'homme et les animaux, par CHARLTON BASTIAN, professeur à l'Université de Londres. 2 vol. in-8 avec 184 fig. dans le texte. 2e édit.   12 fr.

Le Crime et la Folie, par H. MAUDSLEY, professeur à l'Université de Londres. 1 vol. in-8, 5e édit.   6 fr.

L'Esprit et le Corps, considérés au point de vue de leurs relations, suivi d'études sur les *Erreurs généralement répandues au sujet de l'esprit,* par Alex. BAIN, professeur à l'Université d'Aberdeen (Écosse). 1 vol. in-8, 4e édit. (V. P.)   6 fr.

* **Théorie scientifique de la sensibilité :** *le Plaisir et la Peine,* par Léon DUMONT. 1 vol. in-8, 3e édit.   6 fr.

La Matière et la Physique moderne, par STALLO, précédé d'une préface par M. Ch. FRIEDEL, de l'Institut. 1 vol. in-8.   6 fr.

Le Magnétisme animal, par A. BINET et Ch. FÉRÉ. 1 vol. in-8, avec figures dans le texte. 2e édit.   6 fr.

L'Intelligence des animaux, par ROMANES. 2 vol. in-8, précédés d'une préface de M. E. PERRIER, professeur au Muséum d'histoire naturelle.   12 fr.

L'Évolution des mondes et des sociétés, par C. DREYFUS, député de la Seine. 1 vol. in-8.   6 fr.

ANTHROPOLOGIE

* **L'Espèce humaine,** par A. DE QUATREFAGES, membre de l'Institut, professeur d'anthropologie au Muséum d'histoire naturelle de Paris. 1 vol. in-8, 9e édit. (V. P.)   6 fr.

* **L'Homme avant les métaux,** par N. JOLY, correspondant de l'Institut, professeur à la Faculté des sciences de Toulouse. 1 vol. in-8 avec 150 figures dans le texte et un frontispice, 4e édit. (V. P.)   6 fr.

* **Les Peuples de l'Afrique,** par R. HARTMANN, professeur à l'Université de Berlin. 1 vol. in-8 avec 93 figures dans le texte, 2e édit. (V. P.)   6 fr.

Les Singes anthropoïdes, et leur organisation comparée à celle de l'homme, par R. HARTMANN, professeur à l'Université de Berlin. 1 vol. in-8 avec 63 figures gravées sur bois.   6 fr.

L'Homme préhistorique, par Sir JOHN LUBBOCK, membre de la Société royale de Londres. 2 vol. in-8, avec 228 gravures dans le texte. 3e édit.   12 fr.

ZOOLOGIE

* **Descendance et Darwinisme,** par O. SCHMIDT, professeur à l'Université de Strasbourg. 1 vol. in-8 avec figures, 5e édit.   6 fr.

Les Mammifères dans leurs rapports avec leurs ancêtres géologiques, par O. SCHMIDT. 1 vol. in-8 avec 51 figures dans le texte.   6 fr.

Fourmis, Abeilles et Guêpes, par sir JOHN LUBBOCK, membre de la Société royale de Londres. 2 vol. in-8 avec figures dans le texte et 13 planches hors texte, dont 5 coloriées. (V. P.)   12 fr.

L'Écrevisse, introduction à l'étude de la zoologie, par Th.-H. HUXLEY, membre de la Société royale de Londres et de l'Institut de France, professeur d'histoire naturelle à l'École royale des mines de Londres. 1 vol. in-8 avec 82 figures.   6 fr.

* **Les Commensaux et les Parasites** dans le règne animal, par P.-J. VAN BENEDEN, professeur à l'Université de Louvain (Belgique). 1 vol. in-8 avec 82 figures dans le texte. 3e édit. (V. P.)   6 fr.

La Philosophie zoologique avant Darwin, par EDMOND PERRIER, professeur au Muséum d'histoire naturelle de Paris. 1 vol. in-8, 2e édit. (V. P.) 6 fr.

BOTANIQUE — GÉOLOGIE

Les Champignons, par COOKE et BERKELEY. 1 vol. in-8 avec 110 figures. 4e édition.   6 fr.

L'Évolution du règne végétal, par G. DE SAPORTA, correspondant de l'Institut, et MARION, correspondant de l'Institut, professeur à la Faculté des sciences de Marseille.

   I. *Les Cryptogames.* 1 vol. in-8 avec 85 figures dans le texte.   6 fr.

   II. *Les Phanérogames.* 2 v. in-8 avec 136 fig. dans le texte.   12 fr.

* **Les Volcans et les Tremblements de terre,** par FUCHS, professeur à l'Université de Heidelberg. 1 vol. in-8 avec 36 figures et une carte en couleur, 4e édition.   6 fr.

Les Régions invisibles du globe et des espaces célestes, par A. DAUBRÉE, de l'Institut, professeur au Muséum d'histoire naturelle. 1 vol. in-8, avec 78 gravures dans le texte. 6 fr.

L'Origine des plantes cultivées, par A. DE CANDOLLE, correspondant de l'Institut. 1 vol. in-8, 3e édit. 6 fr.

Introduction à l'étude de la botanique (le Sapin), par J. DE LANESSAN, professeur agrégé à la Faculté de médecine de Paris. 1 vol. in-8 avec figures dans le texte. (V. P.) 6 fr.

Microbes, Ferments et Moisissures, par le docteur L. TROUESSART. 1 vol. in-8 avec 108 figures dans le texte. (V. P.) 6 fr.

CHIMIE

Les Fermentations, par P. SCHUTZENBERGER, membre de l'Académie de médecine, professeur de chimie au Collège de France. 1 vol. in-8 avec figures, 5e édit. 6 fr.

* **La Synthèse chimique**, par M. BERTHELOT, membre de l'Institut, professeur de chimie organique au Collège de France. 1 vol. in-8, 6e édit. 6 fr.

* **La Théorie atomique**, par Ad. WURTZ, membre de l'Institut, professeur à la Faculté des sciences et à la Faculté de médecine de Paris. 1 vol. in-8, 5e édit., précédée d'une introduction sur la *Vie et les travaux* de l'auteur, par M. CH. FRIEDEL, de l'Institut. 6 fr.

ASTRONOMIE — MÉCANIQUE

* **Histoire de la Machine à vapeur, de la Locomotive et des Bateaux à vapeur**, par R. THURSTON, professeur de mécanique à l'Institut technique de Hoboken, près de New-York, revue, annotée et augmentée d'une Introduction par M. HIRSCH, professeur de machines à vapeur à l'École des ponts et chaussées de Paris. 2 vol. in-8 avec 160 figures dans le texte et 16 planches tirées à part. 3e édit. (V. P.) 12 fr.

* **Les Étoiles**, notions d'astronomie sidérale, par le P. A. SECCHI, directeur de l'Observatoire du Collège Romain. 2 vol. in-8 avec 68 figures dans le texte et 16 planches en noir et en couleurs, 2e édit. (V. P.) 12 fr.

Le Soleil, par C.-A. YOUNG, professeur d'astronomie au Collège de New-Jersey. 1 vol. in-8 avec 87 figures. (V. P.) 6 fr.

PHYSIQUE

La Conservation de l'énergie, par BALFOUR STEWART, professeur de physique au collège Owens de Manchester (Angleterre), suivi d'une étude sur la *Nature de la force*, par P. DE SAINT-ROBERT (de Turin). 1 vol. in-8 avec figures, 4e édit. 6 fr.

* **Les Glaciers et les Transformations de l'eau**, par J. TYNDALL, professeur de chimie à l'Institution royale de Londres, suivi d'une étude sur le même sujet, par HELMHOLTZ, professeur à l'Université de Berlin. 1 vol. in-8 avec nombreuses figures dans le texte et 8 planches tirées à part sur papier teinté, 5e édit. (V. P.) 6 fr.

* **La Photographie et la Chimie de la lumière**, par VOGEL, professeur à l'Académie polytechnique de Berlin. 1 vol. in-8 avec 95 figures dans le texte et une planche en photoglyptie, 4e édit. (V. P.) 6 fr.

La Matière et la Physique moderne, par STALLO. 1 vol. in-8. 6 fr.

THÉORIE DES BEAUX-ARTS

* **Le Son et la Musique**, par P. BLASERNA, professeur à l'Université de Rome, suivi des *Causes physiologiques de l'harmonie musicale*, par H. HELMHOLTZ, professeur à l'Université de Berlin. 1 vol. in-8 avec 41 figures, 4e édit. (V. P.) 6 fr.

Principes scientifiques des Beaux-Arts, par E. BRUCKE, professeur à l'Université de Vienne, suivi de *l'Optique et les Arts*, par HELMHOLTZ, professeur à l'Université de Berlin. 1 vol. in-8 avec figures, 4e édit. (V. P.) 6 fr.

* **Théorie scientifique des couleurs** et leurs applications aux arts et à l'industrie, par O. N. ROOD, professeur de physique à Colombia-College de New-York (États-Unis). 1 vol. in-8 avec 130 figures dans le texte et une planche en couleurs. (V. P.) 6 fr.

PUBLICATIONS

HISTORIQUES, PHILOSOPHIQUES ET SCIENTIFIQUES
qui ne se trouvent pas dans les collections précédentes.

ALAUX. **La Religion progressive.** 1 vol. in-18. 3 fr. 50
ALAUX. **Esquisse d'une philosophie de l'être.** In-8. 1888. 1 fr.
ALAUX. Voy. p. 2.
ALGLAVE. **Des Juridictions civileschez les Romains.** 1 vol. in-8. 2 fr. 50
ALTMEYER (J. J.). **Les Précurseurs de la réforme aux Pays-Bas.** 2 forts volumes in-8°. 12 fr.
ARRÉAT. **Une Éducation intellectuelle.** 1 vol. in-18. 2 fr. 50
ARRÉAT. **La Morale dans le drame, l'épopée et le roman.** 1 vol. in-18. 1883. 2 fr. 50
ARRÉAT. **Journal d'un philosophe.** 1 vol. in-18. 1887. 3 fr. 50
AUBRY. **La Contagion du meurtre.** 1 vol. in-8. 1887. 3 fr. 50
AZAM. **Le Caractère dans la santé et dans la maladie.** 1 vol. in-8, précédé d'une préface de Th. RIBOT. 1887. 4 fr.
BALFOUR STEWART et TAIT. **L'Univers invisible.** 1 vol. in-8, traduit de l'anglais. 7 fr.
BARNI. **Les Martyrs de la libre pensée.** 1 vol. in-18. 2e édit. 3 fr. 50
BARNI. **Napoléon Ier.** 1 vol. in-18, édition populaire. 1 fr.
BARNI. Voy. p. 4 ; KANT, p. 8, p. 13 et 31.
BARTHÉLEMY SAINT-HILAIRE. Voy. pages 2 et 7, ARISTOTE.
BAUTAIN. **La Philosophie morale.** 2 vol. in-8. 12 fr.
BEAUNIS (H.). **Impressions de campagne (1870-1871).** In-18. 3 fr. 50
BÉNARD (Ch.). **De la philosophie dans l'éducation classique.** 1862. 1 fort vol. in-8. 6 fr.
BÉNARD. Voy. p. 8, SCHELLING et HEGEL.
BERTAULD (P.-A.). **Introduction à la recherche des causes premières.** — **De la méthode.** 3 vol. in-18. Chaque volume, 3 fr. 50
BLACKWELL (Dr Elisabeth). **Conseils aux parents sur l'éducation de** leurs enfants au point de vue sexuel. In-18. 2 fr.
BLANQUI. **L'Éternité par les astres.** In-8. 2 fr.
BLANQUI. **Critique sociale,** capital et travail. Fragments et notes. 2 vol. in-18. 1885. 7 fr.
BOUCHARDAT. **Le Travail,** son influence sur la santé (conférences faites aux ouvriers). 1 vol. in-18. 2 fr. 50
BOUILLET (Ad.). **Les Bourgeois gentilshommes.** — **L'Armée de Henri V.** 1 vol. in-18. 3 fr. 50
BOUILLET (Ad.). **Types nouveaux.** 1 vol. in-18. 1 fr. 50
BOUILLET (Ad.). **L'Arrière-ban de l'ordre moral.** 1 vol. in-18. 3 fr. 50
BOURBON DEL MONTE. **L'Homme et les Animaux.** 1 vol. in-8. 5 fr.
BOURDEAU (Louis). **Théorie des sciences,** plan de science intégrale. 2 vol. in-8. 20 fr.
BOURDEAU (Louis). **Les Forces de l'industrie,** progrès de la puissance humaine. 1 vol. in-8. 5 fr.
BOURDEAU (Louis). **La Conquête du monde animal.** In-8. 5 fr.
BOURDEAU (Louis) **L'Histoire et les Historiens.** 1 vol. in-8. 1888. 7 fr. 50
BOURDET (Eug.). **Principes d'éducation positive,** précédés d'une préface de M. Ch. ROBIN. 1 vol. in-18. 3 fr. 50
BOURDET. **Vocabulaire des principaux termes de la philosophie positive.** 1 vol. in-18. 3 fr. 50
BOURLOTON. Voy. p. 12.
BOURLOTON (Edg.) et ROBERT (Edmond). **La Commune et ses idées à travers l'histoire.** 1 vol. in-18. 3 fr. 50

— 25 —

BUCHNER.. **Essai biographique sur Léon Dumont.** 1 vol. in-18 (1884). 2 fr.

Bulletin de la Société de psychologie physiologique. 1re année, 1885. 1 broch. in-8, 1 fr. 50. — 2e année, 1886, 1 broch. in-8, 1 fr. 50. — 3e année, 1887. 1 fr. 50

BUSQUET. **Représailles**, poésies. 1 vol. in-18. 3 fr.

CADET. **Hygiène, inhumation, crémation.** In-18. 2 fr.

CARRAU (Lud.). **Études historiques et critiques sur les preuves du Phédon de Platon en faveur de l'immortalité de l'âme humaine.** In-8. 2 fr.

CARRAU (Lud.). Voy. p. 4 et FLINT p. 5.

CLAMAGERAN. **L'Algérie.** 3e édit. 1 vol. in-18. 1884. 3 fr. 50

CLAMAGERAN. Voy. p. 13.

CLAVEL (Dr). **La Morale positive.** 1 vol. in-8. 3 fr.

CLAVEL (Dr). **Critique et conséquences des principes de 1789.** 1 vol. in-18. 3 fr.

CLAVEL (Dr). **Les Principes au XIXe siècle.** In-18. 1 fr.

CONTA. **Théorie du fatalisme.** 1 vol. in-18. 4 fr.

CONTA. **Introduction à la métaphysique.** 1 vol. in-18. 3 fr.

COQUEREL fils (Athanase). **Libres Études** (religion, critique, histoire, beaux-arts). 1 vol. in-8. 5 fr.

CORTAMBERT (Louis). **La Religion du progrès.** In-18. 3 fr. 50

COSTE (Adolphe). **Hygiène sociale contre le paupérisme** (prix de 5000 fr. au concours Pereire). 1 vol. in-8. 6 fr.

COSTE (Adolphe). **Les Questions sociales contemporaines**, comptes rendus du concours Pereire, et études nouvelles sur le *paupérisme, la prévoyance, l'impôt, le crédit, les monopoles, l'enseignement*, avec la collaboration de MM. A. BURDEAU et ARRÉAT pour la partie relative à l'enseignement. 1 fort. vol. in-8. 10 fr.

COSTE (Ad.). Voy. p. 2.

CRÉPIEUX-JANIN. **L'Écriture et le caractère.** 1 vol. in-8 avec fac-similé. (*Sous presse.*)

DANICOURT (Léon). **La Patrie et la République.** In-18. 2 fr. 50

DAURIAC. **Psychologie et pédagogie.** 1 br. in-8. 1884. 1 fr.

DAURIAC. **Sens commun et raison pratique.** 1 br. in-8. 1 fr. 50

DAVY. **Les Conventionnels de l'Eure.** 2 forts vol. in-8. 18 fr.

DELBŒUF. **Psychophysique**, mesure des sensations de lumière et de fatigue, théorie générale de la sensibilité. 1 vol. in-18. 3 fr. 50

DELBŒUF. **Examen critique de la loi psychophysique**, sa base et sa signification. 1 vol. in-18. 1883. 3 fr. 50

DELBŒUF. **Le Sommeil et les Rêves**, considérés principalement dans leurs rapports avec les théories de la certitude et de la mémoire. 1 vol. in-18. 3 fr. 50

DELBŒUF. **De l'origine des effets curatifs de l'hypnotisme.** Étude de psychologie expérimentale. 1887. In-8. 1 fr. 50

DELBŒUF. Voy. p. 2.

DESTREM (J.). **Les Déportations du Consulat.** 1 br. in-8. 1 fr. 50

DOLLFUS (Ch.). **Lettres philosophiques.** In-18. 3 fr.

DOLLFUS (Ch.). **Considérations sur l'histoire.** Le monde antique. 1 vol. in-8. 7 fr. 50

DOLLFUS (Ch.). **L'Âme dans les phénomènes de conscience** 1 vol. in-18. 3 fr. 50

DUBOST (Antonin). **Des conditions de gouvernement en France.** 1 vol. in-8. 7 fr. 50

DUFAY. **Études sur la destinée.** 1 vol. in-18. 1876. 3 fr.

DUMONT (Léon). **Le Sentiment du gracieux.** 1 vol. in-8. 3 fr.

DUMONT (Léon). Voy. p. 19 et 22.

DUNAN. **Sur les formes à priori de la sensibilité.** 1 vol. in-8. 5 fr.

DUNAN. **Les Arguments de Zénon d'Élée contre le mouvement.** 1 br. in-8. 1884. 1 fr. 50

DURAND-DÉSORMEAUX. **Réflexions et Pensées,** précédées d'une Notice sur l'auteur par Ch. YRIARTE. 1 vol. in-8. 1884. 2 fr. 50

DURAND-DÉSORMEAUX. **Études philosophiques,** théorie de l'action, théorie de la connaissance. 2 vol. in-8. 1884. 15 fr.

DUTASTA. **Le Capitaine Vallé,** ou l'Armée sous la Restauration. 1 vol. in-18. 1883. 3 fr. 50

DUVAL-JOUVE. **Traité de logique.** 1 vol. in-8. 6 fr.

DUVERGIER DE HAURANNE (Mme E.). **Histoire populaire de la Révolution française.** 1 vol. in-18. 3e édit. 3 fr. 50

Éléments de science sociale. Religion physique, sexuelle et naturelle. 1 vol. in-18. 4e édit. 1885. 3 fr. 50

ESCANDE. **Hoche en Irlande** (1795-1798), d'après des documents inédits. 1 vol. in-18 en caractères elzéviriens. 1888. 3 fr. 50

ESPINAS. **Idée générale de la pédagogie.** 1 br. in-8. 1884. 1 fr.

ESPINAS. **Du Sommeil provoqué chez les hystériques,** br. in-8. 1 fr.

ESPINAS. Voy. p. 2 et 4.

ÉVELLIN. **Infini et quantité.** Étude sur le concept de l'infini dans la philosophie et dans les sciences. 1 vol. in-8. 2e édit. (*Sous presse.*)

FABRE (Joseph). **Histoire de la philosophie.** Première partie : Antiquité et moyen âge. 1 vol. in-12. 3 fr. 50

FAU. **Anatomie des formes du corps humain,** à l'usage des peintres et des sculpteurs. 1 atlas de 25 planches avec texte. 2e édition. Prix, figures noires, 15 fr. ; fig. coloriées. 30 fr.

FAUCONNIER. **Protection et libre échange.** In-8. 2 fr.

FAUCONNIER. **La morale et la religion dans l'enseignement.** 75 c.

FAUCONNIER. **L'Or et l'Argent.** In-8. 2 fr. 50

FEDERICI. **Les Lois du progrès.** 1 vol. in-8. 1888. 6 fr.

FERBUS (N.). **La Science positive du bonheur.** 1 vol. in-18. 3 fr.

FERRIÈRE (Em.). **Les Apôtres,** essai d'histoire religieuse. 1 vol. in-12. 4 fr. 50

FERRIÈRE (Em.). **L'Ame est la fonction du cerveau.** 2 volumes in-18. 1883. 7 fr.

FERRIÈRE (Em.). **Le Paganisme des Hébreux jusqu'à la captivité de Babylone.** 1 vol. in-18. 1884. 3 fr. 50

FERRIÈRE (Em.). **La Matière et l'Énergie.** 1 vol. in-18. 1887. 4 fr. 50

FERRIÈRE (Em.). **L'Ame et la Vie.** 1 vol. in-18. 1888. 4 fr. 50

FERRIÈRE (Em.). Voy. p. 32.

FERRON (de). **Institutions municipales et provinciales** dans les différents États de l'Europe. Comparaison. Réformes. 1 vol. in-8. 1883. 8 fr.

FERRON (de). **Théorie du progrès.** 2 vol. in-18. 7 fr.

FERRON (de). **De la division du pouvoir législatif en deux chambres,** histoire et théorie du Sénat. 1 vol. in-8. 8 fr.

FONCIN. **Essai sur le ministère Turgot.** In-8. 2e édit. (*Sous presse.*)

FOX (W.-J.). **Des idées religieuses.** In-8. 3 fr.

GASTINEAU. **Voltaire en exil.** 1 vol. in-18. 3 fr.

GAYTE (Claude). **Essai sur la croyance.** 1 vol. in-8. 3 fr.

GILLIOT (Alph.). **Études sur les religions et institutions comparées.** 2 vol. in-12, tome Ier, 3 fr. — Tome II. 5 fr.

GOBLET D'ALVIELLA. **L'Évolution religieuse** chez les Anglais, les Américains, les Hindous, etc. 1 vol. in-8. 1883. 7 fr. 50

GOURD. **Le Phénomène.** Esquisse de philosophie générale. 1 vol. in-8. 1888. 7 fr. 50

GRESLAND. **Le Génie de l'homme,** libre philosophie. Gr. in-8. 7 fr.

GRIMAUX (Ed.). **Lavoisier** (1748-1794), d'après sa correspondance et des documents inédits. 1 vol. gr. in-8 avec gravures en taille-douce, imprimé avec luxe. 1888. 15 fr.

GUILLAUME (de Moissey). **Traité des sensations.** 2 vol. in-8. 12 fr.

GUILLY. **La Nature et la Morale.** 1 vol. in-18. 2e édit. 2 fr. 50

GUYAU. **Vers d'un philosophe.** 1 vol. in-18. 3 fr. 50

GUYAU. Voy. p. 5, 7 et 10.

HAYEM (Armand). **L'Être social.** 1 vol. in-18. 2e édit. 3 fr. 50

HERZEN. **Récits et Nouvelles.** 1 vol. in-18. 3 fr. 50

HERZEN. **De l'autre rive.** 1 vol. in-18. 3 fr. 50

HERZEN. **Lettres de France et d'Italie.** In-18. 3 fr. 50

HUXLEY. **La Physiographie,** introduction à l'étude de la nature, traduit et adapté par M. G. Lamy. 1 vol. in-8 avec figures dans le texte et 2 planches en couleurs, broché, 8 fr. — En demi-reliure, tranches dorées. 11 fr.

HUXLEY. Voy. p. 5 et 32.

ISSAURAT. **Moments perdus de Pierre-Jean.** 1 vol. in-18. 3 fr.

ISSAURAT. **Les Alarmes d'un père de famille.** In-8. 1 fr.

JANET (Paul). **Le Médiateur plastique de Cudworth.** 1 vol. in-8. 1 fr.

JANET (Paul). Voy. p. 3, 5, 7, 8 et 9.

JEANMAIRE. **L'Idée de la personnalité dans la psychologie moderne.** 1 vol. in-8. 1883. 5 fr.

JOIRE. **La Population, richesse nationale; le travail, richesse du peuple.** 1 vol. in-8. 1886. 5 fr.

JOYAU. **De l'invention dans les arts et dans les sciences.** 1 vol. in-8. 5 fr.

JOYAU. **Essai sur la liberté morale.** 1 vol. in-18. 1888. 2 fr. 50

JOZON (Paul). **De l'écriture phonétique.** In-18. 3 fr. 50

LABORDE. **Les Hommes et les Actes de l'insurrection de Paris** devant la psychologie morbide. 1 vol. in-18. 2 fr. 50

LACOMBE. **Mes droits.** 1 vol. in-12. 2 fr. 50

LAGGROND. **L'Univers, la force et la vie.** 1 vol. in-8. 1884. 2 fr. 50

LA LANDELLE (de). **Alphabet phonétique.** In-18. 2 fr. 50

LANGLOIS. **L'Homme et la Révolution.** 2 vol. in-18. 7 fr.

LAURET (Henri). **Critique d'une morale sans obligation ni sanction.** In-8. 1 fr. 50

LAURET (Henri). Voy. p. 9.

LAUSSEDAT. **La Suisse.** Études méd. et sociales. In-18 3 fr. 50

LAVELEYE (Em. de). **De l'avenir des peuples catholiques.** In-8. 21e édit. 25 c.

LAVELEYE (Em. de). **Lettres sur l'Italie** (1878-1879). In-18. 3 fr. 50

LAVELEYE (Em. de). **Nouvelles lettres d'Italie.** 1 vol. in-8. 1884. 3 fr.

LAVELEYE (Em. de). **L'Afrique centrale.** 1 vol. in-12. 3 fr.

LAVELEYE (Em. de). **La Péninsule des Balkans** (Vienne, Croatie, Bosnie, Serbie, Bulgarie, Roumélie, Turquie, Roumanie). 2e édit. 2 vol. in-12. 1888. 10 fr.

LAVELEYE (Em. de). **La Propriété collective du sol en différents pays.** In-8. 2 fr.

LAVELEYE (Em. de). Voy. p. 5 et 13.

LAVERGNE (Bernard). **L'Ultramontanisme et l'État.** In-8. 1 fr. 50

LEDRU-ROLLIN. **Discours politiques et écrits divers.** 2 vol. in-8 cavalier. 12 fr.

LEGOYT. **Le Suicide.** 1 vol. in-8. 8 fr.

LELORRAIN. **De l'aliéné au point de vue de la responsabilité pénale.** In-8. 2 fr.

LEMER (Julien). **Dossier des Jésuites et des libertés de l'Église gallicane.** 1 vol. in-18. 3 fr. 50

LOURDEAU. **Le Sénat et la Magistrature dans la démocratie française.** 1 vol. in-18. 3 fr. 50

MAGY. **De la Science et de la Nature.** 1 vol. in-8.   6 fr.

MAINDRON (Ernest). **L'Académie des sciences** (Histoire de l'Académie, fondation de l'Institut national; Bonaparte, membre de l'Institut). 1 beau vol. in-8 cavalier, avec 53 gravures dans le texte, portraits, plans, etc., 8 planches hors texte et 2 autographes, d'après des documents originaux.   12 fr.

MARAIS. **Garibaldi et l'Armée des Vosges.** In-18. (V. P.)   1 fr. 50

MASSERON (I.). **Danger et Nécessité du socialisme.** In-18.   3 fr. 50

MAURICE (Fernand). **La Politique extérieure de la République française.** 1 vol. in-12.   3 fr. 50

MENIÉRE. **Cicéron médecin.** 1 vol. in-18.   4 fr. 50

MENIÉRE. **Les Consultations de M**me **de Sévigné,** étude médico-littéraire. 1884. 1 vol. in-8.   3 fr.

MICHAUT (N.). **De l'imagination.** 1 vol. in-8.   5 fr.

MILSAND. **Les Études classiques** et l'enseignement public. 1 vol. in-18.   3 fr. 50

MILSAND. **Le Code et la Liberté.** In-8.   2 fr.

MILSAND. Voy. p. 3.

MORIN (Miron). **De la séparation du temporel et du spirituel.** In-8.   3 fr. 50

MORIN (Miron). **Essais de critique religieuse.** 1 fort vol. in-8. 1885. 5 fr.

MORIN. **Magnétisme et Sciences occultes.** 1 vol. in-8.   6 fr.

MORIN (Frédéric). **Politique et Philosophie.** 1 vol. in-18.   3 fr. 50

NIVELET. **Loisirs de la vieillesse ou l'Heure de philosopher.** 1 vol. in-12.   3 fr.

NOEL (E.). **Mémoires d'un imbécile,** précédé d'une préface de *M. Littré.* 1 vol. in-18. 3e édition.   3 fr. 50

NOTOVITCH. **La Liberté de la volonté.** In-18. 1888.   3 fr. 50

OGER. **Les Bonaparte** et les frontières de la France. In-18.   50 c.

OGER. **La République.** In-8.   50 c.

OLECHNOWICZ. **Histoire de la civilisation de l'humanité,** d'après la méthode brahmanique. 1 vol. in-12.   3 fr. 50

PARIS (comte de). **Les Associations ouvrières en Angleterre** (Trades-unions). 1 vol. in-18. 7e édit. 1 fr. — Édition sur papier fort, 2 fr. 50. — Sur papier de Chine, broché, 12 fr. — Rel. de luxe.   20 fr.

PELLETAN (Eugène). **La Naissance d'une ville** (Royan). In-18. 1 fr. 40

PELLETAN (Eug.). **Jarousseau, le pasteur du désert.** 1 vol. in-18 (couronné par l'Académie française), toile, tr. jaspées.   2 fr. 50

PELLETAN (Eug.). **Un Roi philosophe, Frédéric le Grand.** In-18. 3 fr. 50

PELLETAN (Eug.). **Le monde marche** (la loi du progrès). In-18.   3 fr. 50

PELLETAN (Eug.). **Droits de l'homme.** 1 vol. in-12.   3 fr. 50

PELLETAN (Eug.). **Profession de foi du XIXe siècle.** in-12.   3 fr. 50

PELLETAN (Eug.). **La Mère.** 1 vol. in-8, toile, tr. dorées.   4 fr. 25

PELLETAN (Eug.). **Les Rois philosophes.** 1 vol. in-8, toile, tranches dorées.   4 fr. 25

PELLETAN (Eug.). **La Nouvelle Babylone.** 1 vol. in-12.   3 fr. 50

PELLETAN (Eug.). Voy. p. 31.

PELLIS (F.) **La Philosophie de la Mécanique.** 1 vol. in-8. 1888. 2 fr. 50

PÉNY (le major). **La France par rapport à l'Allemagne.** Étude de géographie militaire. 1 vol. in-8. 2e édit.   6 fr.

PEREZ (Bernard). **Thiery Tiedmann. — Mes deux chats.** In-12. 2 fr.

PEREZ (Bernard). **Jacotot et sa méthode d'émancipation intellectuelle.** 1 vol. in-18.   3 fr.

PEREZ (Bernard). Voy. p. 6.

PETROZ (P.). **L'Art et la Critique en France** depuis 1822. 1 volume in-18. 3 fr. 50

PETROZ. **Un Critique d'art au XIXe siècle.** In-18. 1 fr. 50

PHILBERT (Louis). **Le Rire,** essai littéraire, moral et psychologique. 1 vol. in-8. (Couronné par l'Académie française, prix Montyon.) 7 fr. 50

POEY. **Le Positivisme.** 1 fort vol. in-12. 4 fr. 50

POEY. **M. Littré et Auguste Comte.** 1 vol. in-18. 3 fr. 50

POULLET. **La Campagne de l'Est** (1870-1871). 1 vol. in-8 avec 2 cartes, et pièces justificatives. 7 fr.

QUINET (Edgar). **Œuvres complètes.** 30 volumes in-18. Chaque volume.. 3 fr. 50

    Chaque ouvrage se vend séparément :

1. Génie des religions. 6e édition.
2. Les Jésuites. — L'Ultramontanisme. 11e édition.
3. Le Christianisme et la Révolution française. 6e édition.
4-5. Les Révolutions d'Italie. 5e édition. 2 vol.
6. Marnix de Sainte-Aldegonde. — Philosophie de l'Histoire de France. 4e édition.
7. Les Roumains. — Allemagne et Italie. 3e édition.
8. Premiers travaux : Introduction à la Philosophie de l'histoire. — Essai sur Herder. — Examen de la Vie de Jésus. — Origine des dieux. — L'Église de Brou. 3e édition.
9. La Grèce moderne. — Histoire de la poésie. 3e édition.
10. Mes Vacances en Espagne. 5e édition.
11. Ahasvérus. — Tablettes du Juif errant. 5e édition.
12. Prométhée. — Les Esclaves. 4e édition.
13. Napoléon (poème). (*Épuisé.*)
14. L'Enseignement du peuple. — Œuvres politiques avant l'exil. 8e édition.
15. Histoire de mes idées (Autobiographie). 4e édition.
16-17. Merlin l'Enchanteur. 2e édition. 2 vol.
18-19-20. La Révolution. 10e édition. 3 vol.
21. Campagne de 1815. 7e édition.
22-23. La Création. 3e édition. 2 vol.
24. Le Livre de l'exilé. — La Révolution religieuse au XIXe siècle. — Œuvres politiques pendant l'exil. 2e édition.
25. Le Siège de Paris. — Œuvres politiques après l'exil. 2e édition.
26. La République. Conditions de régénération de la France. 2e édit.
27. L'Esprit nouveau. 5e édition.
28. Le Génie grec. 1re édition.
29-30. Correspondance. Lettres à sa mère. 1re édition. 2 vol.

RÉGAMEY (Guillaume). **Anatomie des formes du cheval,** à l'usage des peintres et des sculpteurs. 6 planches en chromolithographie, publiées sous la direction de FÉLIX RÉGAMEY, avec texte par le Dr KUHFF. 8 fr.

RIBERT (Léonce). **Esprit de la Constitution** du 25 février 1875. 1 vol. in-18. 3 fr. 50

RIBOT (Paul). **Spiritualisme et Matérialisme.** Étude sur les limites de nos connaissances. 2e édit. 1887. 1 vol. in-8. 6 fr.

ROBERT (Edmond). **Les Domestiques.** 1 vol. in-18. 3 fr. 50

ROSNY (Ch. de). **La Méthode consciencielle.** Essai de philosophie exactiviste. 1 vol. in-8. 1887. 4 fr.

SANDERVAL (O. de). **De l'Absolu.** La loi de vie. 1887. 1 vol. in-8. 5 fr.

SECRÉTAN. **Philosophie de la liberté**. 2 vol. in-8. **10 fr.**

SECRÉTAN. **La Civilisation et la Croyance**. 1 vol. in-8. 1887. **7 fr. 50**

SIEGFRIED (Jules). **La Misère, son histoire, ses causes, ses remèdes**. 1 vol. grand in-18. 3e édition. 1879. **2 fr. 50**

SIÈREBOIS. **Psychologie réaliste**. Étude sur les éléments réels de l'âme et de la pensée. 1876. 1 vol. in-18. **2 fr. 50**

SOREL (Albert). **Le Traité de Paris du 20 novembre 1815**. 1 vol. in-8. **4 fr. 50**

SPIR (A.). **Esquisses de philosophie critique**, précédées d'une préface de M. A. PENJON. 1 vol. in-18. 1887. **2 fr. 50**

STUART MILL (J.). **La République de 1848 et ses détracteurs**, traduit de l'anglais, avec préface par M. SADI CARNOT. 1 vol. in-18. 2e édition. **1 fr.**

STUART MILL. Voy. p. 4, 6 et 9.

TÉNOT (Eugène). **Paris et ses fortifications** (1870-1880). 1 vol. in-8. 5 fr.

TÉNOT (Eugène). **La Frontière** (1870-1881). 1 fort vol. grand in-8. **8 fr.**

THIERS (Édouard). **La Puissance de l'armée par la réduction du service**. In-8. **1 fr. 50**

THULIÉ. **La Folie et la Loi**. 2e édit. 1 vol. in-8. **3 fr. 50**

THULIÉ. **La Manie raisonnante du docteur Campagne**. In-8. **2 fr.**

TIBERGHIEN. **Les Commandements de l'humanité**. 1 vol. in-18. **3 fr.**

TIBERGHIEN. **Enseignement et philosophie**. 1 vol. in-18. **4 fr.**

TIBERGHIEN. **Introduction à la philosophie**. 1 vol. in-18. **6 fr.**

TIBERGHIEN. **La Science de l'âme**. 1 vol. in-12. 3e édit. **6 fr.**

TIBERGHIEN. **Éléments de morale universelle**. In-12. **2 fr.**

TISSANDIER. **Études de théodicée**. 1 vol. in-8. **4 fr.**

TISSOT. **Principes de morale**. 1 vol. in-8. **6 fr.**

TISSOT. Voy. KANT, p. 7.

VACHEROT. **La Science et la Métaphysique**. 3 vol. in-18. **10 fr. 50**

VACHEROT. Voy. p. 4 et 6.

VALLIER. **De l'intention morale**. 1 vol. in-8. **3 fr. 50**

VAN ENDE (H.). **Histoire naturelle de la croyance**, *première partie :* l'Animal. 1887. 1 vol. in-8. **5 fr.**

VERNIAL. **Origine de l'homme**, d'après les lois de l'évolution naturelle. 1 vol. in-8. **3 fr.**

VILLIAUMÉ. **La Politique moderne**. 1 vol. in-8. **6 fr.**

VOITURON (P.). **Le Libéralisme et les Idées religieuses**. 1 volume in-12. **4 fr.**

WEILL (Alexandre). **Le Pentateuque selon Moïse et le Pentateuque selon Esra**, avec *vie, doctrine et gouvernement authentique de Moïse*. 1 fort vol. in-8. **7 fr. 50**

WEILL (Alexandre). **Vie, doctrine et gouvernement authentique de Moïse**, d'après des textes hébraïques de la Bible jusqu'à ce jour incompris. 1 vol. in-8. **3 fr.**

YUNG (Eugène). **Henri IV écrivain**. 1 vol. in-8. **5 fr.**

ZIESING (Th.). **Érasme ou Salignac**. Étude sur la lettre de François Rabelais, avec un fac-similé de l'original de la Bibliothèque de Zurich. 1 brochure gr. in-8. 1887. **4 fr.**

BIBLIOTHÈQUE UTILE

100 VOLUMES PARUS.

Le volume de 190 pages, broché, 60 centimes.
Cartonné à l'anglaise ou en cartonnage toile dorée, 1 fr.

Le titre de cette collection est justifié par les services qu'elle rend et la part pour laquelle elle contribue à l'instruction populaire.

Elle embrasse l'*histoire*, la *philosophie*, le *droit*, les *sciences*, l'*économie politique* et les *arts*, c'est-à-dire qu'elle traite toutes les questions qu'il est aujourd'hui indispensable de connaître. Son esprit est essentiellement démocratique. La plupart de ses volumes sont adoptés pour les Bibliothèques par le *Ministère de l'instruction publique*, le *Ministère de la guerre*, la *Ville de Paris*, la *Ligue de l'enseignement*, etc.

HISTOIRE DE FRANCE

* **Les Mérovingiens**, par BUCHEZ, anc. présid. de l'Assemblée constituante.

* **Les Carlovingiens**, par BUCHEZ.

Les Luttes religieuses des premiers siècles, par J. BASTIDE, 4e édit.

Les Guerres de la Réforme, par J. BASTIDE. 4e édit.

La France au moyen âge, par F. MORIN.

* **Jeanne d'Arc**, par Fréd. LOCK.

Décadence de la monarchie française, par Eug. PELLETAN. 4e édit.

* **La Révolution française**, par CARNOT, sénateur (2 volumes).

* **La Défense nationale en 1792**, par P. GAFFAREL.

* **Napoléon Ier**, par Jules BARNI.

* **Histoire de la Restauration**, par Fréd. LOCK. 3e édit.

* **Histoire de la marine française**, par Alfr. DONEAUD. 2e édit.

* **Histoire de Louis-Philippe**, par Edgar ZEVORT. 2e édit.

Mœurs et Institutions de la France, par P. BONDOIS. 2 volumes.

Léon Gambetta, par J. REINACH.

PAYS ÉTRANGERS

* **L'Espagne et le Portugal**, par E. RAYMOND. 2e édition.

Histoire de l'empire ottoman, par L. COLLAS. 2e édit.

* **Les Révolutions d'Angleterre**, par Eug. DESPOIS. 3e édit.

Histoire de la maison d'Autriche, par Ch. ROLLAND. 2 édit.

L'Europe contemporaine (1789-1879), par P. BONDOIS.

Histoire contemporaine de la Prusse, par Alfr. DONEAUD.

Histoire contemporaine de l'Italie, par Félix HENNEGUY.

Histoire contemporaine de l'Angleterre, par A. REGNARD.

HISTOIRE ANCIENNE

La Grèce ancienne, par L. COMBES, conseiller municipal de Paris. 2e éd.

L'Asie occidentale et l'Égypte, par A. OTT. 2e édit.

L'Inde et la Chine, par A. OTT.

Histoire romaine, par CREIGHTON.

L'Antiquité romaine, par WILKINS (avec gravures).

L'Antiquité grecque, par MAHAFFY (avec gravures).

GÉOGRAPHIE

* **Torrents, fleuves et canaux de la France**, par H. BLERZY.

* **Les Colonies anglaises**, par le même.

Les Iles du Pacifique, par le capitaine de vaisseau JOUAN (avec 1 carte).

* **Les Peuples de l'Afrique et de l'Amérique**, par GIRARD DE RIALLE.

* **Les Peuples de l'Asie et de l'Europe**, par le même.

L'Indo-Chine française, par FAQUE.

* **Géographie physique**, par GEIKIE, prof. à l'Univ. d'Edimbourg (avec fig.).

* **Continents et Océans**, par GROVE (avec figures).

Les Frontières de la France, par P. GAFFAREL.

COSMOGRAPHIE

* **Les Entretiens de Fontenelle sur la pluralité des mondes**, mis au courant de la science par BOILLOT.

* **Le Soleil et les Étoiles**, par le P. SECCHI, BRIOT, WOLF et DELAUNAY. 2e édit. (avec figures).

* **Les Phénomènes célestes**, par ZURCHER et MARGOLLÉ.

A travers le ciel, par AMIGUES.

Origines et Fin des mondes, par Ch. RICHARD. 3e édit.

* **Notions d'astronomie**, par L. CATALAN, professeur à l'Université de Liège. 4e édit.

SCIENCES APPLIQUÉES

* **Le Génie de la science et de l'industrie**, par B. GASTINEAU.

* **Causeries sur la mécanique**, par BROTHIER. 2e édit.

Médecine populaire, par le docteur TURCK. 4e édit.

La Médecine des accidents, par le docteur BROQUÈRE.

Les Maladies épidémiques (Hygiène et Protection), par le docteur L. MONIN.

* **Hygiène générale**, par le docteur L. CRUVEILHIER. 6e édit.

Petit Dictionnaire des falsifications, avec moyens faciles pour les reconnaître, par DUFOUR.

Les Mines de la France et de ses colonies, par P. MAIGNE.

Les Matières premières et leur emploi dans les divers usages de la vie, par H. GENEVOIX.

La Machine à vapeur, par H. GOSSIN, avec figures.

La Photographie, par le même, avec figures.

La Navigation aérienne, par G. DALLET (avec figures).

L'Agriculture française, par A. LARBALÉTRIER, avec figures.

SCIENCES PHYSIQUES ET NATURELLES

Télescope et Microscope, par ZURCHER et MARGOLLÉ.

* **Les Phénomènes de l'atmosphère**, par ZURCHER. 4e édit.

* **Histoire de l'air**, par Albert LÉVY.

* **Histoire de la terre**, par le même.

* **Principaux faits de la chimie**, par SAMSON, prof. à l'Éc. d'Alfort. 5e édit.

Les Phénomènes de la mer, par E. MARGOLLÉ. 5e édit.

* **L'Homme préhistorique**, par L. ZABOROWSKI. 2e édit.

* **Les Grands Singes**, par le même.

Histoire de l'eau, par BOUANT.

* **Introduction à l'étude des sciences physiques**, par MORAND. 5e édit.

* **Le Darwinisme**, par E. FERRIÈRE.

* **Géologie**, par GEIKIE (avec fig.).

* **Les Migrations des animaux et le Pigeon voyageur**, par ZABOROWSKI.

* **Premières Notions sur les sciences**, par Th. HUXLEY.

La Chasse et la Pêche des animaux marins, par le capitaine de vaisseau JOUAN.

Les Mondes disparus, par L. ZABOROWSKI (avec figures).

Zoologie générale, par H. BEAUREGARD, aide-naturaliste au Muséum (avec figures).

PHILOSOPHIE

La Vie éternelle, par ENFANTIN. 2e éd.

Voltaire et Rousseau, par Eug. NOEL. 3e édit.

* **Histoire populaire de la philosophie**, par L. BROTHIER. 3e édit.

* **La Philosophie zoologique**, par Victor MEUNIER. 2e édit.

* **L'Origine du langage**, par L. ZABOROWSKI.

Physiologie de l'esprit, par PAULHAN (avec figures).

L'Homme est-il libre? par RENARD. 2e édition.

La Philosophie positive, par le docteur ROBINET. 2e édit.

ENSEIGNEMENT. — ÉCONOMIE DOMESTIQUE

* **De l'Éducation**, par Herbert Spencer.

La Statistique humaine de la France, par Jacques BERTILLON.

Le Journal, par HATIN.

De l'Enseignement professionnel, par CORBON, sénateur. 3e édit.

* **Les Délassements du travail**, par Maurice CRISTAL. 2e édit.

Le Budget du foyer, par H. LENEVEUX.

* **Paris municipal**, par le même.

* **Histoire du travail manuel en France**, par le même.

L'Art et les Artistes en France, par Laurent PICHAT, sénateur. 4e édit.

Premiers principes des beaux-arts, par J. COLLIER.

Économie politique, par STANLEY JEVONS. 3e édit.

* **Le Patriotisme à l'école**, par JOURDY, capitaine d'artillerie.

Histoire du libre échange en Angleterre, par MONGREDIEN.

Économie rurale et agricole, par PETIT.

Les Industries d'art, par Achille MERCIER.

DROIT

La Loi civile en France, par MORIN. 3e édit.

La Justice criminelle en France, par G. JOURDAN. 3e édit.

Imprimerie réunies, A, rue Mignon, 2, Paris. — 15043.